八一镇志

LOCAL RECORDS OF BAYI

《八一镇志》编纂委员会　编

方志出版社
Publishing House of Local Records

图书在版编目（CIP）数据

八一镇志 /《八一镇志》编纂委员会编 .-- 北京：方志出版社，2018.11

（中国名镇志丛书）

ISBN 978-7-5144-3386-9

Ⅰ. ①八… Ⅱ. ①八… Ⅲ. ①乡镇—地方志—林芝地区 Ⅳ. ① K297.55

中国版本图书馆 CIP 数据核字（2018）第 254085 号

· 中国名镇志丛书 ·

八一镇志

编　　者：《八一镇志》编纂委员会
责任编辑：陈　菁

出 版 人：冀祥德
出 版 者：方志出版社
地址　北京市朝阳区潘家园东里 9 号（国家方志馆 4 层）
邮编　100021
网址　http://www.fzph.org
发　　行：方志出版社图书经销中心
电话　（010）67110500
经　　销：各地新华书店
排　　版：北京纺印图文设计制作有限公司
印　　刷：北京中科印刷有限公司

开　　本：787 × 1092　　1/16
印　　张：24
字　　数：446 千字
版　　次：2018 年 11 月第 1 版　　2018 年 11 月第 1 次印刷

ISBN 978-7-5144-3386-9　　　　**定价**：193.00 元

序一

习近平总书记指出："不忘历史才能开辟未来，善于继承才能善于创新……只有坚持从历史走向未来，从延续民族文化血脉中开拓前进，我们才能做好今天的事业。"中国优秀传统文化是在漫长的历史长河中历经无数次涤荡和沉淀而形成的思想精髓，蕴藏着无穷的宝藏和无尽的力量。发掘和继承优秀传统文化，是延续中华文明"根"与"魂"的必由之路。与时俱进，推动传统文化不断开拓创新，是中华文明常葆勃勃生机的重要保证。

"国有史，邑有志。"编修地方志是中国特有的文化现象，是中华民族的优秀文化传统。数千年来，连绵不断的志书编修为保护中华民族根脉，传承中华文明发挥了不可替代的作用。中国现存古志有 8000 余种，占现存古籍的十分之一。中华人民共和国成立以来，编修完成数万种省、市、县三级综合性行政区域志、部门志、行业志、专志等，编纂数万种地方综合年鉴、行业年鉴和专门年鉴等，整理出版数千种历代方志及相关研究成果，发表相当数量的方志理论与年鉴理论研究成果。这既是对我国国情、地情持续开展的大规模普遍调查，也是对各地自然与社会发展状况进行的综合研究，其成果构成了一座丰富的文化资源宝藏，为各级领导科学决策提供了重要参考，为推动经济社会发展和文化建设发挥了重要作用。

当前，中国特色社会主义进入新时代，全国地方志事业也进入新时代。如今的地方志事业围绕党和国家利益、经济社会发展，以人民为中心开拓创新，志、鉴、馆、史"四驾马车"并驾齐驱，志、鉴、馆、网、库、用、会、刊、研、史"十业并举"，加快实现在全国范围内全面推进地方志从一项工作向一项事业转型升级。在党中央、国务院的亲切关怀和各级地方志工作者的共同努力下，一批紧密结合社会发展需求、具有独特创造性的工作逐步开展，涵盖中国名镇志、中国名村志、中国名山志、中国名水志、中国名街志等"名志"系列文化工程是其中代表。作为首个"名志"系列文化工程的中国名镇志文化工程，启动于 2015 年，至今已是第三个年头。中国名镇志丛书在记述主体上，选择中国历史文化名镇、经济强镇、特色镇等在全国具有影响力和代表性的乡镇，旨在全面展示中国名镇的文化精髓；在内容题材选择上，重在突出不同名镇的“名”和“特”，力求集中体现不同名镇最精彩的部分，增强可读性；在志书编纂程序设置方面，志书申报、篇目设计、专家审读、专家组验收等流程环环相扣，紧密结合，力争把每一部志书都打造成精品佳志。

习近平总书记指出：“历史和现实都表明，一个抛弃了或者背叛了自己历史文化的民族，不仅不可能发展起来，而且很可能上演一场历史悲剧。”2018 年是改革开放 40 周年，40 年来中华大地发生了翻天覆地的变化，乡镇发生了极为深刻的改变，从粗茶淡饭到有机食品，从粗布衣裙到精美时装，从土屋平房到高楼大厦，人民生活水平大大提高，城乡差距不断缩小。然而，在感受辉煌成就的同时，我们也应该看到，许多精巧的古建、精湛的工艺、亲切的乡音、独特的乡俗也在快节奏的发展中与我们渐行渐远，曾经的家乡正逐渐变为记忆中的故园。

党的十九大报告提出乡村振兴战略，此后党中央、国务院又推出一系列重大举措。实施乡村振兴战略，必须全面加强乡村文化建设，培养乡村文化自信，培植文化之“根”，铸牢文化之“魂”。没有乡村文化的高度自信，没有乡村文化的繁荣发展，就难以实现乡村振兴的伟大使命。振兴乡村文化，既要塑形，更要铸魂，必须遵循乡村发展的客观规律，在发展中把文化的精髓保留下来，把乡土味道、乡村风貌的“魂”传承下去。在保留优秀乡村文化内核的基础上，用现代表现方式，把反映时代精神、先进理念的内容通过群众喜闻乐见的文化产品表达出来，才能够让乡土文化具有更强大的生命力。用创新性的模式书写乡镇志，传承和抢救乡土历史文化，激发爱国爱乡情怀，为探索中国特色新型城镇化发展经验、发展模式、发展道路提供历史智慧和现实借鉴，正是实施中国名镇志文化工程的目的和意义所在。

“月是故乡明”。中国人素有“家国情怀”，家乡的山水是最为美丽的，家乡的风俗是充满温暖的，一声亲切的乡音，一口熟悉的家乡菜，都能拨动游子的心弦，让其魂牵梦萦。中国名镇志丛书是一套全面梳理中国名镇历史人文，挖掘文化特色，突出“名”和“特”的镇志。它能让人民群众深刻感受到本土本乡自然的优美、历史的醇厚、人物的杰出、艺文的风雅等，有助于培养人民群众对家乡文化的自信，激发起人民群众浓烈的爱乡爱国情怀，助力国家新型城镇化建设和乡村振兴战略的实施。

是为序。

中国社会科学院院长
中国地方志指导小组组长　谢伏瞻

序二

连绵不断地编修地方志是我国特有的文化传统，为传承中华文明作出了巨大的贡献。在党中央、国务院的高度重视和支持下，这一古老的文化传统焕发勃勃生机，展现新的活力，成为保存、继承、发扬光大中华优秀传统文化的重要依托，培育和践行社会主义核心价值观的重要媒介，社会主义先进文化建设的重要组成部分，发展中国特色社会主义，增强道路自信、制度自信、理论自信的重要载体，在实现“两个一百年”奋斗目标和中华民族伟大复兴中国梦进程中具有不可替代的地位和作用。

事物总是在不断发展中前进。经过改革开放以来30余年的发展，中国特色地方志事业与传统的编修地方志已不可同日而语，形成了志（志书）、鉴（年鉴）、库（地情数据库）、馆（方志馆）、网（地情网站）、刊（期刊）、会（学会）、研（理论研究）、用（开发利用）等多业并举的新格局。截至2015年10月底，全国编纂完成首轮、二轮省、市、县志书8000多种，编修部门志、行业志、专业志、乡镇村志27000多种，编纂地方综合年鉴2300多种，累计整理旧志2500多种，还编纂出版了大量的地情书，字数以百亿计，形成以反映国情、地情为主要内容，全面系统、持续不断、卷帙浩繁的社会科学成果群。另外，还开通了27个省级网站、230个市级网站、816个县级网站；建成国家方志馆1个、省级方志馆16个、市级方志馆86个、县级方志馆近300个。这些成果，成为国家极为重要的文化资源，是国家文化软实力和公共文化服务体系的重要组成部分。

最近几年，地方志工作的触角在不断延伸，部门志、行业志、专业志、特色志、乡镇村志编纂方兴未艾，成为当前地方志事业发展新的增长点和亮点。特别是乡镇志，兴起了编纂热潮，从自发的民间行为逐渐过渡为政府组织的文化行为，有的省份以政府令形式将其纳入地方志编修范畴，像河南省还以省政府办公厅名义要求全省普修乡镇志。乡镇志并不是一个新生事物，据现有资料可考，宋代常棠所撰《澉水志》是现存最早的一部乡镇志。与省、市、县三级志书相比，乡镇志虽属小志，但意义却不小，特别是在当前国家全力推进新型城镇化建设的背景下，乡镇志的作用更显重要。

启动中国名镇志文化工程，是适应当前新型城镇化建设形势发展需要、地方志事业发展形势需要的重要举措，也是充分发挥地方志存史、资政、育人功能的重要手段。作为最基层行政组织的志书，镇志是最接近中国社会发展变迁的国情、地情记录文本，具有重要的历史文献价值。而作为充分反映本区域自然、政治、经济、文化和社会的历史与现状的资料性文献，镇志又能全面展示发展脉络，摸索发展经验，为探索中国乡镇未来发展方向提供借鉴和参考。当然，对于祖祖辈辈生于斯长于斯的中国人来说，故乡就是一个魂牵梦萦的地方，故乡的情怀终生难忘。留得住乡愁，记得住乡思，充分展示名镇文化魅力，激发爱乡、爱国情怀，正是中国名镇志文化工程题中应有之义。

是为序。

中国社会科学院原院长
中国地方志指导小组原组长　王伟光

序三

“国有史，邑有志”，中国自古就有注重编史修志的传统。按照我国目前地方志行政法规，国家各级地方志机构的法定职责是编纂省、市、县三级志书，并不包括县以下的乡镇志和村志。这种规定，一方面可能因为全国有数百万自然村落和数万乡镇，全部实行官修很难实现；另一方面可能因为我国历史上就有“皇权止于县”的说法，县以下的民间社会历来是一个以自治为主的领域。然而，改革开放几十年来，我国社会正在发生巨变，这种巨变在基层社会的乡镇、村落、家庭领域更为深刻。作为“乡之首，城之尾”的镇，逐渐被日益崛起的大都市淹没了光彩，村落在快速的城镇化过程中每天都在大量消失，农村家庭的小型化、空巢化趋势非常突出。在这种情况下，我一直在思考，如何留得住历史文化记忆和乡愁，如何把修志的工作向基层社会延伸？

中国人的“家国情怀”，是从“诚意、正心、修身”开始，到实现“齐家、治国、平天下”。所以从国家一统志，省、市、县三级志，到乡镇志、村志、家谱，也是一个完整的系统。

正是在这种背景下，我们决定启动中国名镇志文化工程。乡镇是无数中国人生命的底色和成长的摇篮。如何在城镇化进程中，留得住乡愁，记得住乡音，忘不了乡思，事关城镇化进程的人文关怀和文化保护，事关文化血脉的传承。同时，科学记录城镇化进程，反映城镇化成就，也为今后探索城镇化发展规律、积累经验提供了基本素材。作为全面系统记述一定行政区域的自然、政治、经济、文化和社会的资料性文献，志书是以上功能最好的载体。

我国目前有 4 万多个乡镇，全部修乡镇志还不具备条件。中国名镇志丛书选择的是传统文化名镇、历史军事重镇、革命历史名镇、民族特色名镇、特色经济名镇、旅游景观名镇等类型的乡镇，应该是最具代表性的，在中国乡镇文化传承和社会发展中具有标杆意义。

编纂中国名镇志丛书是对乡土历史文化的保护。随着城镇化进程加快，有不少乡镇被撤并，有些还是在历史上有重要意义的历史文化名镇、特色镇等。如不及时对其历史进行整理、记录，这些重要的历史资料将散佚殆尽。因此，中国名镇志丛书的编纂是对宝贵历史资料的抢救。

编纂中国名镇志丛书是对乡土意识的传承。什么东西有魅力？故乡的山水，乡音乡情的记忆，乡土的气息和家乡菜的味道，不管走到哪里，总是触动心弦。中国名镇志丛书记录的是家乡的山山水水，家乡的历史文化，家乡的风土人情，留住的是乡愁。这些最能激发远方游子和本地民众的爱乡情怀、爱国情怀。

编纂中国名镇志丛书是一种学术探索。镇志的编纂，实质也是一次深入的社会调查研究。“麻雀虽小五脏俱全”，相比省、市、县，乡镇第一手资料的获得需要付出更大的努力。我们也希望在志书编纂上有所创新，使中国名镇志丛书成为一套图文并茂、雅俗共赏的新型志书。

中国社会科学院副院长
中国地方志指导小组常务副组长　李培林

中国名镇志文化工程专家委员会

名誉主任 徐匡迪

主　　任 谢伏瞻

常务副主任 李培林

委　　员（按姓氏笔画排序）

毛其智　叶裕民　李　铁　李善同

杨保军　柳　拯　倪鹏飞　魏后凯

中国名镇志文化工程学术委员会

主　　任 李培林

常务副主任 冀祥德

副 主 任 邱新立

委　　员（按姓氏笔画排序）

于伟平　王　晖　王铁鹏　巴兆祥

田　嘉　苏炎灶　李　江　李孝聪

张大伟　张英聘　陈泽泓　陈　强

黄晓勇

中国名镇志丛书编纂委员会

中国名镇志丛书编纂委员会办公室

《八一镇志》编纂委员会

主　任　冀祥德

副主任　邱新立　陈凡彦　汪德军　谢　英

委　员　王会世　杨海峰　李　江　陈　旭　王丹林

徐　斌　西　洛　张若愚　扎　西　吴永帅

赵政权

《八一镇志》编辑部

主　　编　汪德军

副 主 编　王会世　杨海峰　陈　旭

统　　稿　吉　祥　李　江

编写人员（按姓氏笔画排序）

王丹林　王冬阳　吉　祥　刘思鸣　安　山

杨志宏　杨海峰　张　鹏　陈中祥　陈　菁

劲　松　罗　滔　周勇进　徐秋明　程方勇

傅　强

尼洋河风光　　杨志宏　摄

中国名镇志丛书凡例

一、以马克思列宁主义、毛泽东思想、邓小平理论、“三个代表”重要思想、科学发展观、习近平新时代中国特色社会主义思想为指导，坚持辩证唯物主义和历史唯物主义的立场、观点和方法，存真求实，全面、客观、系统记述中国名镇城镇化进程和改革开放成果，传承和抢救乡土历史文化，激发爱国爱乡情怀，留住乡愁，为探索中国特色新型城镇化建设、服务乡村振兴战略提供历史智慧和现实借鉴。

二、为全面反映入志事物发展脉络，各志上限追溯至事物发端，下限一般断至各镇志启动编修年份，个别重大事项可延至搁笔。详今明古，着重反映时代特色和地方特点，重点体现各镇的“名”与“特”。

三、记述地域范围以下限年份的行政辖区为主。为体现名镇在更大区域内的意义，可以从更开阔的区域视野记述与该镇相关的内容。

四、统一采用纲目体，设类目、分目、条目三个层次。横排门类，纵述史实，述而不论。

五、综合运用述、记、志、传、图、表、录等各种体裁，以志体为主。体裁运用适当创新，篇目设置不求面面俱到，一般意义上的乡镇级内容略去不载。

六、除引用文字和附录文献资料外，统一使用规范的现代语体文记述，行文力求朴实、严谨、简洁、流畅、优美，具有较强可读性。

七、人物部类遵循“生不立传”原则，人物传主按生年排序，只选录对本镇发展有重大影响的人物，不面面俱到。

八、各项数据一般采用国家统计部门数据。数据缺乏的，采用主管部门或主办单位正式提供的数据。

九、数字用法、标点符号、计量单位分别执行国家标准《出版物上数字用法》（GB/T 15835—2011）、《标点符号用法》（GB/T 15834—2011）、《国际单位制及其应用》（GB 3100—1993）和《有关量、单位、符号的一般原则》（GB 3101—1993）。历史上使用的计量单位，如斗、石、里、尺、磅、华氏度等，在引文时可照录。考虑到社会使用习惯，全书中亩不统一换算。

十、中华民国成立前的纪年，使用朝代年号纪年，括注公元年份；中华民国成立后的纪年，均使用公元纪年。志中所称“解放前（后）”，以该镇解放日为界；“新中国成立前（后）”，以中华人民共和国成立日 1949 年 10 月 1 日为界；“改革开放前（后）”，以 1978 年 12 月中共十一届三中全会召开为界。本志“×× 年代”，凡未加世纪者，均指 20 世纪。

十一、为节省篇幅，避免重复，本志采用条目互见法。参见条目的表示形式为：参见本志“×× 类目 · ×× 分目 · ×× 条目”。

十二、对旧志、古籍中的繁体字、冷僻字一般用简化字或通用字替换，易引起误解的则保留。

十三、记述各个历史时期的党派、机构、职务、地名等，均以当时的名称为准。对频繁使用的名称，首次用全称并括注简称，其后用简称。

十四、各镇志需要单独说明的事项，均在各自编纂始末中记述。

八一镇在中国的位置

乌鲁木齐
新疆维吾尔自治区
黑龙江省
哈尔滨
吉林省
长春
沈阳
辽宁省
内蒙古自治区
呼和浩特
北京
北京市
天津
天津市
河北省
石家庄
太原
山西省
甘肃省
银川
宁夏回族自治区
西宁
青海省
兰州
陕西省
西安
郑州
河南省
济南
山东省
江苏省
南京
上海
上海市
安徽省
合肥
西藏自治区
拉萨
巴宜区
八一镇
四川省
成都
重庆
重庆市
湖北省
武汉
杭州
浙江省
长沙
湖南省
南昌
江西省
福建省
福州
贵阳
贵州省
昆明
云南省
广西壮族自治区
南宁
广东省
广州
香港
香港
澳门
澳门
台北
台湾省
台湾岛
钓鱼岛
赤尾屿
东沙群岛
海口
海南省
海南岛
西沙群岛
永兴岛
中沙群岛
黄岩岛
南沙群岛
曾母暗沙
黄河
长江
渤海
黄海
东海
南海
图例
北京 首都
天津 省级行政中心
未定 国界
省、自治区、直辖市界
特别行政区界
名镇(乡)所在区域
名镇(乡)
1∶32 000 000
审图号：GS（2018）5807号

八一镇在西藏自治区的位置

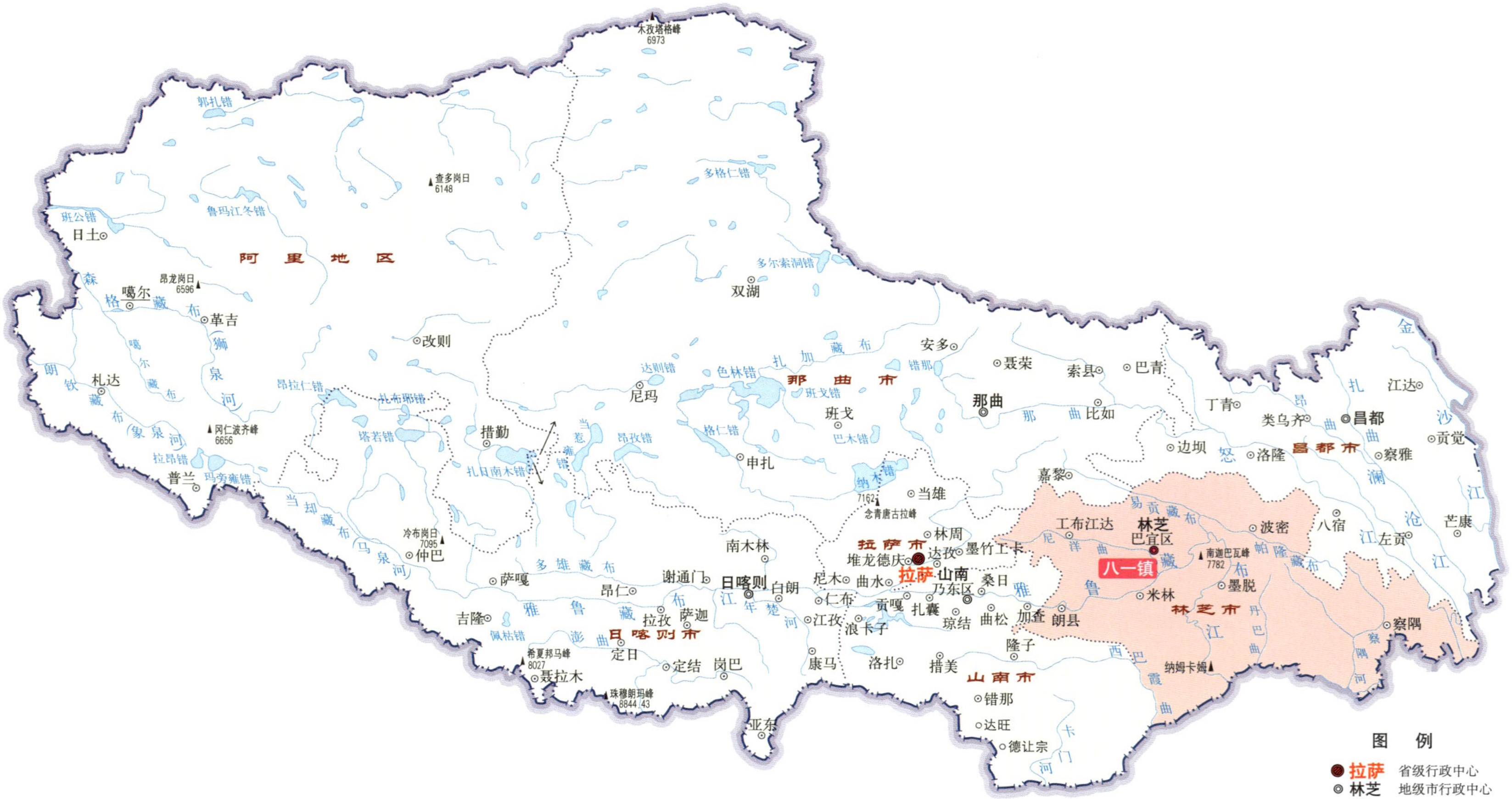

图　例

拉萨	省级行政中心
林芝	地级市行政中心
噶尔	自治行政中心心州
当雄	县级行政中心
达旺	村庄
	国界
	省界
	地级市界
	名镇(乡)所在区域
	名镇(乡)

1∶5 790 000

审图号：GS（2018）5807 号

八一镇地图

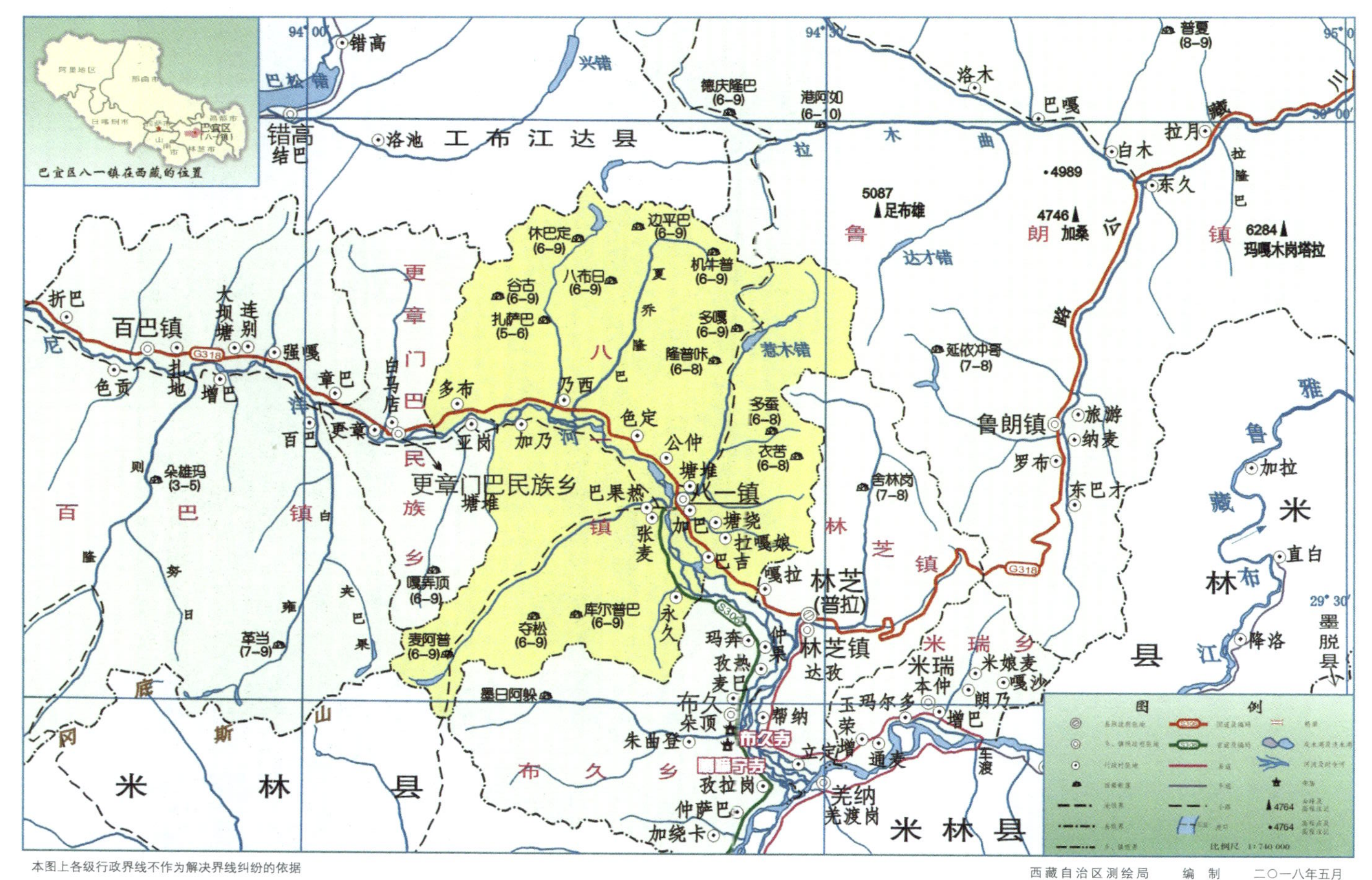

本图上各级行政界线不作为解决界线纠纷的依据

西藏自治区测绘局　编制　二〇一八年五月

审图号：藏S（2018）005号

八一新城区全景图

林芝市巴宜区文广局　提供

八一之春　　杨志宏　摄

八一仲夏　　杨志宏　摄

秋染八一　　杨志宏　摄

八一之冬　　杨志宏　摄

比日神山　　曲尼多吉　摄

目录

1 人间净土　雪域江南

11 基本镇情

13 **区位交通**
13 地理位置
16 公路汽运
16 航空
16 **建置区划**
16 建置
18 区划
20 村庄简介
25 附：巴宜区城区街道办事处
26 **自然环境**
26 地质　地貌
32 气候
33 土壤与植被
34 **人口　民族**
34 人口源流
34 民族构成
35 **经济发展**
35 旅游产业
38 种植业
38 畜牧业
39 渔业
39 建筑建材行业
40 特色产业
41 **社会事业**
41 教育
42 医疗卫生
43 群众文化

45 **人民生活**
45 社会保障
45 生活水平
47 **民族工作**
47 民族平等
47 民族团结

49 山水生态

51 **念青唐古拉山八一段**
51 邦雄吉日再雪山
52 格尼山
52 叶达山
53 旺都山
53 尼西神山
54 **主要河湖**
54 尼洋河
55 巴河
56 措木及日湖
58 **自然资源**
58 森林植被
60 主要树种
61 古树名木
62 野生植物
63 野生动物
64 草场
65 **生态保护**
65 水资源保护
65 森林资源保护
66 植树造林
68 **自然保护区**
68 工布自然保护区八一片
69 林芝巴吉巨柏自然保护区
70 比日神山国家级森林公园
71 八一城区湿地公园

73 旅游胜地

75 **景区景点**
75 比日神山景区
76 世界柏树王园林景区
77 林芝自然博物馆
77 卡定天佛瀑布森林景区
79 藏东南文化遗产博物馆
80 千年核桃民俗文化村
80 措木及日蓝冰湖国家森林公园
82 **旅游线路**
82 八一镇辖区内景区一日游

82 八一镇辖区内景区两日游
82 八一镇至雅鲁藏布江大峡谷
83 八一镇至米瑞景区
84 八一镇至百巴景区
84 八一镇至布久景区
84 八一镇至措木及日湖景区
94 **旅游节庆**
94 雅鲁藏布江文化旅游节
95 林芝桃花文化旅游节
96 乡村文化艺术节
97 **旅游服务**
97 旅行社
98 宾馆
103 藏家乐
103 餐饮

107 城乡建设

109 **城市规划**
109 《八一镇城市建设总体规划》
109 《林芝地区八一镇总体规划（1996—2010）》
110 《林芝地区八一镇总体规划（2005—2020）》
112 **市政建设**
112 道路
114 桥梁
115 公共广场
116 公用设施
116 市内交通
117 水电
119 **园林绿化**
119 公园绿化
120 城区绿化
121 沿河绿化
122 城市公共绿化
122 **居民小区**
122 尚城花园
123 雅江小区
123 太阳城
123 嘉龙花园
123 德吉小区
123 龙泉小区
123 清苑小区
123 林芝公寓
123 青年公寓
123 和谐小区
123 林芝花园

124 福建公寓
124 **配套设施**
124 学校
129 医院
131 福利院
132 银行
133 邮政通信
134 市场建设
136 **新农村建设**
136 安居工程
138 小康示范村建设
139 人居环境改善

141 援建扶贫

143 **援藏政策**
143 第一次、第二次西藏工作座谈会
143 第三次西藏工作座谈会
143 第四次西藏工作座谈会
144 第五次西藏工作座谈会
144 第六次西藏工作座谈会
145 **援建项目**
145 第一批援建项目
147 第二批援建项目
148 第三批援建项目
150 第四批援建项目
151 第五批援建项目
152 第六批援建项目
154 第七批援建项目
155 **扶贫减贫**
156 扶贫机制
158 扶贫项目
158 附：林芝地区援藏 20 年（节录）

167 双拥模范

169 **驻军**
170 西藏军区驻军
170 中国人民武装警察部队
170 **支援地方**
171 支援地方经济建设
174 参与绿化建设
174 对口帮扶
175 开展科技扶贫、教育扶贫
177 参与抢险救灾
180 **拥军**
180 参战支前

180 支援部队建设

187 工布印象

189 **宗教**
189 苯教
189 藏传佛教
190 宗教场所
194 **农耕习俗**
195 农业祭祀
195 丰收祭祀
196 开耕下种
196 攘灾消祸
197 **生活习俗**
197 服饰
200 饮食
201 居住
205 **人生礼仪**
205 婚俗
207 丧葬
208 待客礼仪
209 **日常禁忌**
209 生活禁忌
209 饮食禁忌
209 起居禁忌
210 生育禁忌
210 其他禁忌
210 **岁时节庆**
210 藏历新年
214 工布新年
216 萨噶达瓦节
216 过林卡
217 转山节
218 **舞蹈　音乐　曲艺**
218 歌舞
221 器乐
223 曲艺
225 **民间艺术**
225 玛尼堆
226 绘画
227 雕塑
228 工艺
230 **游艺竞技**
230 工布响箭
232 抱石头
233 拔河
233 赛马射箭
234 胡朵表演

234 藏式围棋
235 藏牌
235 骰子

237 物产美食

239 林下菌菇
239 松茸
239 木耳
240 猴头菇
240 扫把菇
240 羊肚菌
240 青冈菌
241 藏药材
241 灵芝
241 贝母
242 天麻
242 虫草
242 雪莲花
243 龙胆花
243 畜禽水产
243 牦牛
244 黄牛
244 犏牛
245 藏绵羊
245 藏香猪
246 藏鸡
246 平鳍裸吻鱼
247 平鳍鳅鮀
247 棒子鱼——似鱤
247 民族手工艺品
247 藏香
248 藏刀
249 美食
249 石锅鸡
249 桃花饼
250 林芝香腿鲜花饼
250 牦牛酸奶
250 奶渣
250 糌粑
250 酥油茶
251 风干牦牛肉

253 名人与名镇

255 人物传略
255 苏卡·洛珠加布
255 第穆·拉旺丹贝坚赞

256 第穆・阿旺拉木喀嘉样
256 第穆・阿旺绛白德勒嘉措
256 阿塔尼玛扎巴
258 东嘎・洛桑赤列
259 **人物事略**
259 陈渠珍与《艽野尘梦》
260 谭冠三与八一将军楼
260 张经武在八一调研
261 张国华在八一设第 18 军军部
261 阴法唐率驻军建设八一
262 宗巴两次受到毛泽东主席接见
262 白玛才旺在八一
262 格桑旺久两次见到习近平
263 **援建干部与八一**
263 尹汉章
263 王彩友
263 王栋
264 **八一英模英才**
264 普布次仁
264 程昭永
265 米玛
265 陈永光
266 仁青拉姆
267 艺文
269 **民间文学**
269 神话传说
270 民间故事
275 民间歌谣
281 **诗文选录**
281 诗歌
285 散文
291 大事纪略
293 **1910 年赵尔丰改土归流**
293 **1910 年陈渠珍率清军剿匪**
294 **1959 年“丁指”部队营建八一新村**
295 **1959 年觉木宗剿匪**
295 **1966 年建立西藏第一个现代化纺织厂——林芝毛纺厂**
296 **1969 年建立西藏林芝地区第一小学**
297 **1970 年建立西藏新华印刷厂**
298 **1986 年林芝地区行署始设八一镇**

299 1988年多布石器遗址考古发掘
300 1998年公众村成为西藏自治区第一个电话村
300 1998年中国雅鲁藏布大峡谷科学探险考察队首站设在八一镇
301 1999年建立林芝地区烈士陵园
302 2005年林芝县政府迁至八一镇
303 2006年八一镇获“中国人居环境范例奖”
304 2012年唐地村成为西藏“网络第一村”
305 2013年公众村打造西藏民俗第一村
305 2015年八一镇入选国家新型城镇化综合试点地区名单

307 附录

309 文件选录
309 关于成立八一镇的批复
310 关于林芝县机构更名的通知
310 关于成立林芝县街道办事处筹备组的通知
313 调研报告
313 公众村精准扶贫精准脱贫调研报告
320 章麦村精准扶贫精准脱贫调研报告
327 巴吉村精准扶贫精准脱贫调研报告
337 口述回忆
337 林芝八一毛纺厂的创业岁月

345 主要参考文献

346 编纂始末

人间净土　雪域江南

如果有一双天眼俯瞰，你能发现，在中国西藏的东南部，青藏高原松花状的雪山被来自南亚大陆的一片绿色楔入，从拉萨往东沿着东西向的松花羽隙，高原切割的江河河谷以及人工开辟的国道公路并行。在大片绿色与河谷交汇的地方，这里就是中国景观大道 318 国道和雅鲁藏布江及其支流尼洋河自然大通道交汇的秘境——西藏自治区林芝市委、市政府所在地八一镇。

八一镇，隶属林芝市巴宜区，地处 318 国道尼洋河畔，东距雅鲁藏布江与尼洋河交汇处 30 余千米，沿 318 国道西距拉萨市 406 千米，东距成都市 1734 千米，是西藏第三大城市林芝市的首府所在地。2015 年，全镇面积 1488.13 平方千米，下辖林芝城区及 11 个行政村，人口近 4.4 万人（不含驻军）。

西藏春天的地标——中国最受欢迎生态旅游目的地林芝　　杨志宏　摄

八一镇是中国景观大道上的明珠。1950—1954年，沿着邻近北纬30度线，从上海向西途经江苏、安徽、湖北、重庆、四川，开辟了到达西藏、全长5000多千米的中国最长国道公路——318国道，这条国道成为内地进出西藏最主要的干道。因其横跨中国东中西部，从海平面的长江口到地球之巅的珠穆朗玛峰；从中国地势的第三阶梯到第一阶梯；囊括了平原、丘陵、盆地、山地、高原景观，包含了江浙水乡文化、天府盆地文化、西藏人文和自然景观，拥有从成都平原到青藏高原高山峡谷一路的惊、险、绝、美、雄、壮的景观，因而被《中国国家地理》杂志在2006年第10期评为“中国人的景观大道”，川藏线林芝段则被许多人称为是这条中国景观大道上最美、最精彩的一段。上苍把世间美好的景色给了林芝。这里是全世界不可多得的顶级旅游资源地，八一镇周边富集了林芝、西藏乃至中国最美的景观：世界第一大峡谷——雅鲁藏布大峡谷、中国最美山峰——南迦巴瓦峰、中国最美瀑布——藏布巴东瀑布群、中国最美森林——岗乡云杉林、中国最美冰川——米堆冰川。2005年和2007年,《中国国家地理》先后将“中国最美的地方”“十大新天府之一”“寻找世外桃源第二名”冠予林芝。

有人说“畅游西藏，从‘林’开始”，而八一镇则是林芝旅游的集散地，寻林芝美景从八一出发。

八一镇被写入意境的都是“西藏的江南”。8000万年前，一场喜马拉雅造山运动，使青藏高原由一片海洋上升为世界屋脊。青藏高原被称为世界第三极，这里是与“天堂”最近的地方。喜马拉雅山脉和念青唐古拉山脉由西向东平行伸展，东部与横断山脉对接。从南面看，喜马拉雅山脉就像是一弯硕大的新月横亘在青藏高原南部边缘，110多座高达或超过海拔7350米的山峰扶摇直上，形成东亚大陆与南亚次大陆的天然界山。这条山脉也是北半球影响空气和水大循环系统的气候大分界线，冬季它阻挡了来自北方的大陆冷空气流入印度，同时迫使西南季风在穿越山脉向北移动之前捐弃自己的大部水分，从而造成印度一侧的巨大降水量（雨雪兼有）和西藏的干燥状况。因为这条屏障，形成了西藏雪原、高山冰川的雪域景观和高寒气候。然而，在喜马拉雅山脉北坡冰雪山岭，融化的雪水沿着深谷汇流形成了一条雅鲁藏布江，由西向东从高原奔腾而下，在林芝一带绕过喜马拉雅山脉最东端的南迦巴瓦峰，呈马蹄形回转南流，经巴昔卡出中国国境，流入了印度洋。这扇向世界打开的山水之门是地球上最壮丽的景观。这条峡谷缺口为印度洋的暖湿气流向北输送打开了一条水汽大通道。顺江而上的印度洋暖流与北方寒流在念青唐古拉山脉东段一带汇合驻留，给林芝带来了热带、亚热带、温带及寒带气候并存的多种气候带。

念青唐古拉山脉南麓的雪水流淌而下形成雅鲁藏布江北部最大的支流之一尼洋河。八一镇恰恰就在尼洋河与雅鲁藏布江江河并流的西部不远处，享受着印度洋暖湿气流的浸染。虽然与拉萨几乎在同一纬度上，八一镇却有着与拉萨不同的特质，它藏在尼洋河谷中，海拔平均只有 3000 米，是西藏海拔较低、几乎无高原反应的地方。这里属高原温带半湿润季风气候，雨量充沛、日照充足，夏无酷暑，冬无严寒，全年气候温和宜人。得天独厚的地理位置、地形和独特的气候，使林芝成为“西藏氧吧”和生物多样性最典型的地区，堪称“生物基因库”，生态环境极其优越。林芝的森林原始景观在这里保存完好，高原挺拔的西藏古柏、喜马拉雅冷杉、植物活化石“树蕨”以及百余种杜鹃等在这里应有尽有，有着“天然的自然博物馆”“自然的绿色基因库”之称。在八一镇境内，既有 6000 米以上的山脉，又有西藏原始苯教推崇的雪域神山——比日神山；既有天上人间的卡定天佛瀑布和措木及日圣湖，又有世界柏树王园林与千年核桃民俗文化村；既有风光旖旎的比日神山国家森林公园，还有以展示林芝自然资源为主要内容的林芝自然博物馆。

林芝是西藏春天的地标。每年的春天，风从印度洋而来，穿过雅鲁藏布大峡谷浩浩荡荡北上，拉开西藏春天的序幕。三四月间，尼洋河两岸，成千上万棵野桃树开花，近看是无数粉红色的美丽精灵，远看像一朵朵缥缈的云。满山满谷的桃花绽放，若红云粉雾，点亮整个尼洋河谷。桃花、雪山、云雾、木屋、油菜花、青稞交织在一起，灿若云锦，宛如仙境。桃花开过，杜鹃花又开，从拉萨到林芝，沿着 318 国道沿川藏线进入林芝，连绵千米，汽车一直在铺天盖地的花海中行驶。鲜红的、粉红的、紫色的、雪白的、淡白的杜鹃花大片大片地铺满了整个山坡。待到五月，“全国处处菜花谢，林芝油菜遍地黄”。尼洋河畔的一个个村庄里，金灿灿的油菜花在雪山和蓝天白云的映衬下，开得格外绚烂。绮丽的尼洋河、雪山、经幡、油菜花在蓝天下构成一幅极其壮美的图画。“黄山归来不看岳，林芝归来不看花。”每年春天，来自全国各地的游人像候鸟一样飞来林芝，落脚八一，再去寻访中国最美的春天、中国最美的桃花。

暖色的河谷地带——八一城区远眺 杨志宏 摄

有人称林芝市是西藏的瑞士，也有人称她是西藏的江南，林芝却远胜瑞士，远胜江南。人间至美，大抵如此。林芝就是这样一个令中国人向往的地方，八一镇就沐浴在林芝的美好光芒中。

八一镇是中国的边疆重镇。

这是一个既古老又年轻的地方。说古老，那是文化的古老；说年轻，则是城镇的年轻。在西藏，“八一”这个地名透出与整个藏区地名不同的气息。“八一”是一个与中国革命和革命军队紧密相关的词汇。作为318国道的一部分，川藏公路的前身在历史上就是川藏茶马古道。在这条茶马古道上，八一镇所在的地方原本并非要地。1950年以前，这个原名拉日嘎（也称拉巴嘎）的地方只有2座小寺庙和几户人家居住。改变拉日嘎命运的，是两件重要事件。一是1950—1954年318国道川藏公路段的建设。这条通往拉萨的公路，是内地联系西藏的交通主动脉，它将西藏与国家统一紧密相连，在军事、政治、经济、文化上都有不可替代的作用和地位。二是1951年，中央人民政府与西藏地方政府签订关于和平解放西藏办法的协议，向拉萨挺进的中国人民解放军18军52师师前指率155团及军炮兵营进驻林芝。因拉日嘎地处尼洋河畔，地势平坦，气候宜人，便于大部队集结和物资中转，这里便被作为部队休整的中转站，“拉日嘎”因此更名为“八一”，1959年更名为“八一新村”。1960年，在完成了西藏平叛任务后，解放军56021部队、56023部队和56019部队开始在这里长期驻扎，并在这里开垦荒地，修建营房，修建电站。“八一”因人民军队的进驻而得名。八一镇成为名副其实的“兵城”和国防战略要地。

作为林芝的政治、经济、文化中心，八一镇又是一个年轻的城镇。20世纪80年代中期前，八一镇只是林芝县八一区的区署所在地，是一个普通的集镇，面积只有1.2平方千米，建筑大多是20世纪60年代的木板式破旧建筑。1986年，西藏恢复设立林芝地区行署，地区行政公署始设于八一镇，八一镇由此正式成为林芝地区的政治、经济、文化中心。1987年，八一撤区并乡，设立新的八一镇。2005年10月，民政部批准林芝县人民政府驻地由林芝镇迁至八一镇。2015年，国务院批复同意撤销林芝地区和林芝县，设立地级林芝市。进入80年代后，八一镇的发展建设就肩负着国家巩固边疆和加强民族团结的战略使命。1994年7月，中共中央召开第三次西藏工作座谈会，将西藏工作放在党和国家工作的重要战略地位，时任中共中央总书记、国家主席、中央军委主席江泽民指出：“西藏的稳定，涉及国家的稳定；西藏的发展，涉及国家的发展；西藏的安全，涉及国家的安全。重视西藏工作，实际上就是重视全局工作；支持西藏工作，实际上就是支持全局工作。”这次会议作出了全国支援西藏和15个省市“对口援藏、分片负责、定期轮换”的重大决策，确定广东和福建两省对口支援林芝地区。第六次西藏工作座谈会指出，西藏是重要的国家安全屏障，重要的生态安全屏障，重要的战略资源储备基地，重要的中华民族特色文化保护地，是面向南亚开放的重要通道，是我国同西方敌对势力和境内外敌对势力、分裂势力斗争的前沿。从1995年开始，广东、福建两省正式启动对西藏林芝的对口支援工作。随着国家“西部大开发”和援藏政策的实施，在中央的大力支持和广东、福建两省的大力对口援助下，经过20年的建设，林芝（八一）城区基础设施以及社会事业得到了长足发展，建成了电信、金融、商业、卫生、教育、毛纺、建筑等行业齐全、功能齐全的高原新城。到2015年，八一镇城区面积达49.6平方千米，共有市政道路29条。宽广平坦的马路两边，宾馆饭店、百货中心、展览馆和办公大楼林立，超市、快餐店、网吧、歌舞厅等内地城市有的设施这里也应有尽有。宽阔的街道、漂亮的街心花园和广场、繁华的商业街、崭新的居民小区，一切都与内地小城无异。

中共十八大后，随着习近平总书记治边稳藏重要战略思想的实施，来自全国的人流、物流、信息流汇集到林芝。作为西藏东南部的交通枢纽，八一镇逐渐成为西藏东南部最大的物资集结和商品交易中心。2015年，随着拉萨至林芝的拉林高等级公路建成通车、川藏铁路拉萨至林芝段开工建设，大进大出的立体交通网络逐渐形成。通过318国道，许多大型物流直通八一镇，大部分货物从拉萨、成都甚至北京、广州、上海等地运来，满足整个林芝市的消费需求。八一镇周围各县的手工艺品及各种物资，也通过八一镇流向全国，形成“走出林芝，跑全国，卖八方”的商品流通体系。由于是广东和福建援建，八一镇的城区街道很多以广东和福建两省的城市命名，如广东路、深圳路、泉州路、福建路、中山大道、珠江广场、厦门广场、福建公园等，很多建筑都赋有鲜明沿海城市风格。街边商店的货物更是林林总总，许多商店也是广东省和福建省的个体户经营。有生意头脑的沿海人，不远万里来到西藏高原经商，及时把内地各种新奇货物带到八一镇，开阔了当地人的眼界，丰富和方便了高原人民的生活。不只是广东和福建人深度参与林芝的城市建设，融入当地的生活，藏、门巴、回、珞巴等16个民族的商人也遍布八一镇，普通话、四川话、甘肃话、贵州话、云南话、河南话……几乎全国各地的方言都汇集八一镇，“正宗川味”“重庆火锅”“山东水饺”等全国各地名吃与鲁朗石锅、藏香猪、牦牛肉等当地美食在八一镇实现高度融合，四川小吃店、陕西面馆、回族餐馆和藏餐馆，在八一镇随处可见。八一镇被人们称为“小香港”“小广东”“小福建”，又被冠以“西藏小深圳”“西藏小厦门”“西藏小四川”的称号。八一镇披上了五彩斑斓的文化色彩，真正成为一座有着红色基因、民族大团结、民族大融合的城镇。

八一镇也是西藏东南的文化汇集中心，是西藏重要的科教基地。除了基础性的中小学和医疗卫生设施外，1971 年起，培养西藏经济建设人才的重要基地——西藏农牧学院（今西藏大学农牧学院）设在八一镇，高原生态研究所等科研单位、解放军第 115 医院、林芝地区藏医院、藏东南文化遗产博物馆也设在这里。从西藏东部的自然、传统人文展示到现代科教文化事业中心都集中在八一镇。

林芝的旅游事业也得到较大发展。作为全国重要旅游目的地，八一镇曾获得“中国人居环境范例奖”，同时也成为林芝旅游的主要集散地。八一镇境内的世界柏树王园林、比日神山、卡定天佛瀑布、尼洋阁、尼洋河风光带、措木及日湖及林芝自然博物馆、藏东南文化遗产博物馆、千年核桃民俗文化村等景点，构成了八一镇神奇的自然风光、独特的人文景观、淳朴的民族风情。丰富的自然与民族人文资源为林芝市和八一镇发展旅游提供了条件。林芝市每年举办的雅鲁藏布江文化旅游节、林芝桃花文化旅游节享誉全国，全方位、多角度地向世界展示林芝的独特魅力。众多背包客、骑行者、驴友等游客通过徒步、搭车、自驾、火车、飞机等不同的交通工具来到八一镇，或寻梦，或找寻一份感动，感受林芝之美、西藏之美、中国之美、地球之美。

2015 年 11 月，国家发改委公布第二批国家新型城镇化综合试点地区名单，林芝市八一镇在列。在林芝市的“十三五”规划中，林芝提出了加快融入川渝经济圈、大西南经济圈和大香格里拉经济圈，促进区域经济交流合作，对接国家“一带一路”倡议，积极参加孟中印缅经济走廊和面向南亚开放大通道建设，探索实施与援藏省份共建产业合作示范园区等目标。未来的八一镇，将在国际区域合作和国防战略、西藏边疆民族社会经济建设、建设全球顶级旅游目的地等方面，发挥更大的作用。

人的一生，一定要到一次西藏，那是最接近天堂的地方。

如果到不了拉萨，一定要来一次林芝，从“八一”出发，去看一次桃花，那是人间的天堂。

林芝归来不看花　　杨志宏　摄

基本镇情

八一镇，原名拉日嘎，位于川藏线 318 国道尼洋河畔，平均海拔 3000 米。城区西与巴宜区更章门巴民族乡相连，东与林芝镇毗邻，南与布久乡接壤。近年来，八一镇紧跟林芝市提出的发展旅游产业、农牧业特色产业、藏医药产业、水电能源业的“四大产业”战略，加快特色产业发展，掀起产业建设新高潮。

林芝因气候宜人、生态良好、环境优美，被誉为“西藏江南”。八一镇坐落于“西藏江南”中心腹地，集生态、旅游、和谐、美丽、宜居于一身。

区位交通

地理位置 八一镇地处北纬 29° 57′、东经 94° 05′，是林芝市政治、经济、文化、交通中心，318 国道连接昌都和西藏自治区首府拉萨的重要节点。向西距离拉萨市 406 千米，向东距离四川省成都市 1734 千米，向南距离米林县 70 千米。

林拉高等级公路 杨志宏 摄

跨越尼洋河的林芝机场高速公路

杨志宏　摄

公路汽运 穿过八一镇的干线公路有2条，即川藏南线318国道、八泽（八一至泽当）线306省道。向东沿318国道，搭乘长途客运班车3天可到达成都（班车数量根据客流量而定），两天半可到达云南香格里拉（班车数量根据客流量而定）。前往拉萨有两条道路可选，向西搭乘班车7小时到达拉萨；向南搭乘班车沿306省道2小时到达米林县，7小时到达西藏山南，8.5小时到达拉萨。2015年9月，随着林拉高等级公路和林芝机场高速公路的通车，八一镇到拉萨通车时间缩短为5个小时，到达米林机场时间缩短为1个小时。

航空 林芝市米林机场（米林县境内）距离八一镇60千米，每天开通林芝至成都、重庆、拉萨的航班，旅客搭乘航班2小时可到达成都，1小时可抵达拉萨。至2015年，机场共开通林芝至成都、林芝至西安（经停成都）、林芝至重庆、林芝至广州（经停成都）、林芝至北京（经停成都）5条航线，旅客出入八一镇方便、快捷。

建置区划

建置 古时，今八一镇所在的林芝等区域被称为工布哲那（简称工布，工布为部落名、地名，为当时西藏域内的十二小邦之一）。公元1世纪前后，吐蕃第七代赞普止贡之子夏赤在工布建立政权，成为首领。

吐蕃时期，松赞干布把西藏本土划分为卫茹、约茹、叶茹、茹拉和苏毗茹五个军行政区域和一个“赤迪”，现八一镇地域时属约茹管辖。当时工布地区除有工布王统治外，部分地域还受娘布王统治。

公元8—9世纪，吐蕃赞普赤松德赞和赤德松赞两次与工布王立誓结盟，明确工布王世代统治工布地区的权力。

吐蕃政府灭亡后，西藏有近400年处于分裂割据时期，时八一镇所有地区由工噶布王后裔统治。

公元13世纪中叶，蒙古西凉王阔端设府凉州（今甘肃武威），遣军入藏，其政治影响波及拉萨河流域。藏传佛教萨迦派在元朝支持下统一西藏，元中央在今工布江达地区设甲达万户，并在工布地方设驿站，现八一所在地域由萨迦政权受命管辖。

公元 14 世纪 50 年代，藏传佛教噶举帕木竹巴派推翻萨迦政权，今八一所在地域由帕竹政权受元、明两代中央政权之命管辖。

公元 17 世纪中前期，西藏地方政权藏巴汗政权和甘丹颇章政权先后在今巴宜区内设觉木等宗（宗相当于今县一级行政区划）。清中前期，驻藏大臣制度确立后，由驻藏大臣受清政府之命对包括今八一镇在内的广大区域进行管辖。今八一镇境内除尼西村、多布村之外，其余章麦村、永久村、巴果绕村、唐地村、公众村、巴吉村、拉丁嘎村、加当嘎村均属觉木宗管辖。

民国时期，西藏地方政府于 1917 年在今林芝地区设工布基巧，作为林芝地区总管。则拉、觉木、德木三宗隶属工布基巧管理。

1951 年 5 月 23 日，中央人民政府和西藏地方政府在北京签订关于和平解放西藏办法的协议，西藏实现和平解放。1956 年，西藏地方政府将工布基巧改为塔工基巧，设总管一人。同年，西藏自治区筹备委员会成立，设立塔工基巧办事处，八一镇归塔工基巧办事处管辖。1959 年 3 月 28 日，国务院发布命令，解散西藏地方政府，由西藏自治区筹备委员会行使西藏地方政府职权。1959 年 9 月，林芝县人民政府成立，今八一镇境内所有村庄隶属林芝县，归塔工专署管辖。1960 年改属林芝专署。1964 年 6 月，林芝专署撤销，林芝县划归拉萨市管辖。1973 年 11 月，八一镇成立，主管八一城区、八一新村、加当嘎村。1986 年 2 月，林芝地区行政公署恢复成立，八一镇复归林芝县管辖。1987 年 5 月，根据自治区党委撤区并乡、建乡的决定，10 月建立新的八一镇人民政府。2005 年 10 月 9 日，林芝县人民政府驻地由林芝镇尼池迁至八一镇。2015 年，撤区设市，撤销林芝地区和林芝县，设立林芝地级市，原林芝县更名为巴宜区，八一镇划归巴宜区。

八一镇夜景　　林芝市巴宜区文广局　提供

区划 八一镇城区所在地原名拉日嘎（也称拉巴嘎），1950年以前，这里只有2座小寺庙和几户人家居住。1959年改名为八一新村。

1964年，林芝县八一区下设久巴乡、巴结乡、公仲乡、八一乡、觉木乡、足木乡。

1973年11月，八一镇成立，管辖八一城区、八一新村、加当嘎村。

1976年10月，八一区公所下辖久巴乡、巴结乡、公仲乡、八一镇、觉木乡。

2000年，林芝县完成撤乡建镇工作，八一镇下辖2个居委会和21个行政村。分别为双拥路居民委员会、白玛岗居民委员会、久巴村、更章村、仲莎村、多布村、尼西村、色定村、加定村、公众村、唐地村、加当嘎村、唐绕村、拉丁嘎村、拉嘎娘村、巴吉村、玉米村、巴果绕村、雪巴村、杰布才村、章麦村、永久村、加乃村。

八一镇周边村庄

杨志宏 摄

2005年7月，林芝县将全县104个村撤并为74个村。同年，林芝县排龙乡搬迁至更章村，成立更章门巴民族乡，原属八一镇的更章村、久巴村、色定村3个村被划分归属更章门巴民族乡管辖。10月，林芝地委、行署及林芝县委、县政府对八一镇各行政村进行重新划分，八一镇设11个行政村和2个居民委员会，分别为：拉丁嘎村（拉丁嘎村、唐绕村、拉嘎娘村）、巴吉村（巴吉村、玉米村）、永久村、章麦村（章麦村、东如村、杰布才村）、巴果绕村（巴果绕村、雪巴村）、加乃村、多布村（多布村、恰巴村）、尼西村（永久邦嘎村、米久村、仲莎村、尼西村、玉美村）、公众村（公众村、加定村、色定村）、唐地村（唐地村、雪融村）、加当嘎村（加当嘎村、加喇嘛村、加久龙村），双拥路、白玛岗2个居民委员会。

2012年，八一城区街道办事处成立，下辖双拥路、白玛岗2个居民委员会。2013年11月，增辖尼池、沿河2个居民委员会。2015年，八一镇辖11个村。巴宜区城区街道办事处下辖4个居民委员会，管辖91个居民小区，总人口31791人，其中外来流动人口15382人，驻社区企事业单位190个。

村庄简介

第一个移动电话村——尼西村 尼西，藏语意为四处圣地的地方，四处圣地是指位于尼西村四周的4座神山。1999年，被评为西藏林芝第一个移动电话村。2010年，被确定为林芝县人居环境示范村。尼西村海拔3000余米，距离八一镇城区18千米，下辖永久邦嘎、米久、仲莎、尼西、玉美5个自然村。截至2015年年底，全村共有95户、415人。其中，劳动力183人，党员39人，五保户4户，困难户4户，低保户4户。全村总耕地面积597亩，牲畜总数2892头（只、匹）。主要农业作物有小麦、青稞、油菜籽、玉米等。全村共有货车29辆，长途车13辆。2015年，全村经济总收入1099.2万元，人均纯收入12713元，人均现金收入8263元。

岩石包围的村庄——巴果绕村 巴果绕，藏语意为四周布满岩石的村庄，系觉木宗旧址所在地。位于尼洋河畔，平均海拔3000米，距离八一镇城区5千米，下辖巴果绕、雪巴2个自然村。陈渠珍在《艽野尘梦》一书"收复工布"章节对今巴果绕记载如下："脚（觉）木宗居工布之中心，田野肥沃，气候温煦。山上有大喇嘛寺一座，极壮阔，喇嘛三四百人。"截至2015年年底，全村共有70户、307人。其中，劳动力140人，五保户5户，低保户4户。全村总耕地面积511亩，主要农作物有玉米、小麦、青稞及油菜等。除传统的农牧业外，虫草采挖是当地群众的重要收入来源。2015年，全村经济总

巴果绕村全景图 杨志宏 摄

收入 971.6 万元，人均纯收入 11078 元，人均现金收入 7200 元。

习总书记两次到过的村庄——巴吉村 距八一镇城区 3 千米，平均海拔 3100 米，318 国道贯穿其中，下辖巴吉、玉米 2 个自然村。1998 年、2011 年，习近平总书记两次到该村视察。截至 2015 年年底，全村共有 98 户、480 人。其中，劳动力 129 人，党员 43 人，五保户 1 户，困难户 5 户，低保户 3 户。2017 年，被评为“全国文明村”。全村总耕地面积 1056 亩，主要农作物有土豆、小麦、青稞、油菜等。巴吉村被人称为“汽车村”，运输业是当地群众的重要收入来源。2015 年，全村经济总收入 1362.7 万元，人均纯收入 15047 元，人均现金收入 9780 元。

卡定天佛瀑布村——多布村 多布村，藏语意为活佛在石头上留下脚印的地方。位于 318 国道沿线，距离八一镇城区 30 千米，平均海拔 3079 米，辖多布、恰巴 2 个自然

巴吉村公房　　杨志宏　摄

村，截至 2015 年年底，全村有 56 户、256 人。其中，劳动力 103 人，五保户 3 户，低保户 2 户。全村总耕地面积 365 余亩，主要农作物有土豆、小麦、青稞、玉米及油菜等。除传统农牧业外，旅游业是当地群众的重要收入来源。2015 年，全村经济总收入 801.8 万元，人均纯收入 10962 元，人均现金收入 7125 元。

西藏第一电话村——公众村　公众又名公仲，藏语意为山坡上的村庄。位于 318 国道旁，尼洋河畔北，距八一镇 5 千米，平均海拔 2900 米，辖公众、色定、加定 3 个自然村。1998 年，建成西藏自治区第一个电话村。截至 2015 年年底，全村有 65 户、287 人。其中，劳动力 117 人，五保户 5 人，困难户 5 户，低保户 8 户。全村总耕地面积 597 亩，主要种植小麦、青稞、玉米等农作物。全村现有汽车 98 辆，拖拉机 112 辆，摩托车 85 辆。2015 年，全村经济总收入 1166.3 万元，人均纯收入 14373 元，现金收入 9342 元。

炼铁之乡——加当嘎村　加当嘎，藏语意为炼铁的地方，在旧社会是觉木宗各类矿石冶炼的集中点。加当嘎村毗邻八一镇城区，平均海拔 2980 米，下辖加当嘎、加喇嘛、加久龙 3 个自然村。截至 2015 年年底，全村有 52 户、214 人。其中，劳动力 100 人，五保户 1 户，困难户 2 户，低保户 2 户。主要特产有松茸、青岗菌、野生灵芝、当归、丹参等药用植物和菌类植物700多种。全村耕地面积258亩。主要农作物有油菜、青稞、小麦等。除传统农牧业外，加当嘎村大力发展无公害蔬菜种植，现有蔬菜大棚27座，占地50余亩。2015年，全村经济总收入1234.9万元，人均纯收入18465元，人均现金收入12002元。

神山信徒宿营的地方——加乃村 加乃，藏语意为转神山信徒宿营的地方。地处八一镇西北、尼洋河西岸，距八一镇30余千米。1950年以前，全村只有8户，其中5户患有麻风病，曾是人们谈之色变的麻风村。截至2015年年底，全村共39户、180人。其中，劳动力66人，党员10人，团员28人，五保户2户，困难户27户，低保户1户。全村总耕地面积922亩。主要农作物有青稞、小麦等。2015年，全村经济总收入571.7万元，人均纯收入9528元，人均现金收入6193元。

神山顶上的村庄——拉丁嘎村 拉丁嘎，藏语意为神山顶上的村庄，因紧邻比日神山而得名。距八一镇5千米，海拔3300米，下辖唐绕、拉丁嘎、拉嘎娘3个自然村。截至2015年年底，全村共有103户、414人。其中，劳动力165人，五保户3户，低保户9人。主要特产有冬虫夏草、松茸、木耳等。全村总耕地面积863亩，森林面积9万亩，草场面积4.36万亩。主要农作物有青稞、油菜、玉米、小麦等。2015年，全村经济总收入969.5万元，人均收入9981元，人均现金收入6488元。

唐绕村 杨志宏 摄

唐地村一角　　杨志宏　摄

全国党建先进村——唐地村　唐地村距八一镇城区3千米，平均海拔3200米，辖唐地、雪融2个自然村。截至2015年年底，全村57户、243人。其中，劳动力109人，五保户2户，困难户2户，低保户1户。主要特产有松茸、青岗菌、野生灵芝、当归、丹参。全村总耕地面积381亩，主要农作物有油菜籽、青稞、小麦等。全村共有货车29辆，长途车16辆。2002年6月，成为西藏自治区闭路电视第一村；2012年4月，实现全村通网络，成为全区“网络第一村”；2013年6月，建成小康示范村；2014年3月，成为林芝地区党员教育示范基地；2015年，唐地村获得村两委换届自治区先进集体荣誉称号。2015年，全村经济总收入919.6万元，人均纯收入14380元，人均现金收入9347元。

觉木片最后的村落——永久村　永久村，藏语意为觉木片区最偏远的村庄。306省道贯穿而过，距八一镇城区5千米，紧邻尼洋河，平均海拔2950米。截至2015年年底，全村有86户、347人。其中，劳动力157人，五保户1户。主要特产有松茸、青岗菌、木耳、草菇、藏香猪。全村总耕地面积304亩，草场面积2万亩，林地面积8万亩。2015年，全村经济总收入890.2万元，人均纯收入9748元，人均现金收入6336元。

章麦村　　王冬阳 摄

朝圣之门——章麦村　章麦古称桑哇，藏语意为秘密，是古时群众开启林芝—山南—拉萨朝圣时的必经之地。传说山上有门神把守，信徒朝圣出发前，必经此门，且必须在此地留宿一晚，更不能随便说出朝圣的目的地，朝圣才能灵验，故取名秘密、桑哇，后逐渐演变成张麦、章麦。距八一镇城区 7000 米，海拔高度约 3000 米，下辖章麦、杰布才、东如村 3 个自然村。截至 2015 年年底，全村共有 99 户、417 人，其中劳动力 136 人。全村总耕地面积 504 亩，主要农作物有土豆、小麦、青稞等，主要特产有松茸、青岗菌、天麻等药用植物和菌类植物。2015 年，全村经济总收入 991 万元，人均纯收入 10455 元，人均现金收入 6796 元。

附：巴宜区城区街道办事处

白玛岗社区居委会　位于八一大街 226 号。辖区内共有 41 个居民小区，小区内基础设施完善。辖区各道路上均设有垃圾箱、照明路灯、公厕。辖区内有小学、幼儿园、职业高中、医院等。居民合作医疗参保率 100%，社区无文盲。

双拥路社区居委会　位于双拥路北段15号，辖区有4个党支部，9个警务站，5024户、12942人。其中，“三老”（老党员、老干部、老模范）人员13人，低保户42户人，特困户15户。辖区内基础设施基本完善，能为居民提供有效、方便、综合的基本服务。2015年，辖区内有医院9家，学校2所，文化活动室5个，各党支部、小区活动室多设有图书阅览室、棋牌室、乒乓球室、老人之家、综合性多功能活动室等文体活动场所。居民合作医疗参保率100%。

沿河社区居委会　位于学院路守桥部队院内，辖区内有人口6144人。其中，党员424人，团员640人，低保户22户、45人，“三老”人员20名。社区内机关单位14个，商铺275家，出租房屋936间。小区内基础设施完善，辖区各道路上均设有垃圾箱、照明路灯、公厕。辖区内有小学、幼儿园、职业高中等。居民合作医疗参保率100%。

尼池社区居委会　位于福州大道中段，辖区内有人口5579人。其中，党员761人，团员2783人，低保户30户、66人，“三老”人员107名。社区内机关单位113个，商铺548家，出租房屋1570间。小区内基础设施完善，辖区各道路上均设有垃圾箱、照明路灯、公厕。辖区内有小学、幼儿园、职业高中等。居民合作医疗参保率100%。

自然环境

地质　地貌

地质　境内为晚生代前古地中海浅海相沉积形成的巨厚碎屑岩建造，并经历多期大的构造活动。随着海西、印支运动的兴起，由海下逐渐隆升，并于燕山二期强烈的地壳运动后脱海成陆。燕山晚期至喜山期大规模的岩浆侵入，混合岩化作用和

八一镇周边地貌 杨志宏 摄

构造叠加，形成八一镇多布村至工布江达一带的变质岩系巨大花岗岩山体，以及现今的地形地貌格局。境内地壳分属冈底斯陆块和雅鲁藏布江板块结合带陆块，地质现象比较复杂。

八一镇境内具有复杂的地质演化历史。该区的前震旦纪变质基底原属冈瓦纳古陆的一部分。进入古生代后，南侧的喜马拉雅山陆块进入稳定沉积阶段，但地区因构造原因等未见古生代沉积，区内属冈底斯陆块的部分直到晚古生代才开始出现沉积。未见中生代、古近纪和新近纪的沉积。中新世，进入夷平阶段，区内的高原面在本阶段形成，从上新世晚期开始，随整个青藏高原一起进入快速隆生阶段，直至今天。在晚更新世的距今 2.6 万 ~ 2 万年期间，由于雅鲁藏布江至白段（今米林县境内）发生重大堵江事件，造成上游出现巨大的堰塞湖，八一镇城区至两江交汇处宽谷沉积即在此时形成。直至今日，区内的雅鲁藏布江板块结合带仍有一定活动，同时区内也曾多次发生中小型地震，1950年8月15日发生过8.5级特大地震，八一镇及周边村庄受到强烈震害。此外，地壳的快速隆升和雅鲁藏布江的快速深切割，使得境内地势险峻，加之区内特殊的气候环境影响，造成境内地质灾害频发，位于八一镇境内的永久村山体、唐地村的措木及日湖周边山体、巴果绕村山体及加乃村山体是地质灾害重灾区。

地貌　八一镇东起巴吉村，西至多布村和加乃村，东西距离30余千米。沿尼洋河谷一字

邦雄吉日再雪山（2009年）　　杨志宏　摄

分布，整体地势相对平缓。境内海拔超过 6000 米以上的山脉主要有尼西村东山沟和西山沟等地的数座山峰，巴果绕村的邦雄吉日再雪山，唐地村的格尼山、叶达山，公众村的旺都山。

所有村落都傍居尼洋河，村庄周边山体都存在有冰川活动现象，水资源极其丰富，村民饮用水均来自山上的雪融水。境内湖泊较多，多为外流堰塞湖，由冰川谷形成，多数湖水以冰雪融水补给为主。湖岸四周花草丛生，森林茂密，土地肥沃，利于农耕。最大的湖泊是位于唐地村的措木及日湖，距离八一镇东北 18 千米，是一座古冰碛湖，湖面面积 3 平方千米，海拔 4085 米。湖区山峦植被以冷杉、金竹为主。

八一镇城区湿地　　杨志宏　摄

尼洋河

杨志宏 摄

气候

气候特征 八一镇地处西藏自治区东南部，受印度洋暖湿气流的影响，境内气候温和湿润，属高原温带半湿润季风气候区。气候温和，雨量充沛、多夜雨，日照充足，无霜期较长，昼夜温差大，冬季干燥，夏季湿润无高温。雨季开始较早，结束晚，降水多。冬半年降水量仅占全年10%，夏半年降水量平均占全年90%。常见气象灾害有洪涝、干旱、雷暴、霜冻、冰雹、雪灾、大风。

气温 八一镇历年平均气温为9.2℃，最热月为7月，平均气温15.7℃，最冷月为1月，平均气温0.5℃，最高年平均气温9.8℃，最低年平均气温7.4℃（1968年），极端最高气温出现在2006年7月17日，极值为31.4℃。

降水 2001—2010年，八一镇年平均降雨量为679.2毫米。降水主要集中在5—9月，占全年降水量的82.8%，降水分布呈单峰型，高峰期出现在7—8月，历年月最大降水量出现在1998年8月，达到363.6毫米，年平均降水日数为163天。最多年平均降雨量985.0毫米（1998年），最少年平均降雨量452.4毫米（1967年），一日最大降雨量49.7毫米（1978年9月12日），最长连续降水日数为47天（2003年6月1日至7月16日），最长连续无降水日数为103天（1975年11月1日至1976年2月11日）。

日照 1961—2015年，年日照时数达到1978.8小时，1983年达到最大值2255.7小

霜降 杨志宏 摄

时，2001 年最小值为 1725.1 小时。日照时数冬半年大于夏半年，冬半年平均占 54% 的日照时数影响全年日照时数，夏半年平均日照时数占全年的 46%。

霜期 历年平均初霜冻日期是 10 月 15 日，平均终霜冻日期是 5 月 1 日，无霜期 166 天。

雷暴 历年平均初雷暴日期是 3 月 16 日，平均终雷暴日期是 10 月 16 日，间隔天数 214 天。

土壤与植被 根据西藏自治区第一次土地资源调查技术规程的要求，1986 年，由湖南派出的援藏队对林芝县土地资源进行了调查。调查结果显示，八一镇境内的土壤分为 10 个土类、17 个亚类、25 个土属和 49 个土种四级土壤分类体系。

高山灌丛草甸土主要分布于海拔 4800 米至 5000 米的高山地带，其上部为裸岩石块地，下连亚高山灌丛草甸土。占全镇国土面积的 8%。

亚高山灌丛草甸土。主要分布于海拔 4200 米至 4700 米，占全镇国土面积的 22%。所处地形较高，多分布干中高平缓的高原上，陡坡地形含量较少。上接高山灌丛草甸土，下邻棕壤土类。

棕壤占全镇境内约 30% 的国土面积，分布于海拔 3100 米至 4500 米的山地。成土母质多为各种母岩的残坡积物和少量的洪积物、冲积物。植被以针阔叶混交

高山草甸区　　杨志宏 摄

林为主，也有一定面积的纯针叶林与阔叶林。林下植被有一定数量的灌丛及草本植物。

人口　民族

人口源流　八一镇是一个多民族聚居区，其中藏族人口最多。1951 年中国人民解放军进军西藏，1959 年民主改革，由于工作需要，大批汉族和其他少数民族干部、职工投身到西藏的社会主义建设中，八一镇境内汉族居民逐渐增多。改革开放后，陆续进藏工作的其他少数民族群众也逐渐增多。

民族构成　到 2015 年，境内民族有汉族、藏族、门巴族、珞巴族、怒族、独龙族、

藏族群众学习文化知识　　杨志宏　摄

傈僳族、纳西族、白族以及未确认民族归属的僜人。在八一镇城区及周边村庄居住的总人口数达 44198 人，其中，藏族人口 27916 人，汉族人口 14757 人，门巴族人口 897 人，珞巴族人口 200 人，回族 67 人，纳西族 24 人，怒族 1 人，土族 17 人，满族 78 人，蒙古族 33 人，苗族 52 人，壮族 20 人，傈僳族为 1 人，布依族 7 人，彝族 48 人，白族 30 人，其他民族 50 人。其中，城镇人口 40611 人，农村人口 3587 人。

经济发展

旅游产业　旅游产业是林芝市巴宜区的主导产业，从 2000 年开始，林芝市以八一镇为中心，进一步完善八一镇及周边景区景点基础设施建设，不断挖掘旅游资源，大力开展特色旅游、生态旅游、乡村旅游，引导农牧民群众“吃旅游饭，走致富路”。

在历届领导和各族人民的共同努力下，八一镇城区的旅游业从无到有、从小到大，初步实现了旅游资源富民的目标。尤其是近年来，八一镇城区坚定不移地把发展旅游业作为调整产业结构、实现经济可持续发展的切入点来抓，坚持做大、做强、做精旅游业，以旅游业带动第三产业发展的思路，坚持政府推动与市场引路相结合的发展途径，坚持开发、宣传和服务并重的发展原则，实施旅游经济战略，加快旅游资源开发，培育旅游市场，建设精品景区，打造服务品牌，规模宣传促销，促进了八一镇城区旅游业的长足发展。

通过多年开展旅游规划、旅游宣传促销、旅游市场整治等大量工作，到 2015 年，八一镇城区及周边旅游总收入突破 20 亿元，发展速度和增幅水平达西藏自治区第三名。

旅游总收入占 GDP 的比重由 1996 年的 0.43% 上升至 2006 年的 8.82%，再上升到 2014 年的 26.8%。旅游业已经成为八一镇城区的主导产业。旅游业的发展，也有效带动了农牧业的发展。2015 年，八一镇 11 个行政村有 546 人从事旅游业，年人均增收 4800 余元。

高原油菜

杨志宏　摄

种植业 1959年以前，八一镇境域内绝大部分土地归西藏地方政府、寺庙、贵族（即“三大领主”）所有。1959年3月，西藏全境实行民主改革，所有的土地被分配给农民、僧尼等。1982年，八一镇境内99%的生产队建立了各种形式的责任制，基本适应了当时的生产力水平和管理水平，符合土地零散、居住分散、交通不便的实际。实行责任制后，大多数村庄克服了管理上的过分集中、分配上的平均主义、经营上的单打独斗等弊端，极大激发了广大群众的劳动热情，劳动生产率明显提高。1984年中共中央召开第二次西藏工作座谈会，进一步研究制定了更加适应西藏境内生产力发展水平的具体政策，规定“土地归户使用、自主经营、长期不变”和“以家庭经营为主、以市场调节为主”的政策，进一步调动了群众的生产积极性，促进了生产的发展。主要农作物有青稞、油菜、小麦、玉米、荞麦和各类蔬菜。2001年后，八一镇逐渐加大对农业的科技投入力度，积极倡导农牧民群众开展科学种植，农作物产量大幅提高。2015年，八一镇11个行政村共有耕地面积5693.15亩，农作物总产量达2583.96吨。其中，小麦产量974.68吨，青稞产量589.72吨，玉米产量53.72吨，荞麦产量41.82吨，油菜产量178.37吨，豌豆产量1.9吨。蔬菜品种达40多种，主要品种有萝卜、葱、圆白菜、白菜、马铃薯等。蔬菜种植面积达1125亩，年产蔬菜743.7吨，蔬菜自给率达95%以上。

近年来，八一镇创新特色产业模式，以市场为导向，努力开发特色种植产业。2014年，东阳光集团租用八一镇拉丁嘎村草场16000亩建立虫草种植基地，着手研究冬虫夏草的人工培植技术，实现冬虫夏草人工培植的产业化。

唐地村村民色日在唐地村建立唐地色日药材种植基地，种植药材62亩，种类涵盖天麻、藏红花、三七、玛咖，一年经济效益约为25万元。

总投资11万余元扶持巴吉村经济林木种植，经济林占地面积约60亩，有苹果、梨等品种林木3000余棵。

畜牧业 八一镇自然条件复杂，牲畜种类较多，主要有牦牛、黄牛、犏牛、绵羊、山羊、猪、马等畜种。2015年，八一镇牲畜存栏23312头，大牲畜16800头，家畜主要以牛、羊、猪为主，其次是马。其中，黄牛6289头、牦牛6824头、犏牛2506头、马1181匹、猪6512头。家禽以鸡为主，共26516羽。肉食总产量278.03吨，其中牛肉125.69吨、猪肉152.34吨。酥油产量44.84吨，奶渣产量22.42吨。

巴吉村奶牛养殖场位于八一镇巴吉村西南500米处，于2007年成立，属村集体经

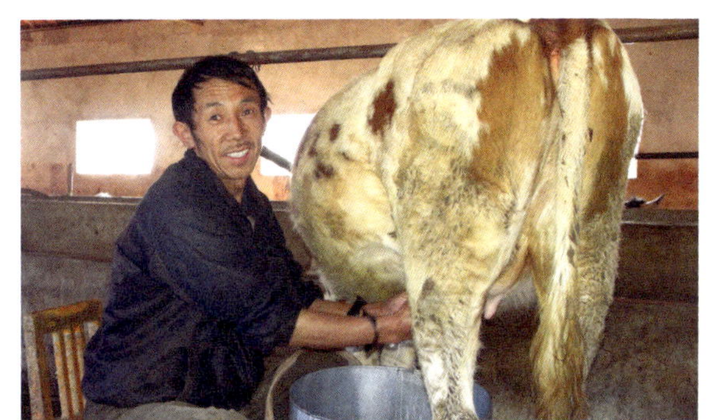

巴吉村奶牛养殖场 杨志宏 摄

济组织。养殖场面积 17900 平方米，共投资 592.1 万元。2015 年，共有奶牛 448 头（区外引进奶牛 200 头）。牛奶主要销往八一镇周边学校、宾馆、部队。2015 年，年产鲜奶 5200 千克，养殖场实现产值 38 万元，纯利润 30 万元。

林芝宇高生态农业开发有限公司是一家集藏香猪保种育种研发，良种猪繁育，优质无公害商品猪生产、加工、销售，特色种植，生态观光旅游于一体的现代化企业。公司成立于 2013 年年初，位于林芝县八一镇多布村恰巴自然村，占地 2000 余亩，注册资金 5000 万元，总投资 10 亿元，是林芝县“十二五”规划重点项目。

唐地村巴桑乔牦牛养殖场养殖牦牛 173 头，其中有 80 头奶牛，并种植有天麻。一年的经济效益约为 20 万元。

渔业 八一镇境内由于受气温、水温等自然因素限制，加之各类本地鱼养殖成活率低，渔业产品养殖规模十分有限。截至 2015 年，除巴吉村境内、章麦村境内有少量鱼塘外，其他各村均无养殖。养殖面积约 30 亩，养殖鱼类主要有鲫鱼、草鱼、鲤鱼等。

建筑建材行业 巴吉宏鑫建材市场，位于巴吉村。市场建设共分两期工程，共投资 2.3 亿元。其中，一期工程占地 100 亩，总面积 78 万平方米，商业用地 5 万平方米，仓库 2 万平方米。该市场于 2014 年 12 月开工，2015 年 9 月完工，有 470 个店面。二期工程占地 50 亩，处于规划建设中。该市场每年为巴吉村分红 400 万元，每五年追加 50 万元，延续 25 年，25 年之后产权交与巴吉村，由巴吉村自主经营。

宏鑫混凝土有限公司，位于巴吉村，成立于 2007 年，属村办企业。在开办之初，只进行简单的各型预制构件、砂石料生产。至 2015 年，已发展成为实有资本 2000 多万元的企业。经营范围扩展为生产强度等级 C60 及以下的各种混凝土，生产除预应力车

宏鑫混凝土有限公司　王冬阳　摄

梁、桥梁、屋面梁、屋架以外的其他各类混凝土预制构件；砂石料生产、石材加工制作生产；工程分包，土石方、砌筑、抹灰、油漆、木制作、彩绘等劳务作业业务等。该公司每年为巴吉村群众分红 70 万元，为巴吉村提供 20 余个就业岗位。2013 年，公司被评为西藏自治区扶贫龙头企业。

特色产业　近年来，八一镇借助旅游资源优势，重点突出农牧业特色产业的基础和支撑作用，不断推进以藏药材、藏香猪种植养殖为主要内容的特色产业建设，产业规模水平不断壮大提升。加定村工布圣香农牧民合作社，位于 318 国道沿线，八一镇公众村加定自然村内，距林芝市中心约 6 千米。合作社由 11 户农民集资建设，注册资金为 180 万元，总投资为 230 万元，成立于 2012 年 6 月，共有固定职工 9 名。主要产品有藏族特色的工布圣香、香包、香炉及土特产、旅游纪念品等。该合作社是一家集制造、加工、销售为一体的农牧民专业合作社。该合作社生产的产品已成功注册工布（GONGBU）牌商标及产品条形码，并开通了网站和微信公众平台。藏香及香炉、香包通过淘宝网、微店、零售店等在全国市场上销售。

工布阿吉林合作社，位于八一镇色定村，距市区 7 千米，交通便利。合作社占地面积 1.7 万平方米，其中，400 平方米为餐饮区，300 平方米为民族手工艺品加工销售区，其余为休闲、住宿、娱乐区，总投资 800 多万元。合作社成员 90% 为当地农牧民，是一家集藏式餐饮、住宿、休闲娱乐于一体的农牧民专业合作社。

社会事业

教育 八一镇城区及周边教育事业，经历了从旧社会没有一所正规学校，到形成涵盖幼儿教育、义务教育、中等教育、高等教育、职业教育的现代民族教育体系的重大转变，取得了长足的发展。师资队伍经历了以民办教师、援藏教师、汉族教师为主，逐步转为以公办教师、西藏自治区内培养教师、少数民族教师为主的发展过程。至2015年，八一镇境内高校有西藏农牧学院，中等职业学校有西藏林芝职业技术学校，中学有林芝市第一中学、林芝地区第二高级中学、巴宜区中学，九年一贯制学校有林芝广东实验学校，小学有林芝市第一小学、林芝市第二小学、八一镇中心小学，主要幼儿园有林芝市幼儿园、林芝市第二幼儿园、林芝市第三幼儿园，共有教职工1652人，大、中、小学学生18633人。

林芝市第一中学　　陈中祥 摄

林芝市幼儿园　林芝市教体局　提供

广东实验小学　　　　林芝市教体局　提供

医疗卫生　1966 年以前，八一镇境内没有一座正规医院，群众看病主要求助当地部队的卫生队。1967 年成立八一新村门诊部。1970 年，更名为自治区八一人民医院。1986 年，更名为林芝地区人民医院。1990 年 3 月，林芝地区妇幼保健院成立。1993 年，林芝地区藏医院成立。2012 年 10 月，林芝市中心血站正式投入运行。近几年，济民医院、中区医院、健民医院、同济医院等民营医院相继入驻林芝，私人诊所不断增加，人民群众的就医需求得到有效满足。2015 年，八一镇城区拥有各级医疗卫生机构 14 所（个），其中，二级甲等医院 2 所、国家级爱婴医院 1 所、地（市）级二等防疫站 1 个、地区血站 1 个、镇卫生院 1 所。拥有卫生工作人员 678 人，病床 651 张。

1998 年，西藏自治区卫生厅在林芝进行了农牧区医疗制度试点工作。1999 年全面

林芝市中心血站　　　　杨志宏　摄

铺开，并于当年10月在林芝地区召开了西藏自治区推行农牧区医疗制度工作现场会。2015年，以免费医疗为基础，家庭账户、大病统筹和医疗救助相结合的农牧区医疗制度在八一镇乃至整个林芝地区实施覆盖面达100%。农牧区医疗基金人均达到380元，免费医疗经费到位率达100%，年报销封顶线为6万元/人，执行大病补充医疗保险年补偿达7万元/人。八一镇11个行政村卫生室，共配备22名村医。

群众文化 “十二五”期间，林芝地区规划了八一镇城区新华书店、广播影视中心、排练厅等文化设施建设项目。投资850万元建设了林芝地区广播电视台业务楼；投资1147万元，完成八一镇城区有线电视数字化建设网络改造工程；投资1420万元，完成林芝地区图书馆改扩建项目；投资1120万元，完成群艺馆改扩建项目；投资2100万元，完成林芝地区博物馆改扩建项目。

为推进文化活动提档升级，八一镇提出“天天有活动、月月有演出、节庆有专场、年年有会演”的目标。在八一镇城区广泛开展群众广场文化活动，实现了“天天有活动”。至2015年，八一镇城区建有大型文化广场4个（厦门广场、青年广场、工布印象、福建公园），中小型广场15个，全年开展活动400余场（次），参与人数18万余人（次）。地市区文广局每月邀请地区文工团、巴宜区民间艺术团在八一镇城区开展演出，实现了“月月有演出”。通过举办雅鲁藏布江文化旅游节等区域特色品牌活动实现“节庆有专场”的目标。通过举办“爱我林芝、歌唱林芝、繁荣林芝”等系列歌舞比赛，实现了“年年有会演”的目标。开展首届“尼洋河——我美丽的家乡”原生态“民歌民星”赛

八一镇永久村纪念“3·28”西藏百万农奴解放纪念日警民文艺联欢

杨志宏　摄

农村业余演出队　　　　杨志宏　摄

活动，通过手机短信投票的方式，由广大群众评选出最喜爱的民歌和“民星”。通过推进文化活动的提档升级，极大地丰富了八一镇城区各族群众的文化生活。

在此基础上，八一镇党委、镇政府十分注重加强农村基层宣传文化队伍建设，积极组织、全力支持开展能使农牧民群众得到娱乐、受到教育的文艺、宣传活动和文化基础设施建设工作。至 2015 年，全镇各村共有农村文化活动室 11 个，经过镇领导、各村包村干部和村两委班子共同努力，多方争取资金为文化活动室配备乒乓球桌、篮球架等体育设施，为丰富村民文化娱乐生活提供了便利；共有图书室 11 个，每个图书室藏、汉图书达 3000 册以上；各村广播、电视、远程教育系统覆盖率均达 100%，极大丰富了农牧民群众的业余文化生活。

农家书屋　　　　林芝市巴宜区文广局　提供

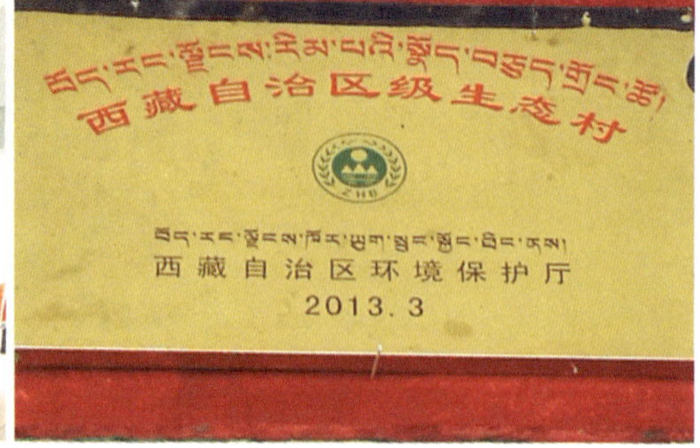

巴吉村获西藏自治区级生态村称号　　　　王冬阳　摄

人民生活

社会保障

就业与再就业 20 世纪 50—80 年代，城镇青年一般都能够实现就业。90 年代后，八一镇城区开始出现待业情况。从 2003 年起，林芝县劳动和社会保障局每年都制订详细的就业培训计划，并对有林芝县户籍、有从业愿望和有一定文化知识的城镇失业人员及有林芝县户籍、具有一定劳动能力、有转移就业愿望、有一定文化知识的农村富余劳动力进行培训，培训内容主要为餐厅、宾馆服务，旅游景点讲解，汽车驾驶，建筑等方面，全面提高失业、待业人员的就业技能。2010—2015 年，林芝县（市）劳动和社会保障局每年组织八一镇城区及周边村庄开展失业人员培训班 2 期，农村富余劳动力转移就业培训班 3 期，每年培训城镇失业、待业人员 100 ~ 200 人，每年培训农村富余劳动力 375 人。

社会保险 2005 年 12 月起，八一镇开展干部职工医疗保险试点工作。从 2009 年开始，八一镇全面开展农村新型社会养老保险工作。

社会福利 1986 年，全镇共有五保户 15 户，政府按照每年每人 200 元的标准发放补贴，其生活所需粮、油、肉、柴由村委会统筹发放。至 2015 年年底，全镇共有五保户 27 户、28 人，供养标准为每年每人 4750 元。自 1999 年起，八一镇每年都为残疾人解决医疗、出行等问题，每逢“三大”节日（元旦、春节、藏历新年），工作人员都会带上慰问品和慰问金到残疾人家中，帮助解决困难。至 2015 年，全镇共有残疾人 103 人，八一镇人民政府为解决残疾人医疗、住房等问题共投入资金达 85300 元。

生活水平 1959 年西藏民主改革以前，八一镇境内所有奴隶没有任何生产资料，食不果腹，衣不蔽体。改革开放后，人民群众生活得到有效改善。至 2000 年，全镇农牧业总产值 1100.93 万元，粮油产量 160 万千克。

近年来，八一镇大力推进改革发展稳定各项工作，保持了社会经济又好又快发展，基础设施不断完善，脱贫攻坚实现新突破，人民生活得到新改善，优势产业大步发展。2015 年，全镇农村经济总收入 10962.3 万元，农牧民人均纯收入达到 16871 元，比 1959 年的 35 元增长了 481 倍；粮油总产量 1840.21 吨，比 1959 年的 21.2 吨增长 85.8 倍；肉类总产量 278.03 吨，比 1959 年的 9 吨增长 29.9 倍；牲畜总头数 19210 头，比 1959 年的 98 头增长 195 倍。通过大力实施以安居乐业为突破口的社会主义新农村建设，使全镇 816 户、3566 人住上安全舒适的房屋，农牧民和城镇居民人均居住面积分别达到 24 平方米与 37 平方米。汽车、摩托车、彩电、冰箱、电脑进入寻常百姓家，全镇 816 户农牧民家庭拥有彩色电视机 1034 台、移动电话 2415 部、家用轿车 121 辆、大中型运输车 258 辆、出租车 10 辆、拖拉机 471 台、洗衣机 917 台、冰箱 881 台、固定电话 138 部。

农牧民新居　　林芝市巴宜区文广局　提供

民族工作

八一镇自成立以来，历届党委、政府始终高度重视民族工作，定期开展“三个离不开”（汉族离不开少数民族、少数民族也离不开汉族、各少数民族之间互相离不开）、“五个认同”（对伟大祖国的认同、对中华民族的认同、对中华文化的认同、对中国共产党的认同、对中国特色社会主义道路的认同）、“五观”（国家观、历史观、民族观、文化观、宗教观）等宣传教育，关心和支持民族干部队伍建设，切实做到在政治上爱护、感情上理解、生活上关心。

民族平等 八一镇辖区内所有市直单位、机关人大代表和政协委员中，少数民族代表和委员占 90% 以上；11 个行政村 41 名人大代表中，有少数民族代表 36 人。当地干部群众充分享受人大代表和政协委员的权利，积极参政议政，加强民主监督，为八一镇经济建设和社会稳定建言献策。

民族团结 为加强民族团结工作，八一镇成立了以党委书记为组长，党委副书记、镇长为副组长的工作领导小组，形成党委统一领导、党政齐抓共管、社会广泛参与的工作格局。根据工作实际需要，逐年严格落实创建经费和激励表彰经费，并将相关资金列入年度计划。同时，制定实施《林芝市巴宜区八一镇民族团结进步创建活动实施方案》，将民族团结进步工作纳入年度综合目标考核内容，建立“月工作推进”机制，坚持一月一督察，定期通报检查结果，及时总结经验，深入分析问题，着力解决创建活动中存在的薄弱环节。

推进“七进”（进机关、进乡村、进社区、进学校、进企业、进军营、进寺庙）活动。以民族团结教育“七进”活动为抓手，突出重点，扩大覆盖。通过开展军民共建、文体联谊、民族团结宣讲、综治宣传、知识竞赛、文艺演出、主题座谈等多种群众喜闻乐见的形式宣传民族团结的重要意义，不断强化干部群众的民族团结意识，激发汉族村干部干事创业的积极性，凝聚多民族团结发展的合力，辖区内白玛岗社区成为民族团结典型社区。

开展民族团结表彰。2011—2015 年，先后召开 5 次民族团结进步模范集体和模范个人表彰大会，共表彰模范集体 5 个、模范个人 17 人，累计创建民族团结家庭 11 个，通过树立先进，模范引导，在全镇形成了民族团结奋进的良好局面。

突出示范引领作用。开展“民族示范村”创建活动，将八一镇尼西村列为试点乡村，以改善民族村的基础设施和生活环境，创建文明生态示范典型，扶持特色产业为主抓内容，打造具有民族特色特点、居住环境美化、产业结构优化、民族团结和谐的少数民族村。

2013 年 5 月 8 日，八一镇第八届人民代表大会第二次会议召开　　杨志宏　摄

山水生态

八一镇是“西藏江南”——林芝的政治、经济、文化、交通中心，这里周围有着高耸入云的雪山、浩瀚壮观的林海，还有绚烂绝美的花海和澄净湛蓝的湖泊。青山缭绕着云气，峰峦若隐若现，漫着白雪的山尖，在阳光下云蒸霞蔚。雪线下是茂密的森林，满山遍野叠彩万重。这里，流淌着青藏高原奔腾不息的前世今生，尼洋河水共长天一色，五色斑斓的丛林夹峙两岸，田野间牛羊成群、鸡犬相闻，山水生态环境极佳。

念青唐古拉山八一段

八一镇地处青藏高原念青唐古拉山东南麓，为典型的中高山地地貌，有众多的高山峡谷、山地丘陵、河谷盆地、河流湖泊等地貌单元。念青唐古拉山为东西走向，在八一镇境内断续延展约 50 千米，山岭海拔一般为 3500 ~ 6800 米，著名的山峰主要有邦雄吉日再雪山、格尼山、叶达山、旺都山、尼西神山。

邦雄吉日再雪山 位于巴果绕村，山顶最高峰海拔 6200 米。整座山体犹如一只下山的猛虎，猛虎尾部是山顶，头部一直延伸到尼洋河畔。邦雄吉日再雪山海拔 5000 米以上均为草甸区；海拔 4000 ~ 4500 米地段主要生长有云杉、铁杉、杜鹃等植物；海拔 4000 米以下主要生长有青冈；海拔 4000 ~ 3000 米地段，林下作物丰富，有松茸、青冈菌等各种林下作物。

邦雄吉日再雪山　　杨志宏　摄

雪山山顶　　杨志宏　摄

格尼山　位于唐地村境内，系旺都山余脉，海拔约3500米。该山因形似一头蜷伏的巨大乌龟，故又名乌龟山。从远处眺望，格尼山与叶达山如同两只庞大的乌龟，形成“双龟同饮”的天然景观。格尼山中间部分为巨大裸露岩石，其余全部被森林覆盖。因1995年、2007年两次森林大火，不少森林资源被毁，现存植被为人为栽植和恢复性植被。

叶达山　位于唐地村境内，海拔为5500米。海拔5000米以上为高原草甸区；5000

格尼山　　王冬阳　摄

叶达山（2011年）　　杨志宏　摄

米以下为原始森林；海拔 4500 米地段有 3 个牧场，是唐地村、拉丁嘎村和加当嘎村 3 个村共用的夏季牧场；海拔 4085 米处有著名冰碛湖——措木及日湖。叶达山与西侧格尼山脉余峰相连，呈犬牙状分布，两座山峰余脉如同两只巨大的乌龟，当地人统称格尼山和叶达山为双龟山。

旺都山 位于公众村境内，与邦雄吉日再雪山遥相对应。山体主峰呈塔尖状，海拔最高峰达 6200 米。海拔 5800 米以上为裸露岩石；海拔 4800 ~ 5500 米为高原草甸区；海拔 3500 ~ 4800 米为原始森林，主要树种有高山松、杜鹃、青冈等树种；3500 米以下为灌木丛林。

尼西神山 是西山沟和东山沟几座主峰的统称，位于尼西村。“尼西”在藏语里意为四处圣地的地方，是指位于尼西村子四周的四座神山，即东边普岗日山、西边勒布坛钦日山、南边热那杰姆山和北边曲丹南达日山。四座山山顶终年积雪，海拔 6000 米地段均为裸露岩石；海拔 5000 米地段为高寒草甸区，生长有龙胆花、雪莲、蔷薇等草本植物，并有少量虫草，其中虫草、龙胆花、雪莲为药用植物；海拔 4000 ~ 4500 米地段主要生长杜鹃，并伴有少量云杉等；海拔 4000 米以下为原始森林；海拔 3500 米地段有少量草场。

旺都山 杨志宏 摄

尼西神山（2012 年）　　杨志宏　摄

主要河湖

尼洋河　工布人俗语称尼洋河为“娘曲”，藏语意为“神女的眼泪”。位于雅鲁藏布江北侧，是雅鲁藏布江流域内的五大支流之一，全长 307.5 千米，落差 2273 米，平均坡降达 7.39‰。尼洋河有两大支流，其中一条发源于米拉山西侧的措木梁拉，其源头为古冰川作用的围谷；另一条发

尼洋河风光　　杨志宏　摄

源于里同拉。两条支流由北向南流经整个娘蒲谷后，汇合于米拉山支流，在巴宜区林芝镇立定村一带汇入雅鲁藏布江。尼洋河处于大峡谷水汽通道范围内，水热条件充足，平均流量 538 立方米 / 秒，年径流量 220 亿立方米，水能蕴藏量 208 万千瓦。尼洋河在八一镇境内起于多布村，止于永久村，流长有 30 余千米。据林芝水文资源勘测大队八一镇水文站的水文测验记录，2015 年尼洋河八一段的最高水位为 8 月 20 日的 10.16 米，最低水位为 2 月 19 日的 6.63 米，年平均水位 7.98 米。该河段河流宽阔，水流平缓，含沙量少，河水清澈见底，两岸森林植被完好，风光旖旎，景色迷人，是西藏高原最美丽的河流之一。

巴河　尼洋河的最大支流，发源于工布自然保护区内的念青唐古拉山脉东端，河长 89 千米，流域面积 4177.9 平方千米，平均流量 178.8 立方米 / 秒。

巴河源头（2010 年）　杨志宏　摄

措木及日湖　措木及日湖也称冰湖，位于八一镇东北方向 18 千米处，2012 年被划入比日神山国家森林公园。措木及日湖海拔约 4085 米，是一座古冰碛湖，湖面面积约 3 平方千米，最深处 60 米，平均深度 40 米，最宽处 2000 米，最窄处 1000 米。蓄水量 7000 万立方米。由于海拔高，一到 11 月，湖面便开始结冰，直到来年 3—4 月才消融，故取名冰湖。

措木及日湖

次仁尼玛　摄

自然资源

森林植被

八一镇林地面积 81036 公顷，森林覆盖率达 53.66%，其中，乔木林覆盖率达 33.80%，灌木林覆盖率为 19.07%。自然地理条件较好，适宜多林种、多树种生长。森林每公顷平均蓄积量 289 立方米，其中，用材林每公顷蓄积量 305 立方米，用材林近、成、过熟林每公顷蓄积量达 404 立方米。森林生产力较高，尤以唐地村措木及日湖一带云杉、冷杉林单位面积产量高，虽经多年采伐，至 2015 年仍有成片树高 40 ~ 50 米，平均胸径 70 ~ 80 厘米，每公顷蓄积达 1000 立方米以上的高产林，最大单株材积达到 50 立方

原始森林　　杨志宏　摄

米。标准胸径在26厘米以上的大径木、特大径木蓄积量占96%，24厘米以下的中、小径木蓄积量占4%。由于特殊的地形地貌，气候和水热条件的差异，森林植被的分布随海拔、气候的差异在垂直分布上呈明显的规律性变化，分布有中山亚热带常绿和常绿与落叶阔叶混交林、山地灌丛草原、山地温带针阔叶混交林带、亚高山暗针叶林带、高山寒温带灌丛草原带、高山寒冰带。占优势的树种以冷杉、云杉为主，其次为高山栎、高山松、华山松等。

亚高山暗针叶林 八一镇境内亚高山暗针叶林的森林面积蓄积量最大，其中云杉、冷杉蓄积量占80.67%以上，根据建群种的不同，常见的主要有冷杉林、云杉林、红杉林三种群落。

冷杉林以川滇冷杉、急尖长苞冷杉为主要建群种，广泛分布于海拔3400～4200米的阴坡、半阴坡地带。群落外貌呈暗绿色，林冠整齐，树冠呈塔形，树干粗直，林下灌木层以杜鹃属、忍冬属及蔷薇科植物为主。

云杉林以林芝云杉为主要建群种，广泛分布于尼洋河及其支流各水系，在海拔2800～4200米的阴坡、半阴坡地带，形成大片森林，水平分布和垂直分布都很广阔，一般在棕壤和暗棕壤上生长良好。

红杉林以西藏红杉为主要建群种，常在云杉林边缘形成不连续的淡绿色落叶针叶林带，分布在海拔2800～4000米之间。

针阔叶混交林 铁杉、阔叶混交林以云南铁杉为主要建群种，分布在潮湿山地的河谷中，常与华山松及多种落叶、阔叶树形成混交林，局部有纯林。云杉、冷杉、阔叶混交林，以云杉、冷杉为主，伴有杨柳科、桦木科的阔叶树，如山杨、红桦等，形成针阔叶混交林，其灌木层有杜鹃、箭竹等，全镇境内均有分布。

山地温带松林 有以高山松为主和少量华山松组成建群种的森林类型，对环境条件有着很强的适应能力。高山松林在八一镇分布广泛，一般生长于海拔2600～3500米之间，是八一镇主要建群树种之一，在阳坡形成大面积纯林，耐干旱瘠薄，属于阳性树种，冬春季节易发生森林火灾。

硬叶常绿阔叶林 高山栎林在八一镇境内是分布最广的硬叶常绿阔叶林，以川滇高山栎组成建群种，分布于海拔2800～4200米范围内的阳坡、半阳坡山地上。林下食用菌种类和数量较多，在低海拔地区呈乔木状，而在高海拔地区形成矮林灌丛。

山地落叶阔叶林 杨桦林，以红桦、糙皮桦、山杨、青杨为主组成建群种。常呈混交状态，分布于海拔 3000 ～ 4100 米地带。

亚高山温带针叶林 分布于海拔 2400 ～ 4000 米之间，该地段气候温凉湿润，建群树种主要是林芝冷杉和壳斗科的栎类树种分布上延的成、过熟林。部分地段尚有成片的云南铁杉（北部）、高山松（北部阳坡）以及糙皮桦等。林芝冷杉、云南铁杉林郁闭度不大，约 0.4 ～ 0.5，但树干高大，一般在 35 ～ 40 米，径粗 1 米左右，每公顷蓄积量多在 600 ～ 800 立方米之间，高者达 1000 立方米以上，树龄以 160 ～ 200 年占优势，基本保持原始森林状态。林下灌木多见忍冬、花楸、悬钩子、箭竹、杜鹃、蔷薇等，一般植被盖度在 30% ～ 60%。草本植物盖度不一，下部可达 50% ～ 60%，随海拔增高而递减。常见有唐松草、变色马兰、兔耳风、禾叶繁缕、高山露珠草、鳞毛蕨、耳蕨、类叶升麻、蓼等。苔藓层以锦丝藓、塔藓为主，附生植物多见粗皮松萝、羽平藓。

高山寒温带灌丛草原带 分布于海拔 4000 ～ 4800 米之间，此带气候较寒冷湿润，无霜期约 80 天，积雪时间 6 个月以上，生长期短，以雪层杜鹃、高山矮柳、木本萎陵菜、高山绣线菊、窄叶鲜卑花等灌木为主，多分布在阴坡、半阴坡、沟谷地段，带状连片分布，随海拔升高植株越矮小，植被盖度 40% ～ 80%。草本植物多为驴蹄草、鳞毛蕨、垂头菊等，夏季生长茂盛。

高山寒冰带 海拔 4800 米以上，气候条件严酷，年均气温在 −2℃～ −5℃，全年大部分时间处在厚层积雪下，表土露出仅 2 ～ 3 个月，寒冻风化强烈，崩塌流石与悬崖多，在小生境相对较好地段，见有矮小的蓼、菊、虎耳草等先锋植物和地衣、苔藓，呈零星分布。

主要树种

裸子植被

（1）松科

川滇冷杉。为高大乔木，树皮暗灰色，裂成块片状，一年生枝为红褐色或褐色，二、三年生枝呈暗褐色或暗灰色。分布于海拔 3600 ～ 4300 米，为主要用材树种之一。

林芝云杉。为高大乔木，是丽江云杉的变种，树皮灰褐色，纵裂，薄片状剥落，小枝下垂，是林芝地区重要用材树种之一，也是西藏中南部地区最富有代表性的云杉林。分布于海拔 2700 ～ 4000 米。

西藏红杉。又名西藏落叶松，乔木，树皮深纵裂，大枝平展，小枝细长，下垂。常在云杉、冷杉林边缘形成不连续的林缘带森林。

高山松。乔木，高 30 米以上，一年生枝较粗、黄褐色，针叶多为两针一束，一般分布在海拔 2600 ～ 3500 米，是东喜马拉雅山和横断山区高山地带的特有树种。

华山松。高 30 米以上，树皮裂成块状，一年生枝条呈绿色或灰绿色，针叶五针一束，温带和亚热带山区树种，分布在海拔 3400 米以下。在八一镇境内分布较少。

雪松。为引进品种，是庭园绿化观赏树种。在八一镇周边苗圃均有种植。

（2）柏科

侧柏。乔木，生鳞叶的小枝直展或斜展，排成一平面，扁平，广为引种栽培，作庭园观赏树。

方枝柏。乔木，生鳞叶的小枝四棱形，林芝县均有分布，木材结构细致，坚实耐用，分布于海拔 3600 ～ 4400 米的山林中。

高山柏。灌木，生匍匐状，生长于海拔 3400 ～ 4500 米的高山地带。

大果圆柏。乔木，生鳞叶的小枝常分枝不密，近圆柱形或四棱形，生于海拔 3500 ～ 4400 米的山地上，境内均有分布。

被子植物

悬铃木科。悬铃木，又称二球悬铃木，落叶乔木，常用作行道树和庭园绿化，抗空气污染力强，具净化空气能力，为引进品种。

槭树科。槭树，落叶乔木，生于沟谷杂木林中，树形美观，秋季叶变为黄橙色或橙红色，可作庭园绿化用。

胡桃科。胡桃，落叶乔木，生于海拔 1600 ～ 3200 米的山坡河谷中，木材紧硬细致，纹理美观，种仁食用，具健脑补肾之功效。

杨柳科。山杨，落叶乔木，林芝县域内广泛分布。北京杨，引进品种，多用作行道绿化。

桦木科。糙皮桦，又名喜马拉雅银桦，乔木，高达 33 米，胸径 1.4 米，树皮为灰褐色，横裂，呈不规则薄片剥裂，材质坚韧，是制造胶合板等家具的良材。红桦。乔木，高 20 多米，树干常弯曲不直，树皮红褐色有光泽。

壳斗科。高山栎，常绿乔木，有时呈灌木状，木材坚硬，为优良用材和薪炭材。

古树名木

巨柏林　位于巴吉村，海拔 3040 米。林内有 10 公顷近 1000 棵珍贵的巨柏，平均树高 44 米。其中最大的一棵，树龄 2600 多年，高 57 米，直径 5.8 米，被誉为“中国柏科之最”。（参见本志“旅游胜地 · 景区景点 · 世界柏树王园林景区”）

巨型青冈王　位于多布村。树高35米，直径4.5米，树龄约3000年。虽历经数千年，但整棵大树仍枝繁叶茂，生长旺盛。

古茶树　位于巴果绕村。树高约20米，直径0.8米。

巨型冷杉　位于拉丁嘎村唐绕自然村。树高约35米，直径2米，树龄近2000年。

桃树王　位于巴果绕村，整棵树高6米，直径约1米，树龄约300年，是目前八一镇最大的桃树。

核桃王　位于公众村，冠大树高，胸径约2米，树高约30余米，树龄近千年，枝头挂满果实，被称为“千年核桃王”。

巨型桑树　位于章麦村冬如自然村，树高约10米，树龄约1500年，直径约2.5米。

野生植物　八一镇自然地理复杂多样，最高海拔在6000米以上，最低海拔达2900米，立体多样的地形、地貌和气候造就了十分丰富的植物多样性。据科考调查：已知的高等植物（维管束植物，未包括苔藓类）有137科、558属、1241种。其中，蕨类植物28科、58属、137种，裸子植物4科、10属、17种，被子植物105科、490属、1087种。境内被列入国家重点保护野生植物的种类有巨柏、黄牡丹、星叶草、桃儿七、八角莲、胡黄连、假人参、水青树、领春木、延龄草，以及多种兰科植物和菌类等。

拉丁嘎千年冷杉　王冬阳　摄

黄牡丹　林芝市农牧局　提供

高山杜鹃花　林芝市农牧局　提供

野生动物 八一镇因其得天独厚的自然条件，野生动物资源种类较多，特有物种丰富，且珍稀性突出。全镇境域内已知有国家重点保护的野生动物 56 种。属国家一级重点保护的野生动物兽类有熊猴、豹、雪豹、白唇鹿、林麝、马麝、黑麂、扭角羚和赤斑羚 9 种；鸟类有胡兀鹫、金雕、四川雉鹑和黑颈鹤 4 种。属国家二级重点保护动物有猕猴、豺、黑熊、棕熊、小熊猫、石貂、黄喉貂、水獭、小爪水獭、大灵猫、小灵猫、兔狲、猞猁、金猫、藏原羚、鬣羚、斑羚和岩羊 18 种兽类；有鹗、黑鸢、高山兀鹫、秃鹫、松雀鹰、雀鹰、苍鹰、普通鵟、大鵟、毛脚鵟、棕尾鵟、红隼、灰背隼、燕隼、猎隼、藏雪鸡、血雉、勺鸡、藏马鸡、白腹锦鸡、大紫胸鹦鹉、绯胸鹦鹉、雕鸮、灰林鸮和红腹角雉 25 种鸟类。

赤斑羚　　林芝市农牧局　提供

赤斑羚，又称红青羊、红山羊、红斑羚，是国家一级重点保护野生动物，在中国仅分布于西藏的东南部。直到 1961 年才被发现并确定学名，中国境内直至 1973 年才发现，20 世纪 80 年代才收集到活体赤斑羚，1985 年首次人工繁殖成功。赤斑羚栖于 1500 ~ 4000 米的空旷区或林缘多岩陡坡山地，能在悬崖峭壁上奔跑、跳跃，如履平地。

猞猁　　林芝市农牧局　提供

林麝　　林芝市农牧局　提供

绿头鸭　　林芝市农牧局　提供

藏雪鸡　　林芝市农牧局　提供

草场　2015 年，八一镇共有土地面积 1488.13 平方千米，是一个地广人稀的高寒山区。由于受气候、环境等自然因素的影响，天然草场面积较大。全镇共有草场面积 1030291.75 亩，其中，夏季草场 602157 亩，占草场面积的 58%；冬季草场 428134.75 亩，占草场面积的 42%。草畜平衡面积 685767.26 亩，全镇共有 740 户受益户。在八一镇的天然草场中，高寒草甸建群种以莎草科、蓼科植物为主，伴生种有菊科、蔷薇科、禾本科等植物；山地草甸类中的优势种以莎草科的苔草及蓼科为主，伴生种有禾本科、蔷薇科、菊科、伞形科等；在温性草甸类中主要以禾本科的植物为优势，其伴生种有菊科、车前科、忍冬科、豆科等植物。在天然草地的植物群落中还间杂着有毒有害植物，如毛茛科以及天南星、草乌、大戟等。

高原草场　　杨志宏　摄

生态保护

水资源保护

农村水资源保护 2012年起，八一镇积极拓宽饮用水水源地环境保护项目申报渠道，加强项目申报工作。至2015年年底，实施保护的村庄有巴吉村、巴果绕村、章麦村、唐地村、公众村、尼西村、多布村、永久村、加当嘎村、加乃村，保护率为76%。

尼洋河区域保护 2014年起，八一镇委托第三方监测公司对境内尼洋河地表水断面开展水质监测，根据监测报告显示，水质达标率为100%。同时也对八一镇一水厂、二水厂两个集中式生活饮用水水源地开展水质监测，根据监测报告显示，水质达到一类。

措木及日湖保护 20世纪60年代起，措木及日湖周边被划定为伐木场，大批原始森林被毁，致使湖面水位下降。80年代起，八一镇对该区域全面实施生态保护，生态环境得到全面改善，水质水位得到全面提升。至2015年，森林覆盖率达85%，水质达国家一类饮用水标准。

森林资源保护

至2015年，八一镇公益林管护面积为1175472亩。为加强公益林管理，专门成立公益林专业管护站，设有专业管护员5名，严格执行《巴宜区森林生态效益补偿基金实施方案（暂行）》《巴宜区森林生态效益补偿基金项目管理办法（暂行）》等有关规定，森林生态效益管护费与公益林专业管护人员工资按一年两次进行拨付（半年一次），每年兑现公益林管护金5701039.2元。专业管护员与乡村护林员制定森防巡逻表，严格履行森林防火值班制度，排查森林防火隐患。同时，通过电视、通信设备、报刊和在人群密集处设临时宣传点的方式，开展宣传工作。联合乡镇工作人员深入林区，对外来施工人员聚集区进行走访，并对入林务工人员身份进行一一核对，确保一人一证，为其进行保护野生动植物法治宣传。八一镇下发藏汉双语版《涉林刑事案件管辖及立案标准》

《林地、自然保护区、森林公园、湿地保护相关法律法规》宣传册等，通过座谈会、法治宣讲等形式，提升群众法治意识、保护生态资源意识。

采种 八一镇是西藏自治区林木采种的主要区域之一。20 世纪 70 年代中期开始开展育苗工作，但种子需求量不大。为满足自身生产需求，每年 9—10 月种子成熟期，生产单位派职工到结实、较好的林区采收树种，采收的树种以当地云杉、冷杉、落叶松为主。林区群众主要依赖森林企业的伐倒木从事采种，缺乏必要的机具，采种极为困难，采种量很少。

引种 20 世纪 70 年代后期，林芝县先后从四川、华北等地引进种子在八一镇境内繁育苗木，引进的树种有川西云杉、日本落叶松、华北落叶松、华北油松、樟子松等，用于更新造林，较好的有川西云杉、华北油松和华北落叶松。引进绿化苗木北京杨、文冠果、泡桐、悬铃木、女贞、冬青、香樟等，用于道路绿化和城市绿化，北京杨、悬铃木、女贞、冬青、香樟等树种生长良好。引进的经济林木有新疆核桃、巨峰葡萄、苹果、水蜜桃等。

育苗 20 世纪 70 年代初，八一镇更章沟成立森林工业公司育苗机构，从事繁育针叶树种苗木工作。繁育的树种有云杉、冷杉、红杉及一些经济果木。森林工业公司所属更章、鲁朗等林场建立森林苗圃，从事育苗工作。通过实践，逐步取得了在西藏高海拔地区针叶树种育苗的经验，育苗播种方式以条播为主，荫棚材料主要使用竹帘，普遍培育原床苗。

封山育林 封山育林是为了有效地恢复森林景观，借助林木的天然林种，逐步培养成森林的一项措施。是以自然地形划分封山育林区，设置封山育林牌，明确封山界线，设专人管理。在封山区内不准樵采、采砂取石、开垦荒地，并严防森林火灾。开展封山育林以来，许多地方已恢复自然植被，增加森林资源蓄积量，对保持水土、涵养水源、保障农牧业生产发挥了积极作用。115 沟封山育林区，1995 年 10 月开始实施封山育林，面积 14997 公顷，1996 年 10 月新增 14081 公顷，2005 年封育总面积为 29078 公顷。该封育区是八一电厂的水源涵养林，对保证电厂正常运转起着重要的作用。

植树造林

八一镇林业种植种类主要是草、柳树、云杉、高山松等，截至 2015 年年底，共种植面积 689.6 亩，成活率 90%。

迹地更新 西藏和平解放后，在林芝县成立了西藏第一个国有林场塔工伐木场，开始森林采伐工作。起初，从事采伐迹地更新工作只在采伐企业中进行，由于技术力量薄弱，资金不足，以及多头采伐，重采轻育，加之森林更新工作起步晚，所以留下大片采伐迹地没有得到及时更新。1974 年，林芝县率先建立西藏第一个苗圃，为采伐迹地更新提供苗木。1982 年，林芝县林业科组织当地林区群众参加迹地更新工作，通过多年的摸索，总结了许多成功经验，扩大了更新造林规模，以增加森林更新密度，规定每公顷不低于 3000 棵。同时，选取树质好、生长快的乡土树种，主要以当地的云杉、冷杉、落叶松等树种为主，提高成活率和保存率。1995 年，林芝地区行署制定颁发《林芝地区森林采伐、更新及其质量验收的暂行规定》，林芝县按照此规定规范了更新造林的技术指标和方法，建立了更新造林质量检查验收制度，提高了更新植树密度，其密度为每公顷 3300 棵以上。

人工造林 20 世纪 60 年代初，自治区筹委会因部分地区森林分布不平衡，民用建筑和燃料普遍缺乏，水土流失严重，对农业造成很大影响，为促进农业的恢复和发展，在八一镇周边尼洋河畔开展首次群众造林运动。1961 年春，八一区、巴吉公社、公众乡贯彻区筹备委员会“谁种谁有，谁种归谁”的方针政策，广泛开展宣传植树造林教育活动，组织妇女、青年、机关干部植树造林，共计植树 15000 棵。1965 年春天，共植树 3 万棵。90 年代开始，每年 3 月 12 日植树节前后，八一镇城区机关干部职工、驻军和群众或挖掘杨树所生幼苗，或采集柳树枝条，或购买县苗圃树苗进行栽种。植树造林的树种主要有云杉、落叶松、杨树、柳树、苹果树等。至 2015 年，共造林 670 亩，使境内尼洋河和雅鲁藏布江沿线树木连片，公路两旁绿树成荫，既减轻了水土流失，又改善了生态环境。

植被恢复 2000 年起，八一镇对比日神山 318 国道沿线区域的裸露地块开展植被恢复工作，测得需进行植被恢复地块共计 837 亩，主要原生植被为青冈树、7 棵大高山松以及部分灌木。为确保造林成活率，巴宜区林业局试种植 33.15 亩高山松大苗 1300 棵，苗木间距 3 米，苗木高度均在 1 米以上，剩余地块试种植云杉幼苗，共计 53700 棵。其中，林芝市林业局提供云杉幼苗 5000 棵，其余幼苗均由村集体自行购买。由于植被恢复地块坡度高、地质干燥、不易存水，经林政人员指导，通过人工背水、消防车洒水相互配合的方法，保证造林浇水量。此外，所选种苗木均带有原生土球进行栽种，确保造林存活。

自然保护区

工布自然保护区八一片 2003年，西藏工布自然保护区建立，位于西藏东南部的林芝地区，喜马拉雅山脉的东北隅。保护区是世界自然基金会所确定的世界200个生物多样性重点保护区域之一，属东喜马拉雅北翼，是高山垂直生态系统的典型代表地区。2010年，对工布自然保护区范围作了适当调整：将尼洋河流域工布江达至八一镇一线、八一镇沿318国道至东久一线和雅鲁藏布江上溯至朗县金东乡两岸一带，原保护区内的城乡建设用地、交通设施用地、人口聚居区和农耕地等调整出保护区。工布自然保护区中，八一镇境内自然保护区域位于多布村至拉丁嘎村一带，绵延35千米，保护面积达80多平方千米。其中，森林面积1196209.2亩，草地面积1030291.75亩。保护区内有国

工布自然保护区风光 王冬阳 摄

工布自然保护区山花烂漫（2012年） 杨志宏 摄

家重点保护珍稀植物星叶草、领春木、天麻、延龄草、心叶瓶尔小草、西藏八角莲、锡金海棠等十多种；属于国家和自治区重点保护的珍稀、特有野生动物有雪豹、赤斑羚、熊猴、云豹、黑熊、小熊猫、小爪水獭、大灵猫、金猫、林麝、苏门羚、白鹳、黑鹇、藏马鸡以及多种猛禽类达33种。

林芝巴吉巨柏自然保护区 1985年9月23日，林芝巴吉巨柏自然保护区（自治区级）成立，位于距八一城区以西约3千米的巴吉村西南山坡上，海拔在3000～3200米之间，面积约8公顷。巨柏保护区处在尼洋河流域，多为海拔5000米以上的高山围绕的狭窄谷地，只在东南端与雅鲁藏布江交汇处有一缺口，尼洋河顺着蜿蜒的山谷由西向东南迤逦而行，奔腾不息。两侧山峰林立，气势雄伟，潮湿的季风得以逆流而上，受气候影响，保护区内分布着大面积繁茂的原始森林。尼洋河中下游的北坡、东北坡分布着郁郁葱葱的针叶、阔叶原始森林，南坡却多为稀疏、喜暖、喜光、耐旱的疏林灌丛。

保护区生长着几百株属于国家重点保护、西藏地区特有珍稀树木巨柏，巨柏树冠庞大挺立，侧枝健壮发达，树皮常纵裂成条状。巨柏分布范围较为狭小，被国家列为二级重点保护植物。巨柏林下基本无其他大乔木生长，伴随主体生长的林下植物有高山栎、山柳、鼠李、小檗、绣线菊、锦鸡儿、蔷薇、醉鱼草、素馨、珍珠梅、金丝桃和独活、黄花木、柴胡、天南星、银莲花、黄精等药材。巨柏的存在，也为成群的国家二级重点保护鸟类——小绯胸鹦鹉创造良好的栖息环境和食物源地。

巴吉巨柏自然保护区　　林芝市巴宜区文广局　提供

巴吉巨柏自然保护区分为原地保护区域与异地保护区域，2015 年 5 月批准 8 公顷的巨柏保护区及周边可以恢复巨柏群落的区域一并划为原地保护区域，总面积 82 公顷，为巨柏的原生地。对保护区现有巨柏资源实施有效保护，恢复部分业已破坏的巨柏林分及巨柏林环境，在保护区边缘建设巨柏保护宣传教育设施，开展各类宣传教育活动。将林芝镇嘎拉村境内的巴宜区林业局苗圃区划为异地保护区域，总面积 3.4 公顷，建设有巨柏苗木实验基地以及科研用房等，通过巨柏苗木培育和巨柏异地保护技术的研究，对巨柏实施有效的异地保护措施。

比日神山国家级森林公园　位于拉丁嘎村和唐地村，雄踞尼洋河谷，工布自然保护区环绕四周。2012 年 1 月成立，由措木及日湖景区、比日神山生态景区和藏东南文化遗产博物馆及尼洋河组成。森林公园以 318 国道为界，分为南北两个片区。北片区由措木及日湖景区和比日神山生态景区组成，地理位置为北纬 29° 37′ ~ 29° 50′，东经 94° 21′ ~ 94° 29′。南片区由藏东南文化遗产博物馆及尼洋河组成，地理位置为北纬 29° 36′ ~ 29° 37′，东经 94° 21′ ~ 94° 23′。森林公园距八一城区仅 1.5 千米。比日神山国家森林公园总面积 2.26 万公顷，主要地类有草地、林地、水域及水利设施用地和其他土地。其中，森林面积1.26万公顷，森林覆盖率55.88%，远高于巴宜区平均水平，是巴宜域内森林资源最丰富区域之一。

八一城区湿地公园 八一城区湿地公园位于八一城区中部，分为东、中、西三个区域，地块由连接八一镇新、老区的城市主干道分区，总面积约70公顷，水域湿地面积约占30%。该地块原为河滩地和自然水域，1988—1996年，林芝地区各单位陆续开展义务植树及林业部门荒滩造林工程，2002年林芝地区为了保护造林成果，沿四周修建围墙1万余米，2010年对土地进行征地补偿。湿地内动植物资源丰富，现主要有杨树、高山松、樟子松、红柳、沙棘、牛奶子等各种乔灌木和地被植物，有赤麻鸭、藏麻雀等鸟类，林下有杨树菌、草菇、鸡腿菇等野生菌类。该公园由第六批广东援藏工作队建设，2013年6月完成公园一期工程建设，投资2500万元。其中，育苗面积96048平方米，温室面积4050平方米，水域面积43800平方米，建筑面积9823平方米，停车场面积2160平方米，道路面积11867平方米。

八一城区湿地公园　　杨志宏　摄

旅游胜地

八一镇气候温和湿润，境内河流交错、峰峦绵延、岩奇洞怪、喷泉飞瀑、林海浩瀚，名山圣水交相辉映，恰是一副气势磅礴、波澜壮阔、美丽而多彩的画卷，再加上丰富多彩的风土人情和各具特色的民俗文化，使得境内有着众多独具特色的旅游景点。世界柏树王园林、比日神山、卡定天佛瀑布、尼洋河风光带、措木及日湖及林芝自然博物馆、藏东南文化遗产博物馆、千年核桃民俗文化村等景区遍布全境，共同构成了八一镇神奇的自然风光、独特的人文景观、淳朴的民族风情。雅鲁藏布江文化旅游节、林芝桃花文化旅游节享誉全国，全方位、多角度地向世界展示八一镇独特的魅力。

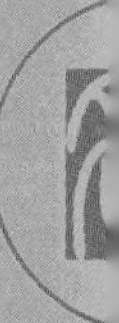

旅游产业是林芝市的主导产业，八一镇在发展旅游业方面占有得天独厚的区位优势。八一镇坚持做大、做强、做精旅游业，以旅游业带动第三产业发展的思路，坚持政府推动与市场引路相结合的发展途径，坚持开发、宣传和服务并重的发展原则，实施旅游经济战略，加快旅游资源开发，培育旅游市场，建设精品景区，打造服务品牌，规模宣传促销，促进了八一镇旅游业的长足发展。2015 年，八一镇城区及周边旅游人数首次突破 100 万人次大关，实现旅游收入 9862 万元，发展速度和增幅水平达全区第三名。其中农牧民为最直接的受益人，农牧民通过参与旅游服务车队，出租马匹、服饰、响箭，出售土特产品，开家庭旅馆，提供餐饮服务等方式，参与旅游户数达 324 户、546 人，受益 260 余万元，人均增收 4800 元。

景区景点

比日神山景区 又称仁青崩日山，位于八一镇东南侧、雅鲁藏布江北岸，海拔约3500米。山顶皑皑积雪，山腰郁郁森森，山脚绿茵苍翠，自然景观奇异秀丽。

比日神山既是林芝地区著名的苯教神山，同时也是藏传佛教信奉的神山。据《圣地苯日神山志》记载，这里是苯教祖师辛饶弥沃的修行地。相传工布地区原为魔王恰巴拉仁驻地，它残杀生灵，置百姓于水深火热之中。辛饶弥沃看到此景，大发慈悲，决定乘莲花宝座前去降魔传道。在路上，工布魔王恰巴拉仁化身为一座大山挡住辛饶弥沃前行道路，企图阻止苯教在工布地区传播。辛饶弥沃以法力降伏此魔王，并使其变为苯教的护教山。

又传莲花生大师进藏挑战苯教时，曾与工布地区的苯教教徒阿穷杰布比试法力。莲花生大师到达比日神山附近时，调集狂风试图将附近的村庄和树木一扫而光，阿穷杰布情急之中用巨石压住树木才使村庄免遭摧毁，所以如今这一带的树梢都是歪的，即此次斗法所致。接着，两人又在比日神山斗法，莲花生大师欲摧毁比日神山和移山堵尼洋河的想法都未成功。由此，工布地区的苯教才得以保存至今。

比日神山（2009年） 杨志宏 摄

世界柏树王园林　　林芝市巴宜区文广局　提供

比日神山山脚下有一座岩石，相传刻有大藏经的内容，也被认为是进入神山的山门。历史上巴吉村的富贵人家在嫁娶子女的时候，有专门派人用绸缎将岩石覆盖的习俗，据说是为了防止婚变等不吉利的事情发生。由于传说岩石上刻有经文，现如今周边的信教群众有祭拜该岩石的习俗。

世界柏树王园林景区　位于巴吉村，距八一镇城区约 8 千米，海拔 3040 米。园林中有珍贵的千年巨柏近 1000 株，平均树高 44 米、直径 1.58 米。最大的一棵巨柏被冠以“世界柏树王”之称。经测定，其树高 57 米，直径 5.8 米，树围 18 米，树龄 2600 年以上。世界柏树王园林在当地藏族群众心目中是圣地，据《苯日神山游记》记载：“辛饶弥沃到工布传教时经娘布（今工布江达县娘蒲乡）来到巴结拉卡，即长出一高大柏树，名为柏树之王桑瓦秀巴。”因此，这株柏树王身上总是缠挂着风马，树林中也到处是玛尼堆，常有信徒远道前来朝拜。

大柏树　　林芝市巴宜区文广局　提供

1985 年 9 月 23 日，世界柏树王园林景区被列为西藏自治区级自然保护区。林芝巨柏藏语传统称谓为达拉神树，又称达拉古秀。

林芝自然博物馆 位于八一镇拉丁嘎村，距离八一镇城区约3千米，是福建省第三批重点援藏项目。总投资3000多万元，建筑面积3479平方米，2003年7月竣工并对外开放。

林芝自然博物馆 陈中祥 摄

林芝自然博物馆是目前西藏自治区面积最大、功能最为齐全的自然博物馆，同时也是西藏唯一一座以自然资源为主要展示内容的博物馆。博物馆由序厅、自然资源厅和放映厅三部分组成。馆内展示有各种图片5000余幅，主要包括林芝市动物资源图片、森林类型图片、自然景观图片，集中展示了林芝地区种类繁多的动植物资源、保护良好的森林生态和独特的地质地貌、独具特色的人文景观。

卡定天佛瀑布森林景区 位于多布村，318国道边，距八一镇城区24千米，海拔3140米。景区内气候温湿宜人，冬暖夏凉。夏季最高气温28℃，冬季最低气温-6℃。卡定藏语的意思是“天上人间”。相传格萨尔王到此降妖除魔时，一箭将此山射开，分立两边，又名“卡拉当”，象征神力。一道瀑布在两山间飞流直下，落差近200米，周围石崖天然形成各种佛像，瀑布中央一尊大佛面目慈祥，若隐若现，两侧各有男女护法，上有观音像站立在莲花座上，故得名卡定天佛瀑布。瀑布对面的崖壁另有“神鹰献宝”“童子拜佛”“唐僧哭经”“神龟叫天”“四郎探母”“枯木逢春”“花骡仙女”“双面神”“相思树”等奇特的自然景观。

卡定神山是卡定天佛瀑布景区内的重要圣地，据说该山圣门至今尚未被正式开启。卡定神山风景秀丽，其地理构造神秘而令人向往，山顶长满松树为主的各种植物；山腰有陡峭的岩石山，从远处眺望，岩石形状各具特色，有的像神龟爬行，有的如弥勒佛端坐，有的似工尊德木女神手举神灯。山下长满绿油油的松树、青冈和竹子等各类植物。神山西面的山上有天成六字真言、日月星以及观世音像。传说一块方形岩石里有卡定神山圣门的钥匙。附近的岩石上还有天成格萨尔王马鞍、马鞭等诸多印迹以及以前防御外敌所用的碉堡等遗迹。

卡定天佛瀑布　　杨志宏　摄

藏东南文化遗产博物馆 又称尼洋阁，位于距八一城区 1.5 千米的藏东南文化博览园内，是一座高 39 米、建筑面积 2800 多平方米的五层塔式建筑。藏东南文化遗产博物馆共分为 14 个展厅，分别从民族服饰、农耕文化、狩猎文化、宗教信仰、建筑艺术和林芝大地上遗留下的新石器时代石器、林芝摩崖石刻、唐拉山摩崖造像、朗县烈山古墓群、工布江达太昭古城、秀巴千年古堡、米林藏药洞、波密嘎朗王等多处遗址遗迹等多个方面集中展示藏东南各民族及民间传统文化。博物馆内有文物、实物征集 2000 多件（套），文字资料 3000 万字，照片 2 万多张，设计图 200 多页，创建了“一物一图一表”的实物档案。博物馆外，还有藤网桥、苯教宝瓶、西藏岩画石、娘乳神泉、天葬台遗址、玛尼堆、南迦巴瓦神狮、乡村民居等丰富的人文景观。

尼洋阁——藏东南文化遗产博物馆 林芝市巴宜区文广局 提供

公众千年核桃民俗文化村开业 林芝市巴宜区文广局 提供

千年核桃王 王冬阳 摄

千年核桃民俗文化村 位于八一城区以西 3 千米，千年核桃民俗文化村最具特色的是工布特色藏餐和民俗表演。景区主要景点有千年核桃王、枯木逢春、古杨鼎立、核桃绝唱、朗玛秋柳、野生木瓜王等生态奇观，以及嘛呢吉祥、糌粑喷香、远古神佛、水磨半壁、香炉天造、扬帆祝福等藏文化精品。

措木及日蓝冰湖国家森林公园

措木及日湖又称冰湖，位于八一镇东北角，是国家级水利风景区。海拔 4085 米，是一座古冰碛湖，湖面面积 3 平方千米。措木及日湖海拔高，空气含氧量充足。湖区山峦以冷杉和金竹为主，原始森林保护完好，林下杜鹃满坡，花丛树木倒映水中，景色十分迷人。景区景观带长 20 千米，由于海拔的变迁，自下而上形成了灌木林、沙棘林、花海、竹海、冷云杉林海等不同海拔段生长的垂直植物分布带。景区不仅有美丽的自然风光和动植物资源，还是林芝地区许多神话传说的发源地，因此，措木及日景区在工布地区一直都有“神佛之地”的隐称。

措木及日湖 次仁尼玛 摄

景区内的主要景点有工布庄园、古寺庙遗址、布达拉宫神山、姻缘松、英雄树、英雄石、神牛蹄印石、天然观音神佛、财神宝座、孝敬石、巴吉牧居、神牛祈祷、祈寿台、旧伐木区、茶商古道遗址、措木及日湖、昂措湖。

姻缘松景点　距景区大门4千米，因两棵青松紧紧相依生长在一个巨大的磐石上而得名。相传，在活佛的指引下，古工布王子和一名公主相恋，他们在历经种种磨难后，真情感动佛祖，一夜之间，他们为爱种下的两颗种子就长成了千年巨树，成就了一段美好姻缘。

布达拉宫神山　距景区大门3千米，是古瞿康泽寺对面一座叫万堆山的山峰，因其形状酷似布达拉宫而得名。传说一名叫曲巴仁波切的活佛主持修建了瞿康泽寺，寺庙落成的当天，万堆山发出金光，原有的森林突然消失，一座酷似布达拉宫的峭壁显现出来，供工布地区信徒朝拜。据说，有佛缘之人虔诚地遥望布达拉宫神山，山顶会显现出自己心中神圣的布达拉宫。

布达拉宫神山　　杨志宏　摄

英雄树、英雄石　英雄树是一棵珍贵的喜马拉雅云杉，直径120厘米，树高44米，树龄1000多年。英雄石是指生长在英雄树根部周围的九块巨石，它和英雄树一起组成酷似男性生殖器的景观。传说英雄树和英雄石是由工布地区的一名神人身体所化。据说他生前身有九个肾囊，身强力壮，妻儿成群，死后受活佛旨意被葬在布达拉宫神山脚下供人们祭拜。

英雄树　　杨志宏　摄

旅游线路

八一镇辖区内景区一日游　八一镇—世界柏树王园林—藏东南文化博物馆—八一镇（午餐）—千年核桃民俗文化村—卡定天佛瀑布。

八一镇辖区内景区两日游　第一天：八一镇—世界柏树王园林—藏东南文化博物馆—八一镇（午餐）—比日神山环山游—林芝自然博物馆（宿八一镇）。

第二天：八一镇—措木及日湖—千年核桃民俗文化村（午餐）—卡定天佛瀑布。

八一镇至雅鲁藏布江大峡谷　距景区140千米，涉及3个乡镇，有12处景点，分别是：

1. 世界柏树王园林（位于八一镇巴吉村，距八一城区5千米）
2. 嘎拉桃花村（位于林芝镇嘎拉村，距八一镇城区10千米）
3. 尼池古秀（位于林芝镇尼池村，距八一镇城区16千米）
4. 大卓萨寺（属苯教，位于林芝镇孜布村，距八一镇城区23千米）
5. 色季拉国家森林公园（位于318国道沿线，距八一镇城区30千米）
6. 南迦巴瓦峰（位于色季拉山顶，距八一镇城区30千米）

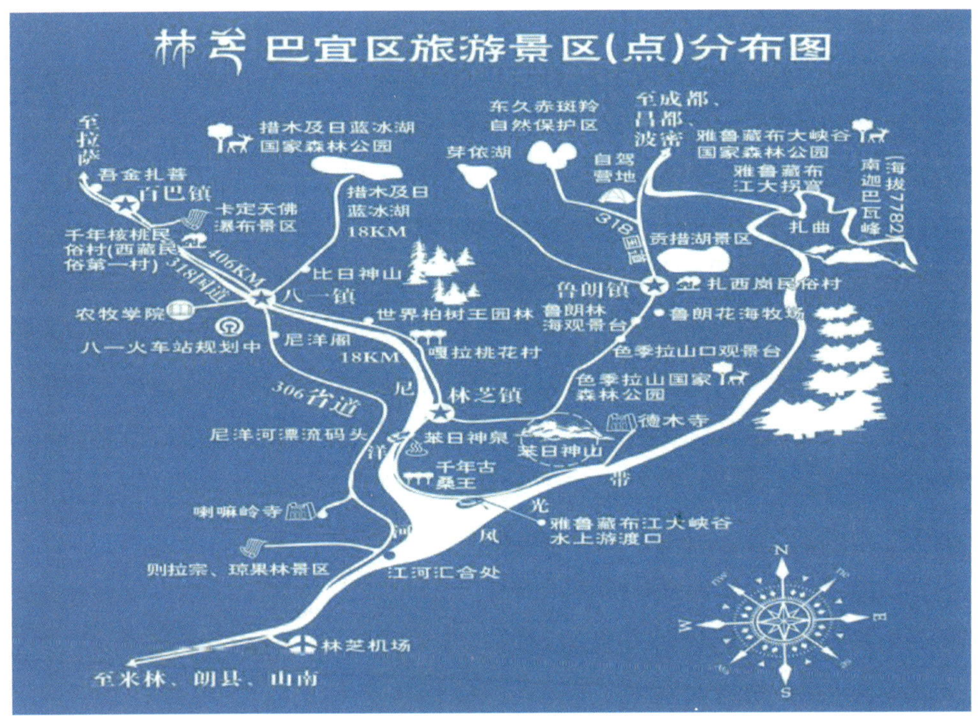

八一镇周边旅游景区景点分布图

7. 鲁朗林海（位于 318 国道，距八一镇城区 49 千米）

8. 鲁朗贡措湖（位于鲁朗镇扎西岗村，距八一镇城区 63 千米）

9. 林芝东久赤斑羚自然保护区（位于鲁朗镇境内，距八一镇城区 120 千米）

10. 千尺银链——排龙一线天（位于鲁朗镇境内，距八一镇城区 138 千米）

11. 芽依湖（位于鲁朗镇境内，距八一镇城区 88 千米）

12. 拉月温泉（位于鲁朗镇境内，距八一镇城区 128 千米）

八一镇至米瑞景区　距景区 58 千米，涉及 2 个乡镇，有 15 处景点，分别是：

1. 吉日寺（位于林芝镇卡斯木村，距离八一镇城区 25 千米）

2. 色迦更钦寺（位于林芝镇卡斯木村，距离八一镇城区 23 千米）

3. 桃花沟（位于林芝镇达则村 2 千米处，距离八一镇城区 18 千米）

4. 苯日神泉（林芝镇帮纳村沿途，距八一镇城区 23 千米）

5. 达则寺（苯教寺庙，位于林芝镇达则村，距离八一镇城区 26 千米）

6. 帮纳民俗村（位于林芝镇帮纳村，距八一镇城区 30 千米）

7. 千年古桑王（位于林芝镇帮纳村，距八一镇城区 30 千米）

8. 苯日神山（西藏四大神山之一，苯教发源地，距离八一镇城区 25 千米）

9. 拉日江多寺（位于林芝镇，距离八一镇城区 28 千米）

10. 尼洋秋色（位于距林芝镇 17 千米，距离八一镇城区 23 千米）

11. 第穆摩崖石刻（位于米瑞乡玉荣增村，距离八一镇城区 40 千米）

12. 两江交合处（位于林芝镇，距离八一镇城区 34 千米）

13. 德木寺（格鲁派寺庙，位于米瑞乡群尼贡嘎村，距离八一镇城区 60 千米）

14. 玉措湖（位于巴宜区米瑞乡，距离八一镇城区 35 千米）

15. 尼洋河水上航运（距离八一镇城区 19 千米）

八一镇至百巴景区 距景区 80 千米，涉及 2 个乡镇，有景点 5 处，分别是：

1. 千年核桃民俗文化村（位于八一镇公众村，距离八一城区 3 千米）

2. 卡定天佛瀑布（位于八一镇多布村，距离八一城区 22 千米）

3. 增巴沟徒步旅游区（距离八一镇城区 80 千米）

4. 吾金扎菩（位于百巴镇，距离百巴镇 7 千米，距离八一镇地区 67 千米）

5. 尼西沟（位于 318 国道沿线，距离八一镇城区 15 千米）

6. 两江汇合处（位于林芝镇，距离八一镇城区 34 千米）

八一镇至布久景区 距景区 45 千米，涉及 1 个乡镇，有景点 5 处，分别是：

1. 布久拉康（距离八一镇城区 28 千米）

2. 喇嘛岭寺（距离八一镇城区 30 千米）

3. 琼果林（距离八一镇城区 43 千米）

4. 则拉宗（距离八一镇城区 35 千米）

5. 两江汇合处（位于布久乡境内，距离八一镇城区 40 千米）

八一镇至措木及日湖景区 距景区 20 千米，涉及 1 个乡镇，有景点 3 处，分别是：

1. 措木及日古冰碛湖（位于八一镇城区西北方向 18 千米）

2. 金竹林（位于八一镇城区西北方向 18 千米）

3. 情人松（位于措木及日湖景区内，距离八一镇城区西北方向 15 千米）

链接：八一镇周边主要景区景点选介

巴松措景区（国家 AAAAA 级旅游景区） 巴松措生态旅游区位于工

布江达县境内，距八一镇城区 120 千米。巴松措是藏语音译，“措”就是湖，意思是三座岩石山下的碧湖，简称“三岩湖”。三座岩石山分别是雪卡乡的赞给扎岩、朱拉乡的多吉扎森岩和扎拉岩，分别酷似国王的宝座、燃烧的火焰和紫色的佛珠。巴松措湖面海拔 3464 米，全长 15 千米，宽 3 千米，湖呈新月形，总面积 37.5 平方千米，湖水面积 26.5 平方千米，湖水平均深度 60 余米。2000 年，被国家旅游局评为首批国家 AAAA 级旅游景区。2001 年，被国家林业局认定为国家森林公园。

2016 年，工布江达县打破巴松措“一湖一岛”的现状，由巴松措、新措、仲措三湖和扎拉沟、仲措沟、新措沟三沟以及木巴村、结巴村、错高村、扎拉村共同构建“大巴松措”旅游区，通过整合区域旅游资源，配套观光产品，实现旅游转型升级，将巴松措及周边区域打造为世界理想的旅游目的地。2017 年，巴松措景区获批准为国家 AAAAA 级旅游景区。

巴松措（2010 年） 杨志宏 摄

鲁朗风景区（国家AAAA级旅游景区） 鲁朗位于巴宜区鲁朗镇，位于八一镇城区以东70千米。鲁朗意为“龙王谷”“神仙居住的地方”，是318国道景观大道上最诱人的度假胜地。

这里孕育了西藏最大林区，被称为“高原氧吧”和“绿色基因库”。这里雪山矗立、江河奔腾、湖泊交错，林海茫茫、牧场青青、田园如画。周边环绕世界最深的雅鲁藏布大峡谷、中国最美的南迦巴瓦峰、中国最大的波密桃花谷，以及藏布巴东瀑布、米堆冰川、岗乡云杉林等旅游自然资源。

鲁朗风光（2012年） 杨志宏 摄

鲁朗风光（2009 年） 杨志宏 摄

鲁朗风景区旅游资源密集，现主要包括三个景区——鲁朗国际旅游小镇，鲁朗林海与田园风光风景区，鲁朗花海牧场旅游区。从扎西岗村的田园风光至色季拉山口的南迦巴瓦观山点，自然风光既有田园花海、高山牧场，又有原始森林、巍巍雪山，风景可与新西兰、瑞士媲美，曾被誉称“西藏小瑞士”，是 318 国道上的精华段落。人文景观除了民居，还有德木寺遗址、茶马古道遗址等。鲁朗国际旅游小镇是广东省重点援藏建设项目，也是西藏自治区重点旅游开发项目，被明确定位为具有国际水准的生态旅游景区，项目总投资约 35 亿元。

雅鲁藏布大峡谷景区（国家 AAAA 级旅游景区） 雅鲁藏布大峡谷景区位于米林县派镇，距离米林县城 90 千米，与布达拉宫、珠穆朗玛峰同列为西藏三大世界顶级旅游资源。景区于 2008 年 7 月 24 日正式对外运营，2010 年 1 月，被国家旅游局评定为国家 AAAA 级旅游景区。

雅鲁藏布大峡谷日出　　严国辉　摄

雅鲁藏布大峡谷 林芝市巴宜文广局 提供

景区拥有世界第一大峡谷——雅鲁藏布大峡谷、中国最美山峰——南迦巴瓦峰、直白大拐弯、大渡卡遗址、加拉白垒峰、格嘎天然温泉、大桑树、情比石坚、魔湖等自然资源；拥有加拉朝圣探秘之旅，天堂与地狱相映照的乌金贝隆和加拉阎罗宫入口，以及圣地墨脱徒步线、神湖那拉措徒步线和峡谷的贡布藏族、门巴族原始村落等众多自然宗教与历史文化、民俗风情文化资源。

雅鲁藏布大峡谷被称为"人类最后的秘境"。峡谷全长504.6千米，极致深度6009米，拥有中国山地生态系统最完整的垂直植被组合，是中国森林覆盖率最高的峡谷，保存了许多古老的物资资源，有着"植被类型天然博物馆"和"生物基因宝库"的美誉。

南迦巴瓦峰。主峰高7782米，是世界第15高峰，2005年被《中国国家地理》杂志评为中国最美的山峰之一。但它前面的14座高峰全是海拔8000米以上山峰，因此南迦巴瓦峰是7000米级山峰中的最高峰，有"冰山之父"的美誉。

南迦巴瓦峰（2011 年）　　杨志宏　摄

南迦巴瓦峰山脚处温泉众多，植物异常繁密，是理想的探险、登山及疗养胜地。南迦巴瓦在藏语中有多种解释，一为“雷电如火燃烧”，一为“直刺蓝天的战矛”，后一种解释来源于《格萨尔王传》中的“门岭一战”，在这段记述中将南迦巴瓦峰描绘成状若“长矛直刺苍穹”。南迦巴瓦峰充满了神奇的传说，因为其主峰高耸入云，当地相传天上的众神时常降临其上聚会和煨桑，那高空中的旗云就是众神们燃起的桑烟，据说山顶上还有神宫和通天之路，因此居住在峡谷地区的人们对这座陡峭险峻的山峰都有着无比的推崇和敬畏。

南伊沟风景区（国家 AAAA 级旅游景区） 南伊沟风景区位于米林县南伊乡，距离米林县城 7 千米，有“中国绿色峰级的森林浴场”“地球上最高的绿色秘境”的美誉。景区于 2009 年 8 月 15 日正式对外运营，2010 年 1 月被国家旅游局评为国家 AAAA 级旅游景区。南伊沟风景区是藏医药发源地，生态保护完好，气候湿润，有造型奇特的各种树木、种子植物 720 余种，藏药材资源十分丰富，藏医药鼻祖宇妥·云丹贡布早在两千多年前就在扎贡沟编制藏药书、炼制藏药、培养藏医人才。南伊沟风景区所在地是全国人口较少民族——珞巴族的聚居地，拥有独特的生产、生活习惯和民族服饰、编制技艺等民俗文化，有自己的语言，没有文字。南伊沟风景区拥有珞巴民俗村、沙棘岛、董龙吊桥、小拐弯、阴阳树、天边牧场等旅游景点。

南伊沟　　杨志宏　摄

秋季的米堆冰川　　林芝市波密县文广局　提供

米堆冰川景区（国家 AAAA 级旅游景区）　米堆冰川位于波密县以东 110 千米处的波密县玉普乡米堆村，距离八一镇城区 337 千米。从 318 国道到冰川景点只有 10 千米的路程，米堆村至冰川景区有 2 千米的路程。米堆冰川主峰海拔 6800 米，雪线海拔只有 4600 米，末端海拔只有 2400 米。冰川下段已穿行于针阔叶混交林带，为西藏最重要的海洋型冰川，也是世界上海拔最低的冰川。由于冰面较暖，常生活着冰蚯蚓、冰蚤等动物。米堆冰川所在的纬度为北纬 29°，但冰川末端却比北纬近 44° 的天山博格达峰的冰川还要低，这是中国现代冰川中较为特殊的现象，与喜马拉雅山东南段的气候有着密切的关系。米堆冰川冰洁如玉、景色优美、形态各异、姿态迷人，周围有成群的牛羊、古朴的藏式民居、雄伟壮观的雪山，有常年不离的攀羊、猴子等野生动物。

岗乡云杉林　岗乡云杉林属于波密岗乡自然保护区，位于雅鲁藏布江大拐弯的东北部，波密县以西 22 千米处的帕隆藏布河畔南侧，距离八一镇

夏季的岗乡云杉林 林芝市波密县文广局 提供

城区 249 千米。保护区东西宽约 12 千米，南北长约 24 千米，总面积 4600 公顷，其中森林面积 2800 多公顷，森林覆盖率达 61%。保护区山地海拔大多在 2600 ~ 5000 米，受印度洋西南季风影响，气候温和湿润。区内森林茂密，以云杉和冷杉为主组成的树干通直、高大的暗针叶林为主，部分密林下还生长着密集的箭竹，难以通行。这里山水相连，古木密盖，以名贵树木云杉、华山松为主。云杉长势十分整齐，树龄高达 300 ~ 400 年，有些胸围可达 4 ~ 5 米、高 80 米左右，每公顷立木蓄积量可达 3000 立方米。波密岗乡自然保护区里的云杉不仅多，而且产量很高，是中国东北林区云杉产量的 4 ~ 5 倍，同时也是北美、西欧等地针叶林产量的 3 ~ 4 倍，其生物产量举世罕见。保护区内山高树密，古木参天，珍稀野生动物活动频繁，各类名贵中药材蕴藏丰富。1984 年，被划为以保护丰产针叶林为主的森林生态系统自然保护区。保护区还蕴藏着极丰富的动物资源，如羚牛、豹、盘羊、黑熊、猕猴、雪鸡、麝、鹦鹉、费氏黄麂等。

旅游节庆

雅鲁藏布江文化旅游节　雅鲁藏布江文化旅游节（也称雅鲁藏布江大峡谷文化旅游节）始于 2005 年，每年在八一镇新城区体育场举办，2015 年改为现名。

雅鲁藏布江文化旅游节以世界第一大峡谷——雅鲁藏布江大峡谷为品牌依托，以八一镇旅游集散地为中心，以林芝地区珞瑜文化、工布民俗、名人故里、峡谷秘境、冰川之乡、森林生态、神山圣湖等人文与自然资源为载体，经过多年的精心培育，已成为西藏重要的节庆品牌。对打响林芝特色文化旅游品牌，大力实施旅游强市、农牧稳市、水电富市、藏医药利市、文化兴市产业发展战略，广泛宣传林芝丰富的资源禀赋，展示林芝深厚的文化底蕴有极大的促进作用。

2015 年雅鲁藏布江文化旅游节　　林芝市文广局　提供

雅鲁藏布江文化旅游节突出了八一镇乃至整个林芝地区旅游的文化性、艺术性、参与性和观赏性，以丰富多彩的民俗文化、悠久厚重的历史文化、山水交融的自然资源、古老神秘的宗教文化，全方位、多角度向世界展示“西藏江南”的独特魅力。旅游节期间，先后推出“雅鲁藏布江水上之旅”“大峡谷入口之旅”“香巴拉之旅”“巴松措之旅”等多条旅游线路。同时，举办少数民族歌舞表演、民间体育活动和林芝特色产品展销会、农畜产品物交会、经贸投资洽谈会等。

2015 年的雅鲁藏布江文化旅游节于 9 月 26 日开幕，是历届规格最高、吸引和接待旅客数量最多的一次。旅游节期间，共吸引国内外游客 4 万多人次，旅游收入达 1000 余万元。八一镇组织城区、农村群众在旅游节上表演了工布响箭、工布歌舞、赛马等 11 项节目。

林芝桃花文化旅游节 林芝桃花文化旅游节始于 2002 年。每年 3 月，西藏的冬天还未退去银妆，林芝却已是花的海洋。远方的雪峰还有皑皑白雪，桃花已如醉霞绯云般地争相斗艳。西藏的野桃多属毛桃，树形高大，树干粗壮，气势很像繁茂的梧桐。毛桃的花朵较小，多为粉红或深红色，不如碧桃和降桃的花形大，但密度很高，密密匝匝，有成千上万的感觉。尼洋河两岸的山坡上，桃林与麦田交相辉映。粉嫩的桃花，在气势磅礴的雪山怀抱中显得无限柔媚。妖娆桃花，映着蔚蓝云天，美不胜收。

2015 年，林芝桃花文化旅游共吸引国内外游客 3 万多人次，旅游收入达 500 多万元。

林芝桃花文化旅游节（2014 年） 杨志宏 摄

桃花节八一方队　　　　林芝市巴宜区文广局　提供

八一镇积极参与和支持林芝桃花文化旅游节开幕式活动，每年组织干部职工、农牧民群众 500 多人参与开幕式，每年为开幕式表演十余项节目。

乡村文化艺术节　随着八一镇城区城镇化步伐的不断加快和发展，农牧民群众对精神文化的需求日益增加，八一镇党委、镇政府从 2011 年开始，每年组织村民举办一次乡村文化艺术节。通过开展活动，不仅有效推动了八一镇的长足发展和长治久安，也极大地丰富了广大农牧民群众的精神文化生活。

乡村文化艺术节编排的所有节目全部由各行政村自编、自导、自演，乡土味十足。节目创造全部来源于农牧民日常的生产生活，节目内容主要以农牧民最为擅长的舞蹈、歌唱、工布响箭为主。农牧民群众通过这种方式表达了对美好生活的向往，对美好明天的憧憬，充分反映了中国共产党领导下的社会主义新西藏农牧民群众的新精神风貌。

在乡村文化艺术节的影响和带动下，八一镇各行政村陆续举办各类文化活动，以丰富乡村文化艺术节的内容和形式，更好地满足群众对精神文明建设的需求。唐地村成功举办了第一届"唐地村晚"，永久村举办振兴乡村文化节活动，公众村举办民俗文化活动，尼西村创建文化村成功揭牌。

八一镇第三届乡村文化艺术节暨“五四”青年节文艺会演　　陈中祥　摄

旅游服务

旅行社　截至 2015 年年底，八一镇有登记在册的旅行社 5 家，分别为西藏林芝香巴拉国际旅游有限公司、西藏林芝生态旅行社、林芝市巅峰旅游开发有限责任公司、西藏林芝南迦巴瓦旅行社有限公司、西藏林芝市光彩旅行社有限公司，主要接待国内外团队游客和散客，总接待能力达 11 万人。2015 年，5 家旅行社共接待游客近 7000 人，接待收入 776 万元，其中：西藏林芝香巴拉国际旅游有限公司接待游客 1500 人（全部为外宾），接待收入 700 万元；林芝市巅峰旅游开发有限责任公司接待游客 4500 人（全部为国内散客），接待收入 29 万元；西藏林芝南迦巴瓦旅行社有限公司接待游客 350 人

（全部为国内团队游客和散客），接待收入 7 万元；西藏林芝生态旅行社接待旅客 600 人，收入 40 万元。

2015 年八一镇旅行社情况一览表

表 1

序号	旅行社名称	地址	经营范围
1	西藏林芝香巴拉国际旅游有限公司	八一镇广东路 20 号	出入境、国内旅游业务
2	西藏林芝生态旅行社	八一镇林芝宾馆 1 楼	入境、国内旅游业务
3	林芝市巅峰旅游开发有限责任公司	八一镇商业城 8 号楼	入境、国内旅游业务
4	西藏林芝南迦巴瓦旅行社有限公司	八一镇民俗街 7 号	入境、国内旅游业务
5	西藏林芝市光彩旅行社有限公司	八一镇林芝花园 30 栋 2 单位 401 室	入境、国内旅游业务

宾馆 2015 年，八一镇共有 125 家宾馆（酒店），其中，星级以上酒店 14 家，大多数宾馆（酒店）都是餐饮与住宿相结合。

2015 年八一镇城区部分宾馆、酒店、客栈一览表

表 2

序号	单位名称	星级	客房数（个）	床位数（张）	地址
1	格拉丹东商务酒店	—	172	325	八一镇双拥路
2	柏富精品酒店	—	116	221	八一镇滨河大道 211 号
3	小天鹅宾馆	—	110	203	八一镇深圳大道
4	印象酒店	—	97	182	八一镇滨河大道中段
5	天宇藏秘主题酒店	—	97	120	八一镇滨河大道南段 68 号
6	鑫源宾馆	—	90	171	八一镇八一大街 240 号
7	林芝五洲皇冠酒店	—	90	198	八一镇滨河路 433 号
8	忆家商务宾馆	—	86	148	八一镇珠海路 1 号
9	睿歆商务宾馆	—	77	138	八一镇滨河大道 263 号
10	嘉龙酒店	二星	72	132	八一镇厦门路 18 号
11	藏东南酒店	—	70	86	八一镇新区白马岗路中段
12	鹏龙大酒店	—	69	136	八一镇迎宾大道 18 号
13	赛康国际工布大酒店	—	68	138	八一镇滨河大道 100 号
14	福临商务宾馆	—	65	130	八一镇大街财政局对面
15	鑫金帝酒店	—	62	125	八一镇福建路 43 号

续表 2

序号	单位名称	星级	客房数（个）	床位数（张）	地址
16	巴松措宾馆	二星	61	122	八一镇中山路 1 号
17	奥德威商务酒店	—	57	114	八一镇林荫路
18	伊光宾馆	—	56	120	八一镇厦门路
19	华瑞酒店	—	56	109	八一镇德吉路 151 号
20	客运综合楼宾馆	—	55	100	八一镇平安路 153 号
21	凯丽酒店	—	55	110	八一镇滨河路中段 368 号
22	神山宾馆	—	54	108	八一镇双拥南路
23	金圣酒店	—	53	106	八一镇双拥南路
24	雪域方舟快捷酒店	—	53	129	八一镇工布民俗街 537 号
25	警察训练基地	—	53	103	八一镇尼池西路 1 号
26	林芝湾休闲酒店	—	53	101	八一镇东如村
27	宜宾商务宾馆	—	52	106	八一镇广东路 375 号
28	众邦商务宾馆	—	52	100	八一镇工布民俗街
29	核桃园大酒店	—	51	91	八一镇林工商后山
30	金鑫大酒店	二星	50	100	八一镇德吉路 51 号
31	丽江宾馆	—	50	108	八一镇厦门路
32	林芝商务酒店	—	50	96	八一镇肇庆路
33	蓝都宾馆	—	49	105	八一镇迎宾大道 70 号
34	天银宾馆	—	49	98	八一镇广东路 284 号
35	森林宾馆	—	48	100	八一镇尼池中路
36	武警干培中心	—	48	93	八一镇八一大街南段
37	贵有宾馆	—	48	96	八一镇沿河路
38	鑫城商务宾馆	—	47	88	八一镇迎宾大道 175 号
39	巴青驴友驿站	—	46	96	八一镇工布民俗街 85 号
40	江南商务宾馆（分店）	—	45	93	八一镇广东路
41	太昭宾馆	—	42	93	八一镇福建路
42	汇金商务宾馆	—	42	74	八一镇滨河大道 165 号
43	景逸商务宾馆	—	42	89	八一镇双拥北路
44	明海商务酒店	—	42	82	八一镇牦牛广场东面
45	杜鹃花酒店	二星	41	82	八一镇广东路 40 号

续表 2

序号	单位名称	星级	客房数（个）	床位数（张）	地址
46	天缘宾馆	二星	41	76	八一镇滨河大道北
47	太阳宝座酒店	—	40	80	八一镇工布民俗街
48	新世纪大酒店	二星	40	68	八一镇福清路 108 号
49	教育宾馆	—	40	80	八一镇广州大道
50	汽贸酒店	—	40	80	八一镇福建路步行街口
51	藏泊酒店	—	40	70	八一镇白玛岗路
52	名优宾馆	—	39	62	八一镇厦门广场
53	藏江南宾馆	—	39	75	八一镇广东路 54 号
54	司法宾馆	—	38	67	八一镇福州大道西段
55	麒瑞宾馆	—	37	70	八一广州大道南 2 号
56	松林客栈	—	36	91	八一镇双拥北路 2 号
57	36 林海商务宾馆	—	36	73	八一镇八一大街花园巷 43 号
58	背包客之家	—	36	80	八一镇广东路
59	攀峰阁宾馆	二星	35	69	八一镇广州大道 58 号
60	雪莲宾馆	—	34	62	八一镇平安路
61	万融商务宾馆	—	34	58	八一镇迎宾大道 185 号
62	御江南酒店	二星	34	80	八一镇平安路 140 号
63	雪莲宾馆	—	34	62	八一镇平安路
64	青年旅社	—	34	56	八一镇广东路
65	江南商务宾馆	—	33	80	八一镇广东路
66	交通宾馆	—	33	64	八一镇广东路 76 号
67	雪源宾馆	二星	33	64	八一镇沿河路
68	惠阳招待所	—	32	64	八一镇滨河大道北
70	民兵训练基地	—	31	55	八一镇尼池中路
71	林海宾馆	—	30	54	八一镇广东路 5 号
72	审计宾馆	—	30	48	八一镇广福路 65 号
73	藏家宾馆	—	30	54	八一镇德吉路
74	格拉丹东贵宾楼	—	30	30	八一镇福州大道东段，牦牛广场东侧 100 米
75	绿洲宾馆	—	29	58	八一镇香港路
76	德吉旅馆	—	29	54	八一镇德吉路
77	军港商务酒店	—	28	56	八一镇双拥路兵站旁

续表 2

序号	单位名称	星级	客房数（个）	床位数（张）	地址
78	新华苑	—	28	56	八一镇广福路 63 号
79	金林宾馆	—	26	52	八一镇厦门路
80	粮食局招待所	—	27	40	八一镇珠海路
81	福州宾馆	—	26	58	八一镇福建公寓门口
82	步步高宾馆	—	25	47	八一镇平安路 99 号
83	财政宾馆	—	25	40	八一镇平安路
84	嘉措艺术客栈	—	24	60	八一镇德吉路 189 号
85	贡盛宾馆	—	24	36	八一镇双拥路
86	永汇商务酒店	—	24	40	八一镇琅赛花园
87	蕃龙大酒店	—	23	39	八一镇塔布路
88	阳光宾馆	—	23	42	八一镇滨河大道
89	度假酒店	—	23	25	八一镇平安路 63 号
90	蓝天宾馆	—	23	23	八一镇广福路气象局内
91	悠悠道青年旅社	—	22	70	八一镇迎宾大道 62 号
92	广和缘商务酒店	—	22	42	八一镇工布民俗街 511 号
93	巴塘林桥住宿部	—	22	45	八一镇广东路
94	青达宾馆	—	22	40	八一镇福建路 60 号
95	宏林大酒店	—	22	45	八一镇巴吉加油站旁
96	家宾馆	—	21	46	八一镇广州大道
97	红太阳宾馆	—	21	60	八一镇广东路
98	望江宾馆	—	20	40	八一镇广东路
99	白云旅馆	—	20	40	八一镇滨河大道北
100	吉雅小栈	—	20	80	八一镇工布民俗街 111 号
101	西藏林芝宾馆	四星	194	352	八一镇双拥路 335 号
102	美林国际酒店	四星	106	146	八一镇纺织新街
103	林芝中海花园	四星	110	186	八一镇新区尼池中路 14 号
104	博泰林芝大酒店	四星	196	313	八一镇广州大道南段 14 号
105	玉膳府大酒店	四星	84	153	八一镇广州大道 112 号
106	巴松措宾馆	二星	61	122	八一镇中山路 1 号
107	攀峰阁宾馆	二星	35	69	八一镇广州大道 58 号

玉膳府大酒店　　杨志宏　摄

西藏林芝宾馆　　杨志宏　摄

藏家乐 截至2015年年底，八一镇城区及周边农村共有27家藏家乐（农家乐），总投资金额达3876.8万元，主要以经营牦牛肉、藏香猪、藏鱼、藏鸡、松茸等当地特色美食为主。2015年，总接待游客31.07万人，经营收入达1367.8万元，带动城区及周边农村1200人就业。

餐饮 八一镇作为西藏平均海拔最低的林、农、牧综合区域，物产资源丰富，各种林下作物、农副产品、药膳、水产数不胜数，林芝人充分利用当地特产资源，通过各种烹饪手段，结合传统制作方法，制作出各种风味独特的美食，逐渐形成了极具高原特色的美食文化。

在八一镇城区，特色藏餐主要有各类灌肠、青稞酒、酥油茶、牛羊手抓肉、牛肉包子、糌粑、各种糕点，以及甜茶、奶茶、酸奶、烤肠、风干肉等。比较有林芝特色的有藏香猪、藏鸡、石锅鸡。各类特色藏餐馆在城区纺织新街、工布印象一带较多。郊区主要集中在前往拉萨方向318国道沿线，最著名的当属阿吉林、土司农庄。其他餐饮主要以川菜为主，在八一镇城区大街小巷均有分布，口味与内地差别不大，价格也比较合理。

2015年八一镇部分藏家乐情况一览表

表3

名称	投资金额（万元）	经营特色	接待人数（万人）	年创收（万元）	地址
林芝啦咧思餐饮有限公司	1375	藏餐，民族工艺品、文化古玩艺术品销售	3	87	八一镇城区
阿吉林	800	藏餐，住宿、民族手工艺、养殖业	0.5	400	公众村
土司农庄	1000	藏餐、烤乳猪、烤全羊	3	300	公众村
盛世家宴	60	牦牛宴、歌舞表演	1	180	公众村
欢乐农家宴	120	川菜、汤锅、烤全羊	3	120	公众村
永珠林卡	100	藏餐	1.5	12	永久村
永久乡村农庄	318	藏餐、石锅	1.5	20	永久村
江南鱼庄	500	中餐	1.5	20	章麦村
拉萨老鱼庄	500	中餐	1.5	20	章麦村

链接：林芝徒步、自驾旅游注意事项

最佳旅游时间

1. 林芝地区的最佳旅游时间为每年的9—10月。林芝冬季平均温度在0℃以上，夏季平均温度为20℃。

2. 每年5—9月的雨季，大量的降雨将引发山体滑坡及泥石流、塌方等自然灾害，因此雨季不是前往林芝地区旅行的好季节。雨季前往林芝地区要注意水边及山路塌方与泥石流预报预警。

旅游信息

1. 最好穿轻便的徒步鞋或高帮的军胶鞋及绑腿，准备足够的衣服及厚袜子。

2. 建议携带防潮垫、防雨衣物、墨镜、防晒霜、睡袋等装备，可准备登山杖用以辅助。

3. 准备足够的食物及常用药物。因途中住宿条件普遍较差，进入高原后体力消耗较大，食物以易保存、易消化的食物为主。进入高原前可服用红景天、高原安等抗缺氧药物，旅游时可携带氧气、防治急性高原病药物，以及维生素和防治感冒的药物。其他如驱虫药剂、蛇药等可视目的地情况而定。

4. 手机、相机、MP3等可能需要携带的电子设备，记得带好充电器、电池以及足够的存储卡。

5. 准备现金。林芝沿途有的地方住宿条件较为简陋，食品价格较贵，某些地区需要现金支付。

6. 妥善保存身份证及边境证等重要证件。

温馨提示

1. 在林芝期间，旅游活动不宜过于频繁，身体负荷不宜过重。初到高原时，不可急速行走，更不能跑步，也不能做体力劳动。一周后，才可逐渐增加一定的活动量。

2. 如果进入高原后，反应的症状越来越重，特别是休息时也十分明显，应立即吸氧，并到医院就诊。极少数高原肺水肿和高原脑水肿的病人须大量吸氧，并在药物治疗的同时，迅速转送至海拔低的地区。

3. 常年坚持体育锻炼而身体素质较好者，进入到新的海拔高度前，也要有一两天的渐进适应性锻炼。

4. 尊重当地风俗习惯及禁忌，尊重藏族同胞文化及宗教信仰，勿轻易对宗教等敏感问题进行评议，不要穿印有佛像或配有经幡的衣服、鞋子。

5. 在拍摄当地藏族同胞或朝圣者时，应尊重并询问其意见，不要“暴力”拍摄。

四季着装

春（4—6 月）：毛衣、外衣、棉毛衫、裤子，可备一条毛裤。

夏（7—8 月）：薄外衣、衬衫 1 ～ 2 件、夏衣。

秋（9—11 月）：毛衣 1 ～ 2 件、棉毛衫、裤子 1 ～ 2 条、厚外套 1 件。

冬（12—3 月）：毛衣 2 ～ 3 件、棉毛衫、裤子 1 ～ 2 条、厚棉衣或羽绒服 1 件、毛裤或棉裤 1 条、手套、围巾，最好穿双棉鞋或厚登山靴。

安全事项

1. 如从未进过高原，在进入高原之前，一定要进行严格的体检。严重贫血或高血压病人，切勿盲目进入高原。

2. 避免过度疲劳，饮食起居要有规律。初到高原的前几天，不要频频洗浴，以免受凉引起感冒。感冒常常是急性高原肺水肿的主要诱因（在缺氧状态下不易痊愈）。

卡定天佛瀑布 杨志宏 摄

城乡建设

西藏自治区成立时，八一镇只是一个仅有几百人的小村落，没有一条水泥路，没有一幢楼房。1986 年 2 月，林芝地区行政公署恢复后，八一镇成为林芝地区政治、经济和文化中心。在中共中央、国务院的亲切关怀下，林芝地区在八一镇建起医院、学校、银行、车站等。1994 年中央第三次西藏工作座谈会后，林芝地委、行署借广东、福建两省对口支援之力，按照自治区党委提出的林芝地区要在西藏率先实现小康的要求，大力实施“以城带乡，以乡促城，城乡一体化协调联动发展”战略，八一镇开始大规模的城乡建设。一条条宽敞的街道、一幢幢现代化楼房迅速崛起。2001 年中央第四次西藏工作座谈会后，林芝地委、行署确定“以人为本，办公集中，居住进区，工业进园，商业进市”的城镇规划总原则。2010 年中央第五次、2015 年中央第六次西藏工作座谈会后，八一镇以着力打造最佳人居环境为目标，城市规模不断扩大，城市建设突飞猛进，城市品位越来越高。

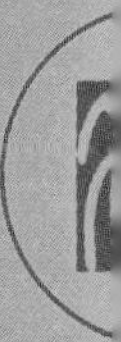

城市规划

《八一镇城市建设总体规划》 1985年3月28日，根据国务院颁发的《城市规划条例》，林芝地区筹备组结合地区所在地八一镇的具体情况，制定《关于加强八一镇城市规划建设管理的规定》，并由地区筹备组下设的城市基建规划办公室制定《八一镇城市建设总体规划（初稿）》，八一镇城市建设规划范围东起拉丁嘎村，西至觉木沟，北起加油站，南至巴吉村，规划总面积约为70平方千米。后经征求有关部门意见，认真修改后上报西藏自治区党委、政府审批。7月4日，西藏自治区人民政府正式批复，原则批准林芝地区所在地八一镇的城市总体规划。八一镇是自治区第一个经批准的城镇总体规划乡镇。

《林芝地区八一镇总体规划（1996—2010）》 1995年，林芝地区编制《林芝地区八一镇总体规划（1996—2010）》。1998年11月，林芝地区行署、地区城乡建设委员会委托广东省建设委员会、广东省城乡规划设计研究院，对林芝地区八一镇总体规划进行再次修改和补充完善，并重新制定《林芝地区八一镇总体规划（1996—2010）》，上报自治区人民政府审批。1999年11月1日，西藏自治区人民政府正式批复，原则同意《林芝地区八一镇总体规划（1996—2010）》。八一镇规划区范围东到拉丁嘎山脊，西到觉木村后山脊，南到巴吉村，北到部队加油站。东西长10千米，南北宽7千米，规划区域总面积70平方千米。在70平方千米的区域中，森林面积为42平方千米，占60%；河流、沙洲面积为18平方千米，占26%；可供建设平地面积约10平方千米，占14%。到2000年，规划总人口4万～4.5万人，其中常住人口2万人；建设用地规模5.6～6.3平方千米。到2010年，规划总人口7万～8万人，其中常住人口4.2万人；建设用地规模9.5～11.5平方千米。八一镇用地根据自然地理特征和用地性质分为五个组团，分别为中心组团、南组团、河西组团、农牧学院组团、电厂组团。规划居住用地1.8996平方千米，占城市建设总用地的 16.5%，人均居住用地面积 23.8 平方米（不包括单位生活区）；规划工业用地 1.702 平方千米，占城市建设总用地的 14.8%；规划仓储用地 0.159 平方千米，占城市建设总用地的 1.3%。

《林芝地区八一镇总体规划（2005—2020）》 截至 2004 年年底，原定的 2010 年人口目标未达到，而城区用地接近 2010 年规划末期的指标，南组团继续向南拓展已超出规划范围，规划确定的电厂组团和农牧学院组团部分项目由于尼洋河主河槽改动无法实施建设，原规划的河西组团由于八一第二大桥重新选址而发展艰难。鉴于该情况，2005 年 8 月，林芝地区行署、地区城乡建设委员会在自治区建设厅、广东省建设厅及华南理工大学建筑设计研究院的大力支持和帮助下，再次补修《林芝地区八一镇总体规划（2005—2020）》。规划共分 23 章。对八一镇区域规划情况原则不变，人口规划情况调整为：到 2010 年，规划区总人口为 8 万人，其中常住人口 6 万人，暂住人口 2 万人；到 2020 年，规划区总人口 15 万人，其中常住人口 11 万人，暂住人口 4 万人。城市建设用地规模调整为：到 2010 年，城市建设用地达到 13.2 平方千米，人均建设用地控制为 164 平方米；到 2015 年，城市建设用地达到 19.8 平方千米，人均建设用地控制为 132 平方米。用地布局结构调整为“一河两岸三片，七

八一镇老城区　　杨志宏　摄

组团多中心”的组团式结构。城市划分为西北片、中心片和永久片。城市建设用地根据自然地理特征和用地性质分为7个组团，分别为：西北片西北居住组团、西北片科教组团、中心片旧城综合组团、中心片新城综合组团、中心片藏药产业组团、永久片桥南居住综合组团、永久片站前商贸综合组团。规划居住用地主要分为6个居住区和1个居住小区（现为林芝花园），规划居住用地约5.383平方千米，占城市建设总用地的27.2%；规划公共设施用地为4.187平方千米，占城市建设总用地的21.1%；规划工业用地为0.928平方千米，占城市建设总用地的4.7%；规划仓储用地0.011平方千米，占城市建设总用地的0.06%。

八一镇新城区　　杨志宏 摄

市政建设

道路 1988 年，八一镇仅珠海路为石板路，其余街道均为石头路。随着国家“西部大开发”和援藏政策的实施，八一镇主要街道八一大街、香港路、珠海路等陆续改扩

八一街道 杨志宏 摄

福建路 杨志宏 摄

工布民俗街 杨志宏 摄

双拥路 杨志宏 摄

建、新建为水泥路面，主街道一般宽 32 米，次街道宽 24 米，支道宽 12 米。2015 年，八一镇新区 8 条市政道路、和谐小区基础设施工程进展顺利，双拥路改造、平安路立面改造等市政工程全面竣工。至 2015 年年底，城市共有 27 条市政道路，道路总长达 49118 米，面积 1224584 平方米。其中，主干道有八一大街、广州大道、广东大道、迎宾大道、工布民俗街、南粤大道、巴吉路、滨河大道、福建路、平安路、德吉路、广福大道、和谐路、尼池路、福州路、白玛岗路、巴吉西路等，双拥路为快速路。

八一大桥　　杨志宏　摄

桥梁

八一镇境内共有永久性公路桥梁 3 座，分别为八一大桥、八一第二大桥和林拉高等级公路八一西桥。

八一大桥　位于八一镇学院路。1971 年 8 月建成通车。大桥主桥为 21 孔、净跨 22 米的钢筋混凝土“T”形梁，桥面全宽 9 米，净宽 7 米，两边各设 1 米的人行道，桥面全长 427.6 米。南岸河滩有一分流河槽，另修一桥为净跨 36 米的双曲拱桥，长 50 米。载重标准为汽 -15 吨，挂 -80 吨。2010 年 9 月 7 日凌晨 3 时 15 分，八一大桥一座桥墩因河水暴涨突然垮塌，造成交通中断。2012 年 12 月 3 日开工建设，2013 年 12 月 26 日建成通车。新建桥梁线路全长 851 米，路基宽度 20 米。全线按一级公路技术标准进行建设，设计时速 60 千米 / 小时，投资 1 亿元。

八一第二大桥　横跨尼洋河上。全桥长约 1700 米，耗资 2000 万元，于 2005 年 7 月开工建设，历时 5 个月修建而成。桥长 650 米，宽 10 米，共有桥台 2 个，桥墩 15 个，载重标准为二级公路标准，设计双向四车道，计划使用年限 80 年。

林拉高等级公路八一西桥　　杨志宏　摄

林拉高等级公路八一西桥　位于公众村（加定自然村）。2013 年 3 月开始修建，2015 年 4 月 30 日竣工，是林拉高等级公路八一镇城区入口。桥长 547 米，共有桥台 2 个、桥墩 17 个，载重标准为一级公路标准，设计双向四车道，总投资 3170 万元，计划使用年限 100 年。

公共广场　至 2015 年，八一镇城区内共有公共广场 9 个，分别为党政中心广场、会展中心广场、工布映象广场、厦门广场、牡丹广场、青年广场、牦牛广场、太阳宝座广场、老鹰广场。

会展中心广场　　林芝市巴宜区文广局　提供

公用设施

排水 截至2000年年底，八一镇排水管道建成23.572千米，其中D1200以下排水管道约6.09千米，共有18条排水管道。2015年，八一镇老城区给水管网项目基本完成，污水处理收集系统建成并投入使用。至2015年年底，八一镇城区共有18条排水主管道，全城区排水管网共计65千米。

供水 1988年，八一镇自来水厂建成，隶属八一电厂管理。1997年，八一镇自来水厂与八一电厂分离。此后，广东省先后投入援建资金1000余万元，福建投入援建资金300余万元，对自来水厂供水水源、机电设备及部分供水管网进行改造和扩建，同时采用先进用水处理工艺流程和二氧化氯消毒设备，将水质提升至符合国家饮水标准，生产能力由原日产5000立方米增加到日产1万余立方米。至2015年年底，全城区共有给水管网70千米。

路灯 1991年，八一镇八一大街有78根路灯杆、156盏路灯，珠海路有20根路灯杆和48盏路灯。1999年，厦门广场有1盏高灯和6盏彩灯。从2000年开始，由广东、福建两省投资全面恢复八一镇所有城区路灯。截至2000年年底，八一大街和珠海路配备照明设备数量保持不变，建设路有62根路灯杆和62盏路灯，广东路有20根路灯杆和40盏路灯，大桥上有48根路灯杆和48盏路灯，香港路有8根路灯杆和8盏路灯，福清河路有18根路灯杆和90盏路灯，退休区有6根路灯杆和6盏路灯，双拥路有30根路灯杆和60盏路灯。截至2015年年底，八一镇全城区共有路灯杆2433根，节能灯泡6777盏，LED灯泡1346盏，太阳能灯泡105盏。

八一大街上的路灯

市内交通

公交车 八一镇城区内于2009年8月19日开通1路、2路两条公交线路，共有8辆大型公交客车。其中，1路公交车线路全长20千米，共设17个站台，每15分钟一班；2路公交车线路全长30千米，共设19个站台，每30分钟一班。

出租车 八一镇城区共有120辆出租车，分属平安出租车公司和洪基出租车公司。起步价为10元。

杨志宏 摄

水电

水利 水利灌溉工程 至 2015 年年底，全镇有灌区 15 个，灌溉主干渠 20 条，长度 151 千米，灌溉面积 3968.7 亩，各种大小引水渠 32 条。

人畜饮水工程 至 2015 年年底，八一镇农村人畜引水工程建设 24 个引水点，解决了 21 个行政村、3587 人、56482 头牲畜的饮水困难，总投资 1875 万元。

八一镇防洪堤 八一镇防洪堤修建于 1999 年，2014 年投资 1300 万元重新进行加固，建设内容主要包括堤防加固、岸坡防护和洲滩整治等。

八一镇防洪堤一角　　海茵 摄

电力 八一电厂　该电厂是集发电、供电、配电和自来水供给为一体的综合性电力企业，是尼洋河支流八及曲上兴建的引流式梯级电站，由一级站、尾水工程和二级站组成，总装机容量 6850 千瓦。

多布水电站　位于多布村尼洋河上。初选电站装机容量 12 万千瓦，年利用 4217 小时，设计年发电量 5.06 亿千瓦时。枢纽工程主要由拦河坝、泄水和发电等建筑物组成。该电站是西藏“十二五”能源发展规划重点开工投产项目。

运行中的多布水电站

国网西藏电力有限公司林芝供电公司　林芝电网覆盖“三县一镇”，即林芝县、工布江达县、米林县、八一镇，电网最高运行电压等级 110 千伏。2014 年，电网用电负荷 46656 千瓦。2014 年 3 月 15 日，八一镇开展户表改造工程，9 月 25 日竣工投运。2014 年 8 月 20 日八一镇双拥路电力设施改造工程开始施工，2015 年竣工。

园林绿化

公园绿化

福建公园　1999 年，福建省援助兴建福建公园，投资约 4300 万元，2001 年 8 月建成。该公园占地面积 180 亩，是藏东地区的第一座公园。福建公园运用具有福建典型代

福建公园大门　　杨志宏　摄

福建公园内具有福建和江南造园手法的建筑 杨志宏 摄

表性的景观，采用福建和江南的优秀园林基本特征与造园手法，创造具有江南文化特色与现代生活气息、景观优美的自然式山水园林。福建公园以闽芝湖为中心，以八个主要景观（芝阁飞云、武夷霞辉、双塔胜迹、天湖印月、春迎鹃柳、夏拥兰荷、秋映枫桂、冬照松梅）为核心，设置各种游览观赏景观和休憩空间环境。同时，园内设置有各种文化和饮食服务设施，并预留上山索道位置，为今后公园发展、神山开发和“以园养园”创造条件。

八一镇中心湿地公园 建设面积为20万平方米，其中湿地水域面积占30%，结合原有苗圃改造为集湿地保护和休闲为一体的中心公园。分别于2011年投资800万元、2012年投资700万元、2013年投资1000万元对公园进行改建，其中包括，修葺公园景观通透式围栏，保护湿地资源，引进各类名贵苗木丰富绿化层次，新建休闲小径和游憩设施、休闲设施，修整景观河道、亲水道路、亲水平台、公园大门等其他配套设施等。

城区绿化 以提升城市绿化水平、打造生态绿色八一为目标，严格按照林芝市城市绿地系统规划，在园林绿化补植和日常管护上双管齐下，既注重建设，又注重管护，既抓好绿化带补植、景观绿化带打造，又抓好城市绿化带、绿地、景观树木（花卉）的日常管护，针对不同树种（花种）、不同季节（气候），适时进行抹芽、修剪、除草、翻土，定期进行浇水、施肥、打药。同时，加强湿地公园、福建公园管理，不断提升公共服务水平。

沿河绿化

八一镇城区内共有两条内河，从 1986 年开始，城区加强内河整治和建设。结合城市用地布局调整，拆除沿河两岸各种建筑共计 15 公顷，进行河道两岸配套绿化建设，形成内河两侧通道和绿化走廊，逐步形成山水城区特色。

八一镇福清河景观带 分别于 2011 年投资 2700 万元、2012 年投资 5100 万元、2013 年投资 7100 万元，建设八一镇福清河景观带。景观带长 4.5 千米，宽 500 米，景观带工程包括河道疏浚，泵站提升，并对周边路网和污水管网进行改造等。其中重点建设工程为福清河中段绿化景观长廊，包括绿化园林景观、雕塑小品、人性化休闲小径、景观亮化、喷泉和河道护栏更新以及新建公厕等项目。

八一镇尼洋河左岸旅游景观 2011 年投资 200 万元、2012 年投资 200 万元、2013 年投资 200 万元，建设尼洋河左岸解放军第 115 医院至八一第二大桥段旅游设施工程，其中包括绿化美化、喷泉雕塑、休闲小径、休闲桌椅、景观照明、公共体育设施、交通指行牌以及人行道、河道护栏、公厕更新等项目。

福清河景观带 杨志宏 摄

城市公共绿化 八一镇素有“西藏江南”的美誉。1977 年，由林芝县林管站负责，八一镇各机关单位承担八一镇主干道绿化工作。1986 年后，八一镇逐步开展街道绿化工作，在街道两旁栽植法国梧桐树。1995 年，八一镇加快街道绿化速度。1997 年，林芝地区成立园林局，提出“把八一镇建设成为三季有花，四季常青的花园城市”目标。从 2013 年开始，八一镇全面加大城市园林绿化、美化工作力度。截至 2015 年年底，八一镇公共绿化面积已达到 189.89 万平方米，城市绿化覆盖率达到 45.86%，人均绿化面积 37.98 平方米，均高于国家规定的绿化指标。八一镇先后获得“全国园林绿化先进城市”“自治区卫生城市”等称号和“中国人居环境范例奖”。

居民小区

截至 2015 年，八一镇所在城区共有新建居民小区 21 个，规模较大的有尚城花园、雅江小区、太阳城、嘉龙花园、德吉小区、龙泉小区、清苑小区、林芝公寓、青年公寓、和谐小区、林芝花园、福建公寓等。

尚城花园 位于八一镇迎宾大道，占地面积 11 万平方米，2003 年修建，设计居民住宅户数 600 户。

尚城花园　　杨志宏　摄

雅江小区 位于八一镇八一第二大桥南路2号，占地面积约6万平方米，2014年修建，设计居民住宅户数324户。

太阳城 位于八一镇广州大道南段，占地面积25万平方米，2014年修建，设计户数1600户。

太阳城 杨志宏 摄

嘉龙花园 位于八一镇广东路303号，占地面积76862平方米，设计居民住宅户数801户，2013年竣工。

德吉小区 位于八一镇新区（巴宜区医院对面），占地面积53520平方米，2015年6月修建，设计居民住宅户数844户。

龙泉小区 位于八一镇八一中学对面，占地面积1.8万平方米，2015年11月竣工，设计居民住宅户数176户。

清苑小区 位于八一镇和谐路，占地面积7555平方米，2014年竣工，设计居民住宅户数166户。

林芝公寓 位于八一镇迎宾大道120号，占地面积11.3万平方米，2008年竣工。

青年公寓 位于八一镇迎宾大道，占地面积153218平方米，2007年竣工。

和谐小区 位于八一镇广福路73号，占地面积14880平方米，2007年竣工。

林芝花园 位于八一镇平安路，占地面积11万平方米，2004年竣工。

远眺林芝花园 林芝市巴宜区文广局 提供

福建公寓　位于八一镇新城区，占地面积 15824 平方米，2008 年竣工。

配套设施

学校

林芝市幼儿园　位于八一镇广州大道。1991 年秋建园，是自治区级示范幼儿园。幼儿园占地面积 1.2 公顷，建筑面积 6596 平方米。园内环境优美，设施配套齐全。有游乐场、篮球场、电脑室、美术室、阅读室、蒙氏工作室、感统（感觉统合）训练室、科学室、大型区域活动室、建构室、音体室等。每个班级都有活动室、寝室、卫生间、盥洗室、储藏室，硬件配备齐全，玩具品种丰富。2015 年，幼儿园有大、中、小 18 个班，入园幼儿 683 人。全园教职工 82 人，具有本科学历的 32 人，大专学历的 36 人，中专学历的 5 人；幼教高级教师 39 人，初级教师 30 人；党员 32 人。

林芝市第二幼儿园　位于八一镇迎宾大道青年公寓内。2009 年 9 月正式投入使用，是一所直属林芝市教体局的公立幼儿园。幼儿园占地面积 7188 平方米，建筑面积 4267 平方米。户外活动场地宽敞，建筑场地独立完整。园内配有幼儿电脑室、娃娃厨房、幼儿美工室、亲子阅读室等功能室。每个班内配有钢琴、录音机、电子白板一体机，以保证其正常教学使用。每班安装热水器、消毒柜等，以保障幼儿日常卫生消毒。2015 年，全园有 12 个教学班，有幼儿 425 名；教职工 52 人，其中，大专学历 35 人，本科 17 人，教职工学历合格率为 100%，平均年龄为 29 岁。

林芝市第三幼儿园　位于八一镇广东路西侧、滨河大道北段，是隶属于林芝市教体局的全日制公办幼儿园。幼儿园成立于 2015 年，全园设大、中、小 18 个教学班，并有独立的功能室、活动室等，可容纳 540 名幼儿入园。2015 年年底，全园共有 5 个教学班，其中，小班 3 个、中班 1 个、大班 1 个。在职教职工 24 人，其中，领导班子成员 4 人，近两年公开招聘 9 人，引进 3 人，从其他幼儿园调入 8 人；本科学历 17 人，大专学历 7

林芝市第二幼儿园　　林芝市教体局　提供

人，学历合格率 100%；幼师专业 11 人，非幼师专业 13 人，专业合格率 46%。

林芝市第一小学　位于八一镇双拥北路 133 号，初创于 1962 年，原名林芝县八一小学，建校初期是中国人民解放军西藏军区 9811 部队子弟学校。20 世纪 70 年代初，学校移交给林芝县文教局管辖，1986 年林芝地区行署恢复成立，学校由林芝地区教体委管辖，现为林芝市教育局（体育局）直属小学。学校占地面积 3.02 公顷，环境优美，布局严谨。学校配备教学楼、综合楼、办公楼、现代化教育教学设备、语音室、微机室、实验及图书设施、标准篮球场、少年塑胶田径运动场。有教职工 110 人，其中，专职教师 108 人，教辅人员 2 人。专职教师中有副高级职称 18 人，中级职称 66 人，初级职称 24 人；具有本科学历的 94 人，大专学历 15 人。有 36 个教学班，在校学生 1214 多人。

林芝市第二小学　位于八一镇八一大街。成立于 1971 年，学校占地面积 3.92 公顷。至 2015 年，学校共有 43 个教学班，在校生 1769 人，其中，汉文班 19 个，综合班 24 个。有教职工 134 人，其中，教育局公招分配 11 人，西部计划志愿者 1 人，公益性岗位 3 人，中学高级教师 15 人，小学高级教师 73 人。是一所由多民族学生构成的民族学校。

八一镇中心小学　　杨志宏　摄

八一镇中心小学　位于八一镇唐地村措木及日湖景区雪山脚下，毗邻318国道，距离八一镇市区2千米。始建于1976年7月，占地面积2.57公顷。现有教学班级11个，2个军民共建鱼水小学教学点。在校生395人，其中“三包”生395人。有教职工45人，其中专任教师31人。专任教师中有本科学历15人，专科学历及以下16人，中共党员21人。

林芝市第一中学　位于八一镇学院路。是西藏自治区首批重点高级中学，前身为林芝地区民族学校，创办于1988年。主要招收门巴、珞巴等人口较少的民族学生。1997年改为林芝地区第一中学，2015年改为林芝市第一中学。占地总面积15.02公顷，建筑面积5.72万平方米，绿化面积6.2万平方米。2015年，学校有教职工220人，其中，专任教师187人，少数民族教师62人。专任教师中有高级教师51人，一级教师76人，中级职称以上教师占教师总数的66.15%；研究生学历17人，在读研究生4人，大学本科及以上学历186人，学历合格率达到99.48%。全校有教学班48个（藏文班33个，汉文班15个），在校生2450余人，其中住校生1850余人。

林芝市第二高级中学　位于八一镇巴吉路。2009年6月筹建，是一所寄宿制高级中学。总投资1.1亿元，占地面积10公顷，建筑面积43604.93平方米，绿化面积10642平方米。2015年，学校共有教职工153人，其中，少数民族教师54人；研究生学历3人，本科学历150人，学历合格率达100%；中学高级教师17人，一级教师60人；党员教师65人。现有47个教学班，在校生2158人，其中农牧民子女占学生总数93.65%，少数民族学生占94.77%，住校生占95.48%。

巴宜区中学　位于八一镇新区尼池中路。占地面积6.3公顷，建筑面积21408平方米。现有教学班19个，学生904人，教职工101人，专任教师94人。其中，中学高级教师 14 人，占专任教师总数的 14.89%；中学一级教师 54 人，占专任教师总数的 57.45%；中学二级教师 25 人，占专任教师总数的 26.60%；中学三级教师 1 人，占专任教师总数的 1.06%。一线教师学历达标率为 100%。

林芝广东实验学校 位于八一镇新区福州大道西段 136 号。该校是为适应林芝市经济社会和基础教育快速发展需要，经西藏自治区教育厅、广东省教育厅批准建设的一所九年一贯制学校。占地面积 7 公顷，现有 20 个教学班，学生 705 人，教职工 60 人。其中，专职教师 59 人，教辅人员 1 人，专职教师中高级职称 6 人。

林芝市职业技术学校 位于八一镇广福大道 19 号。1999 年 8 月建校。占地面积 10.2 公顷，总建筑面积达 7.2 万平方米，建有校内实训基地 5 个，驾校培训场地 1 个。2015 年，学校共有学生 1398 人，其中，一年级学生 549 人，二年级学生 383 人，三年级学生 466 人。学校主要开设旅游服务与管理、高星级酒店运营与管理、汽车运用与维修、传统工艺美术等 8 个专业，成人专升本设置行政管理、汉语言文学等专业，并与奇正藏药联合开办藏医药专业。全校共有教职工 122 人，专任教师 114 人，其中，高级职称 23 人，中级职称 41 人，初级职称 29 人，其他 21 人；培养“双师型”教师 66 人，骨干教师 24 人，专业带头人 12 人。

林芝市职业技术学校 杨志宏 摄

西藏农牧学院 位于八一镇学院路，是西藏自治区唯一一所集农、工、理、管学科于一体的高等农业院校。创建于1972年，1978年经国务院批准命名为西藏农牧学院，2001年9月与原西藏大学合并组建新西藏大学。校园占地面积87.8公顷。学院设有生物学、作物学、林学3个一级学科硕士学位授权点，有生态学、作物栽培与耕作学、预防兽医学、森林培育学、水利水电工程5个二级学科硕士学位授权点，1个农业推广硕士专业学位授权点，以及34个本科专业，23个专科专业，涵盖理、工、农、经、管五大学科门类，学科专业广泛涉及农、牧、林、水、电、生态、环境、食品、工程等领域。2015年，学院有教职工556人，专任教师335人。其中，教授、研究员、高级工程师、副教授、副研究员156人，占专任教育的46.6%；博士27人、硕士195人，占66.3%。有特聘院士3人，长江学者特聘教授1人，教育部“新世纪优秀人才支持计划”人选1人，农业部现代农业产业技术体系岗位专家2人，国务院政府特殊津贴专家10人，西藏自治区政府特殊津贴专家2人，全区首席专家3人（藏药材、藏猪、生态学领域）。有全日制在校博士研究生、硕士研究生、本专科生6000余人，成人教育学生1300余人。

西藏农牧学院 杨志宏 摄

林芝市人民医院　　　杨志宏　摄

医院

林芝市人民医院　位于八一镇澳门路。始建于1966年6月，1967年1月1日正式投入使用。医院占地面积70107.37平方米，业务用房建筑面积10346.2平方米，辅助用房建筑面积1774.13平方米，生活用房建筑面积4103.82平方米。医院设立12个临床科室和6个医技科室，开设病床150张，现有职工171人。

巴宜区人民医院　位于八一镇新区福州大道。医院前身为林芝县尼池村医务所，于1959年成立。2005年，搬入八一镇新建的林芝县卫生服务中心综合大楼，占地面积3000平方米。2015年，医院内设内科、五官科、儿科、妇科、藏医科、放射科、急诊科、挂号室、检验室、供应室、心电图室、B超室、注射室、财务科等科室。医院共有编制30个，职工24人，其中，技术人员21人，其他人员3人。设有病床20张，全年门诊量达1300余人次。

中国人民解放军第115医院　位于八一镇唐地村。1955年9月由南京公安总队医院和苏北公安总队医院组建而成，原驻江苏扬州，1959年8月奉命进藏平叛，迁入西藏林芝。医院驻地海拔3100米，是成都军区驻西藏高原的唯一的一所中心医院，是融医院、科研、教学、急救、预防保健和康复于一体的综合性三级乙等医院，同时还是成都军区高原训练伤防治中心。医院占地面积5.3万平方米，建筑面积2.3万平方米，开设35个医学专业，其中创伤外科、颅脑外科、骨科、烧伤科、心内科、呼吸内科、口腔科是医院的重点专科。

林芝市藏医院　位于八一镇德吉路。医院内设藏医院制剂中心，于1994年正式投入生产，制剂中心总建筑面积3379.7平方米，共有21种国药准字号，制剂品种160种，

林芝市藏医院 杨海峰 摄

已取得制剂准字号 73 种。心脑血管和风湿专科为该院重点专科建设目标，主要目标有运用藏医理论对高血压等病种的机理、临床诊断、治疗、药物，疗效评价进行研究，并形成规范化操作规程以供推广使用。收集和整理、挖掘民间验方、古籍医典与单方，开拓诊疗的新路子。医院占地面积 20397.44 平方米，共设 11 个科室，分别为门诊、住院部、外治科、药浴科、制剂中心、药房、护理部、医剂科等。人员总编制 45 人，床位 50 张，年门诊数 4 万余人次。

巴宜区藏医院 位于八一镇福州大道东段 60 号。医院内设科室有门诊部、住院部、护理部、行政后勤4个部门，下设22个小科室。2015年，全院共有工作人员15名，其中，藏医副主任医师 2 名、藏医主治医师 2 名、西医主治医师 1 名、藏医医师 2 名、西医

八一镇卫生院　　　杨志宏　摄

医师 1 名、藏药师 1 名、藏医护士 4 名、后勤工人 1 名、公益性岗位 1 人。

巴宜区卫生服务中心　位于八一镇新区福州大道东段 60 号，为一级甲等医院。占地面积 5000 平方米，建筑面积 4000 平方米，业务用房 3800 余平方米，设立床位 30 张。2017 年，有职工 54 人，其中，专业技术人员 47 人，医生 23 名，护士 18 人。编制床位 30 张。设立科室有内科、儿科、妇产科、外科、口腔科、发热门诊、检验科、超声科、放射科、妇保站、住院部、手术室等 14 个科室。

其他卫生机构　驻地在八一镇的医院还有西藏林芝地区妇幼保健院、林芝济民医院、八一镇卫生院等。

福利院

巴宜区社会福利院　位于林芝市学院路和谐小区旁，成立于 2015 年 2 月。隶属于林芝市巴宜区民政局，主要收养对象为巴宜区五保户。该院是由政府投资兴建的一所集养护、康复、医疗、教育、学习、娱乐、休闲等于一体的综合型社会福利服务机构，占地总面积 18683.1 平方米，建筑总面积 11655.4 平方米，总投资 5021.91 万元。拥有房间 130 间，床位 139 张，工作人员 27 名。至 2015 年年底，入住五保老人 71 名。

巴宜区社会福利院 杨志宏 摄

银行

中国人民银行林芝市中心支行 位于八一大街 2 号，成立于 1995 年 7 月。

中国农业银行林芝地区中心支行 位于八一深圳大道 1 号。1995 年 7 月 1 日，从中国人民银行林芝地区中心支行分设成立，下辖 7 个县支行，直属营业部 1 个，营业所 40 个，分理处 5 个，内设机构 13 个，储蓄所 1 个。网点覆盖林芝地区所有县城和绝大多数乡镇。

中国建设银行林芝地区分行 位于八一大街 58 号，成立于 1995 年 7 月。中国建设银行股份有限公司林芝分行内设机构有办公室、公司业务部、风险管理部、财务会计部、保卫部，下辖营业部、深圳广场分理处、香港路储蓄所。

中国人民银行林芝市中心支行 杨志宏 摄

中国农业银行林芝地区中心支行 杨志宏 摄

中国银行林芝地区支行　位于八一大街399号，成立于2004年11月。共计在岗员工19名。

西藏银行林芝分行　位于八一镇福建路，2014年9月开业。该分行自成立以来，大力发展负债和资产业务，服务地方经济社会发展，深度挖掘中小企业信贷项目，助推中小企业做大做强，大力支持新农村建设，促进农牧民增产增收，积极支持林芝地区交通、能源、基础设施等建设。

中国工商银行林芝支行　位于八一镇德吉路19号。成立于2012年12月，是工商银行西藏自治区分行在拉萨市以外设立的首个营业机构。

邮政通信

邮政　林芝市邮政局位于八一镇八一大街北段，邮政支局位于巴宜区八一镇福州大道西段，八一镇邮政所位于八一路68号。主要业务有函件、包裹、特快专递等。

函件　八一镇从1952年5月24日开通到拉萨的邮路。最初业务仅包括书信、函件等简单业务。1964年，开通平信、普挂、特挂、印刷品、明信片等业务。改革开放后，特别是1990年后，邮政函件业务开始拓展到商业函件、账单寄递、邮送广告、数据库商函、邮资广告明信片、电子商函等内容。

包裹业　从1967年开始，实施包裹投送业务。从2006年始，包裹业务量不断增加，但主要以普通包裹为主，年业务量近2万件。但随着私人快递公司进驻八一镇，客户对时限要求更高，普通包裹寄递量逐年有所下降。至2015年，普通包裹业务量仅为1007件，快递包裹3351件。

特快专递　八一镇从1995年开通特快专递业务，特快专递寄递量及收入均呈逐年增加态势。至2015年，快递公司进驻较多，市场竞争日趋激烈，邮政部门成立专门的快件揽收队伍，明确3～7天的寄达时限，提供了优质服务。2015年，位于八一镇城区的巴宜区邮政分公司特快专递年业务量5748件，年收入达18.64万元。

通信　电报　1980年，林芝县开办无线电传业务，开通八一新村至拉萨的无线调幅电传电报电路。1987年，开通八一镇至林芝县城电报电路。

有线电话　1993年，林芝县城至八一镇增加6路短波人工电路。1996年4月，林芝县城至八一镇成功开通微波12条2线口电路，是自治区第一条数字微波电路，填补了西藏数字微波电路的空白。1998年3月23日，在八一镇公众村建立电话试点村，3月31日开通公众村的所有电话。

移动电话　1997年4月22日，林芝地区邮政局在八一镇开通900兆型号为EMX100的模拟移动电话系统。至2015年年底，八一镇城镇居民、农牧民共有移动电话用户3.5万户。

网络建设　中国联合网络通信有限公司林芝地区分公司于2008年注册成立，位于八一镇新区，主要经营范围有固定网络、本地电话业务（含本地无线环路业务）、公众电报和用户电报业务、国内通信设施服务业务、固定网国内长途电话业务、固定网国际长途电话业务、IP电话业务、第二代数字蜂窝移动通信业务、WCDMA第三代数字蜂窝移动通信业务。至2015年年底，累计投资近8亿元，城市光纤宽带网络覆盖率达90%，光纤到户率达50%。

市场建设

巴吉村建筑建材市场　参见本志“基本镇情·经济发展·建筑建材行业”。

林芝商贸城　位于八一镇巴吉路。2015年修建，2016年年底竣工。总投资2.1亿元，占地40余亩，总建筑面积达6万平方米。林芝商贸城依靠尼洋河幸福小区5000户的2万人24小社区消费需求为保障，辐射2千米半径内两个大型城市精品酒店，以及十多个已建成的林芝精品旅游展示使用一体式旅游产业平台。

林芝商贸城

幸福小区农贸市场 位于八一镇巴吉西路南侧。占地面积 13078.28 平方米，2014 年 7 月开工建设，2015 年 11 月竣工。

毛纺厂新街 位于八一镇纺织新街。占地面积 28537.97 平方米，于 2008 年 7 月开工建设，2009 年 9 月竣工。

杨志宏 摄

新农村建设

2006年后，八一镇党委、镇政府贯彻落实自治区党委、政府，林芝地委、政府的战略部署，立足实际，集中力量，扎实推进以农牧民安居工程为突破口的社会主义新农村建设，基本实现自治区党委提出的让各族群众“住上安全适用的房，喝上干净卫生的水，治好折磨人的病，走上宽敞平坦的路，用上方便充足的电，听到党中央声音”的目标，农牧区面貌发生了历史性变化，为在林芝地区率先全面建成小康社会打下坚实基础。

安居工程

2006—2015年，八一镇累计投入资金2亿元，完成安居工程640户，实现城郊和农村一个样，主干道、大路边和大山沟里一个样，贫困户和富裕户一个样。

农牧民群众载歌载舞感党恩活动现场　　林芝市巴宜区文广局　提供

建设思路 严格落实林芝地委出台的《农牧民安居工程建设实施方案》、农牧民安居工程建设规划和年度实施计划，确保安居工程有序推进。完善体制机制，制定《农牧民安居工程资金管理暂行办法》，对专项资金实行“专人、专户、专账”管理，使每一分钱都用在农牧民身上。在安居工程建设过程中，做到农牧民安居工程与小城镇建设、小康示范村建设的总体规划相结合，与当地的生活风俗和居住习惯相结合，与地域特色、区域特色、民族特色、时代特色相结合，与保护耕地、保护环境资源和适度集中的发展战略相结合。经费筹措，采取“政府帮一点、援藏投一点、银行贷一点、群众筹一点”的办法整合各方资金，保证安居工程顺利实施。在自治区财政补贴的基础上，制定每户1.5万元的补贴政策和扶持措施。动员农业银行加大信贷支持力度，推出“金卡、银卡、铜卡”，为农牧民提供低息建房贷款。对建材实行政府集中采购，统一分发，对农牧民安居工程进度较快的各村给予资金保障，对使用木材控制在6立方米以内及使用替代品建房的农户提高补贴标准。

配套设施 八一镇加快实施水、电、路、通信、天然气、广播电视、邮政和优美环境“八到农家”工程建设，基本做到配套设施与安居工程同步规划、同步实施、同步建成。建设村级组织活动场所11个，功能覆盖活动室、会议室、文化室、医务室等多个方面，并配置办公、医疗、文化设备和科普图书，实现每个行政村都有活动场所的目标。完成村级道路硬化8条，解决3500多名农牧民的出行问题。实现村村通光缆，村级宽带通达率、通邮率达到100%，行政村电话通达率、手机通达率、通邮率分别达到100%。

保障群众生活 坚持把增加农牧民收入作为社会主义新农村建设的首要任务，多栽“摇钱树”，广开致富路。截至2015年，八一镇农牧民人均纯收入达16871元，位居全林芝市第一。一是落实政策促增收。2000年以来，八一镇每年落实国家森林生态效益补偿基金、粮食直补和综合直补资金、良种推广及良种繁育等各类补贴达780万元，补贴范围实现全覆盖。执行优惠贷款利率政策，累计发放涉农贷款8000多万元。二是依托产业促增收。建立粮油生产加工产业带，藏香猪、藏鸡特色养殖产业带，藏药

农民丰收后的喜悦　林芝市巴宜区文广局　提供

材种植产业带，蔬菜种植产业带，优质水果产业带，核桃、辣椒种植加工产业带，林下资源采集加工产业带，奶牛养殖产业带八大特色产业带，建立丹参、天麻藏药材种植基地 2 个，带动农牧户，受益农牧民 500 余人，累计实现收入 300 多万元。三是发展旅游促增收。积极引导农牧民参与旅游服务，发展农牧民家庭旅馆 43 个。四是兴办实体促增收。发展农牧施工队、农畜产品加工协会、运输队、旅游服务协会等经济实体 50 家，覆盖农牧民 600 人，每人年均增收近 1 万元。

成效　农牧民生产生活条件显著改善，从根本上改变了过去农牧民“木板盖顶、土坯筑墙、人畜混居”的状况，人均居住面积由 12.3 平方米增加到 37 平方米。村级道路四通八达，脏、乱、差现象得到彻底改变，农村面貌焕然一新。农家书屋、综合文化体育活动场所等公共设施相继建成，电视机、电冰箱等家用电器基本普及，群众生活质量大幅提高。农牧民思想观念发生重大转变，广大农牧民群众脱贫致富的愿望更加迫切，自力更生的意识更加强烈，勤劳发家的干劲更加充足。学习科技、发展生产的人多了，无所事事的人少了；外出务工、做买卖赚钱的人多了，足不出户的人少了。

小康示范村建设

从 2006 年开始，在广东援藏工作队的大力支持下，林芝地区在全地区大力开展小康示范村和“幸福乡村、美丽家园”项目建设。

小康示范村项目，八一镇主要有 2 个：

唐地小康示范村　唐地村辖唐地、雪融 2 个自然村，为工布藏族聚居村。小康示范村于 2012 年开工建设，2013 年竣工。投资 650 万元，全村有 57 户、243 人受益。2014 年，

农房改造后的新居　　林芝市巴宜区文广局　提供

巴吉村农家书屋一角　　杨海峰　摄

唐地村被林芝市委定为“党员教育示范基地”。

公众小康示范村 公众村辖公众、色丁、加定3个自然村，为工布藏族聚居村。小康示范村于2014年4月开工建设，2015年竣工。投资400万元，全村有65户、287人受益。

“幸福乡村、美丽家园”项目，八一镇主要有4个：

永久村 项目于2014年开工建设，2015年年底竣工。投资1400万元，全村有86户、347人受益。

巴吉村 巴吉村是八一镇最大的行政村之一。项目于2014年开工建设，2015年竣工。投资2300万元，全村有98户、480人受益。

章麦村 项目于2015年开工建设，2016年年底竣工。总投资1000万元，全村有99户、417人受益。

巴果绕村 项目于2015年开工建设，2016年年底竣工。总投资800万元，全村有70户、307人受益。

人居环境改善 从2010年开始，八一镇先后出台《八一镇村容村貌整治和环境卫生治理的实施方案》《八一镇关于对外来人员环境卫生治理的管理办法（试行）》，率先开展以“美丽村落是我家，农村不比城里差”为主题的村容村貌整治活动，采取“群众拿一点、村（居）帮一点、政府补一点”方式，组织318国道沿线的多布村、尼西村、公众村和巴吉村先行一步开展村庄环境美化和藏式围墙建设工作。全镇共投资230万元，建成垃圾填埋场5座，改造旧式刺围墙2万余米，建成新式藏式围墙8000米，修建停车场360平方米、射箭场280平方米。至2015年，全镇人居环境优美，昔日“脏、乱、差”的巴吉村、公众村等成为深受区内外游客喜爱的民俗文化旅游地。

链接：幸福乡村美如画——林芝市巴宜区“美丽乡村·幸福家园”建设扫描

一幢幢错落有致的藏式大院，一排排具有民族特色的围栏和排水沟，一条条宽阔的水泥路，村民们脸上无不洋溢着幸福快乐……这是记者走进林芝市巴宜区八一镇永久村看到的景象。这些都得益于林芝市巴宜区开展的“美丽乡村·幸福家园”项目建设活动，巴宜区发改委主任科员央金卓嘎介绍，永久村只是活动开展的一个缩影。自2015年起，巴宜区积极选取城区周边村庄，开展“环境美化、功能优化、道路硬化、设施强化”四化建设，旨在突破城乡二元发展瓶颈、全面缩小城乡综合差距、改善城郊结合地带环境风貌、提高乡村居民生产生活水平。

说话间，记者看到不远处一个村民在打扫他门前的垃圾，他叫次仁旺堆，已经在永久村住了20年。说起以前的土路，次仁旺堆颇有感触：“以前我们村里全是土路，用‘晴天一身灰，雨天一身泥’来形容一点都不夸张，电和水也是一会儿来、一会儿停，特别不方便。自从美丽乡村开始建设以后，路变成了平坦通畅的水泥路，水、电、下水管道也全部都畅通了，环境变好了，我们住着也比以前舒坦多了。”

永久村作为2015年巴宜区“美丽乡村·幸福家园”项目建设的首批试点村庄之一，对村庄供排水工程改造、道路硬化、电网改造等基础设施和景观小品、围墙美化、栈道铺设等环境风貌进行改造，截至目前已有两年多的时间，不仅改变了城乡结合地带的环境风貌和村民的生产生活条件，还为缩小城乡收入差距、村民增收致富提供了新的发展契机。永久村党支部书记鲁鲁告诉记者：“因为我们地处城乡结合地带，交通地理位置特别方便，在村里的综合环境水平得到提升后，许多外面的公司都愿意到我们村来租房、租地、开公司，村民们还多了条增收的路子。”

不仅是永久村，在距离该村不远的八一镇巴吉村也充满了欢乐祥和的气氛，有的村民在打扫房间、有的村民在清除院子里的杂草……好不热闹。“现在我们的围墙都是用砖和水泥砌的，电缆也是全部埋在了地下，路也都修成了光滑平整的水泥路，周围的生活环境一天比一天好，我们的生活质量得到了很大的改善，老百姓日子真是越过越好喽。”“现在我们下雨天出门再也不用担心会弄一身泥了。”“看着修好的围墙、水泥路，我的心情都会比平时好很多。”说起巴吉村的改变，村民们赞不绝口。

（摘自《西藏日报》2017年12月25日第2版）

援建扶贫

1994年7月20—23日，中央第三次西藏工作座谈会作出全国支援西藏和15个省市“对口援藏、分片负责、定期轮换”的重大决策，会议确定广东和福建两省对口支援林芝地区。1995年6月，广东和福建两省对口支援工作正式启动，截至2015年年底共派出7批574名干部赴林芝、米林、波密、察隅、朗县、工布江达、墨脱7个市县，察隅农场、米林农场、易贡茶场及20多个地直单位工作。二十多年来，共投入援建资金43.83亿元，建设项目1268个，有力推动了林芝地区经济社会快速发展。八一镇由广东省东莞市、福建省对口援建，20多年来八一镇城市面貌、农牧民群众生活水平发生了翻天覆地的变化。

援藏政策

第一次、第二次西藏工作座谈会 1980 年 3 月和 1984 年 3 月，中共中央书记处先后召开第一次和第二次西藏工作座谈会，确定在西藏实行 3 年免征农牧业税和“休养生息”的特殊优惠政策，并组织全国 9 个省（市），从项目、资金、设计、技术、施工等方面配套援助西藏建设 43 项工程。

第三次西藏工作座谈会 1994 年 7 月 20—23 日，中央召开第三次西藏工作座谈会，时任中共中央总书记、国家主席、中央军委主席江泽民，时任国务院总理李鹏等党和国家领导人及全国各省、自治区、直辖市主要领导出席会议。江泽民在讲话中指出，西藏的工作在党和国家的工作中居于重要的战略地位。全党特别是各级党委和政府的主要领导干部必须清醒地看到：西藏的稳定涉及国家的稳定，西藏的发展涉及国家的发展，西藏的安全涉及国家的安全。重视西藏的工作，实际上就是重视全局的工作；支持西藏工作，实际上就是支持全局工作。关心西藏、支援西藏是党和国家的一贯政策，是全国各族人民的共同责任。中央各部委、各省、自治区、直辖市都要从党的工作全局和经济社会发展的全局，从增强中华民族凝聚力的高度，深刻认识中央关于全国支援西藏的决策的深远意义，从人才、资金、技术、物资等方面做好援藏工作。李鹏在讲话中指出，为了帮助西藏自治区解决政策和发展中遇到的困难和问题，国务院决定在财税、金融、投资、价格和外贸等方面继续对西藏实行特殊政策和灵活措施。会议在认真总结前两次中央西藏工作座谈会以来援藏工作情况和经验的基础上，确定“分片负责、对口支援、定期轮换”的援藏工作方针及政策。同时，会议还确定由中央各部委和全国各省（市）援助西藏建设 62 项工程。中央第三次西藏工作座谈会，把全国支援西藏作为一项长期性的政策确定下来，决定由广东省对口支援林芝县，每满三年一轮换。

第四次西藏工作座谈会 2001 年 6 月 25—27 日，中共中央、国务院在北京召开第

四次西藏工作座谈会。江泽民在讲话中指出，1994年召开第三次西藏工作座谈会以来，西藏的改革开放和现代化建设取得了显著成就。改革开放不断深化，经济发展速度加快，人民生活不断改善。社会主义精神文明建设成效显著，社会全面进步。藏族优秀文化得到弘扬，历史文化遗迹受到保护。全国支援西藏力度加大，国家投资建设了交通、能源、通信、农牧业、社会事业等一批基础性骨干项目，为西藏的长远发展奠定了良好基础。民族团结进一步加强，平等、团结、互助的社会主义民族关系得到巩固和发展，全区各族群众对祖国的向心力进一步增强。党的建设不断加强，党组织的凝聚力和战斗力得到提高。西藏经济发展，社会进步，民族团结，局势稳定，边防巩固，人民安居乐业。

第五次西藏工作座谈会　2010年1月18—20日，中央第五次西藏工作座谈会在北京举行。时任中共中央总书记、国家主席、中央军委主席胡锦涛发表重要讲话，强调做好西藏工作，是深入贯彻落实科学发展观、全面建设小康社会的迫切需要，是构建国家生态安全屏障、实现可持续发展的迫切需要，是维护民族团结、维护社会稳定、维护国家安全的迫切需要，是营造良好国际环境的迫切需要。推进西藏跨越式发展和长治久安，把雄伟辽阔的青藏高原建设得更加美丽富饶、安定祥和，是全党全国各族人民的共同心愿。全党同志一定要站在党和国家工作全局的战略高度，进一步认识做好西藏工作的重要性和紧迫性，认真落实中央关于西藏工作的一系列方针政策，不断开创西藏工作新局面。

第六次西藏工作座谈会　2015年8月24—25日，中央第六次西藏工作座谈会在北京召开。中共中央总书记、国家主席、中央军委主席习近平出席会议并发表重要讲话。习近平强调，在60多年的实践过程中，形成了党的治藏方略，这就是：必须坚持中国共产党领导，坚持社会主义制度，坚持民族区域自治制度；必须坚持治国必治边、治边先稳藏的战略思想，坚持依法治藏、富民兴藏、长期建藏、凝聚人心、夯实基础的重要原则；必须牢牢把握西藏社会的主要矛盾和特殊矛盾，把改善民生、凝聚人心作为经济社会发展的出发点和落脚点，坚持对达赖集团斗争的方针政策不动摇；必须全面正确贯彻党的民族政策和宗教政策，加强民族团结，不断增进各族群众对伟大祖国、中华民族、中华文化、中国共产党、中国特色社会主义的认同；必须把中央关心、全国支援同西藏各族干部群众艰苦奋斗紧密结合起来，在统筹国内国际两个大局中做好西藏工作；必须加强各级党组织和干部人才队伍建设，巩固党在西藏的执政基础。习近平总书记指出，在高原上工作，最稀缺的是氧气，最宝贵的是精神。长期以来，一代又一代共产党员舍弃常人所拥有的、放弃常人所享受的，扎根雪域高原，矢志艰苦奋斗。广大党员、干部要发扬优良传统，不断为“老西藏精神”注入新的时代内涵。中央对西藏干部职工历来十分关心，制定了特殊的工资政策和有关福利待遇政策，中央有关部门要积极支持，解决好他们的后顾之忧。要搞好对口支援西藏工作，优化援藏干部人才结构，把优秀人才选派到条件艰苦和情况复杂的地区去磨炼意志、增长才干。西藏和四省藏区广大干部职工要把党和国家的关心转化为工作动力，在各自岗位上做出更大成绩。

2012 年中共十八大以后，广东省委领导多次到西藏，就援建工作情况进行实地考察。时任广东省委书记胡春华在对口援藏工作会议上指出，要坚定不移落实好对口支援西藏这项重要任务，巩固和发展“一个龙头、两翼双飞”的工作格局，努力使援藏工作更加符合中央要求，更加贴近西藏发展实际，更好满足西藏各族群众的期盼。在新形势下，对口援藏工作要注意由“输血式”向“造血式”转变，着重增强受援地区自我发展能力，要以“十三五”对口支援规划安排的产业项目为抓手，重点支持林芝市特色优势产业发展，围绕入藏“第一站”定位发展全域旅游，加快建设八一镇旅游中心景区景点建设，完善服务体系，引领林芝经济快速发展。

援建项目

第一批援建项目

1994 年 6 月—1998 年 6 月，广东省东莞市对口援建八一镇项目有改造八一电厂，建设林芝宾馆、八一镇防洪堤、广州路、深圳路、广东路，总援助资金 3.4 亿元；福建省对口援建八一镇项目有建设福建路、泉州一路。

改造八一电厂　广东省援建项目。1994 年 12 月 15 日动工，至 1995 年 8 月 30 日竣工，工程历时 8 个多月，由广东省投资 3357 万元援建八一电厂改造工程。整个工程由 5 个部分组成，分别为措木及日湖（山顶湖）湖口调蓄工程及上山道路建设；一级

改造后的八一电厂（2009 年）　　杨志宏　摄

电站更换 2 台 1600 千瓦机组、尾水电站更换 2 台 320 千瓦机组；高压配电装置及电力、电缆等设备的整体改造；监视控制仪表、继电保护装置和控制保护测量电缆等整体改造；八一镇 10 千伏电网改造。八一电厂改造后实现扭亏为盈，年利润上百万元，成为林芝地区效益最好的国有企业之一。

林芝宾馆　广东省援建项目。地处八一镇双拥北路 335 号。宾馆始建于 1995 年，1996 年竣工并投入使用，是由国家批准广东省援建的西藏“62 项大庆工程”之一。占地面积为 5.2 万平方米，建筑面积为 2.13 万平方米，绿化面积为 1.68 万平方米，停车场面积为 1489 平方米，设有观景广场、观景台、景观亭、人工湖等，总计投资 3 亿元。宾馆拥有不同档次的贵宾楼、公寓楼、主楼共 6 栋，客房 194 间，其中，套房 10 间，单间 26 间，标准间 157 间，残疾人房 1 间，共有床位 352 个。

八一镇防洪堤　广东省援建项目。位于八一镇滨河路，防洪堤总长为 12.68 千米，于 1997 年动工，1999 年竣工，总投资 1300 万元。加固堤防 5 段，其中：堤顶预制彩砖翻修、改建 7.13 千米，栏杆改建、新建 10.52 千米；堤身迎水坡放缓培厚 1.41 千米，浆砌石护坡重建、翻修 2.47 千米，混凝土护坡翻修 0.7 千米，浆砌石护坡勾缝 6.31

千米，草皮护坡翻修2.57千米；堤脚混凝土脚槽重建0.21千米，护脚加固12.18千米。新建护岸1处，长1.8千米，位于尼洋河干流右岸和谐新区下端至永久片区上端桩号岸0+000米~岸1+800米处。主要措施包括岸坡削坡0.58千米，新建浆砌石护坡0.58千米，坡脚新建防冲护脚1.8千米。洲滩整治1处，面积22.65万平方米，位于八一第二大桥右岸桥头处，洲滩外缘防护长度0.98千米，主要措施为新建防冲护脚长0.98千米。

路面基础工程 广东省共援建3条市政公路：广州路，1996年1月开工建设，路面为双向四车道，路宽10米，长3456米；深圳路，1996年1月开工建设，路面为双向四车道，路面宽10米，长2578米；广东路，1996年1月8日开工建设，路面为双向四车道，路面宽32米，长2400米。福建省共援建2条市政公路：福建路，1996年1月8日开工建设，1997年9月竣工完成，路面为双向四车道，路面宽32米，长503米；泉州一路，1996年1月8日开工建设，1997年9月竣工完成，路面为双向四车道，路面宽43米，长400米。

第二批援建项目

1998年6月—2001年6月，广东省东莞市对口援建八一镇项目有八一电厂扩容改造、建设世界柏树王风景区、广东文化会展中心、广东花园、水景园区城市环保项目、八一花园等，总援助资金2.7亿元；福建省对口援建八一镇项目有建设福建公园、林芝市第一幼儿园教学楼，总援助资金4560万元。

八一电厂扩容改造 广东省援建项目。投资3270万元，对八一电厂二级站3台发电机组进行扩容改造，新增发电容量1050千瓦，总装机达8640千瓦。改造35千伏输电线路10.8千米，10千伏配电线路59千米，新建八一电厂办公楼等项目。

世界柏树王风景区 广东省援建项目。位于八一镇东南方向约8千米，318国道旁1千米处，园内有10公顷近1000棵巨柏，项目于1999年5月开工建设，2000年7月竣工完成，总投资为360万元。（参见本志“旅游胜地·景区景点·世界柏树王园林景区”）

广东文化会展中心 广东省援建项目。地处八一大街，1998年6月开工建设，2000年5月竣工完成。整体三层、局部五层框架结构，占地面积为1.04万平方米，建筑面积为7848平方米，总投资6000万元。一楼设有599人的多功能演艺厅1个（原有座位888个，现改为会议厅）、舞台10米×12米、1000多平方米的大厅1间（可改造为业务用房）；二层设有可容纳140人的中型会议室1间，大小办公用房10多间，灯光、音控室及附属设施齐全。北面是一个大广场，东、南、西面设有停车场，方便人员疏散。

福建公园　1995 年 5 月，福建省人民政府决定在林芝八一镇援建福建公园，1999 年动工建设，占地面积 12 万平方米，2001 年 8 月竣工完成，总投资 3900 万元。（参见本志“城乡建设 · 园林绿化 · 公园绿化”）

第一幼儿园教学楼　福建省援建项目。位于广州大道 1 号，2000 年 12 月竣工完成，建筑面积 1839.86 平方米，总投资 260 万元。

第三批援建项目

2001 年 6 月—2004 年 6 月，广东省东莞市对口援建八一镇项目有建设八一电厂配电线路、冰湖站、八一镇垃圾中转站、林芝体育场、地区一小教学综合楼、市图书馆、林芝花园、深圳大道，总援助资金 2.4 亿元；福建省对口援建八一镇项目有建设林芝市图书馆、林芝市第一幼儿园教学楼，总援助资金 884.8 万元。

建设冰湖电站　广东省援建项目。作为八一电厂水源地的冰湖，距八一电厂厂部约 35 千米，2004 年 4 月开工建设，2005 年 2 月竣工完成。电站为管道引水式，直接从冰湖引水，引水口管顶高程 4063 米，电站厂房地面海拔 3970 米。电站装设有 2 台单机容量为 800 千瓦的水轮发电机，总装机量 1600 千瓦。电站 2 台发电机组成扩大单元接线，发电机出口装设有发电机断路器，并设有一台主变压器。高压侧出线电压等级为 10 千伏，出线两回，其中一回引至冰湖大坝，作为冰湖坝区用电，另一回作为送出线路，经升压变压器至 35 千伏，接至八一二级站。

八一电厂配电线路　广东省援建项目。2001 年，广东省援建投资近 2000 万元新建八一镇至百巴镇樟巴村 10 千伏配电线路 42.2 千米，波密县扎木镇至古乡 10 千伏配电线路 34 千米，解决了农牧民生产生活用电难问题；新建地区电力调度自动化工程，八一电厂一级站电气自动化工程，八一镇沿河变电站 10 千伏出线配套工程及八一镇城网改造工程。

八一镇垃圾转运站　广东省援建项目。地处八一镇章麦村，2002 年开工建设，2004 年竣工完成，占地面积为 9.76 万平方米，建筑面积为 7.78 万平方米，总投资 3210 万元。

林芝体育场　广东省援建项目。占地面积为 1.56 万平方米，2003 年 6 月动工建设，2006 年竣工完成，总投资 4000 万元。

地区一小教学综合楼　广东省援建项目。位于八一镇双拥北路 133 号，教学综合楼（博明楼）于 2002 年竣工完成，建筑面积 1069.5 平方米，总投资 69 万元，主要功能有图书室、少队室、德育室、舞蹈室、多媒体教室、微机室等多功能教室。

安居工程林芝花园　广东省援建项目。地处八一镇平安路，2001 年开工建设，2004 年竣工完成，总投资 1.2 亿元。占地面积为 11 万平方米，建筑总数为 24 幢，总户数为 800 户，户型结构为平层户型。该小区 2006 年获联合国住宅小区奖，5 月被林芝地区评为绿色小区，8 月被西藏自治区评为“平安小区”。

林芝市图书馆　福建省援建项目。位于林芝市巴宜区奇正路以西。占地面积为 3202 平方米，建筑面积 3104.4 平方米，主体为三层框架结构建筑，总投资 700 万元，2002 年 11 月 4 日开工建设，2003 年 10 月 25 日竣工完成。设计单位为福建省城乡规划设计研究院，2005 年 7 月 1 日正式向读者开放。目前有藏书 90796 册，期刊报纸 290 余种；设有行政部、财务部、借阅部（综合阅览室、青少年阅览室、报刊阅览室、藏文图书室）、地方文献部、采编部、典藏部（社会科学书库、自然科学书库、新书编目书库）、数字资源部（数字图书馆、资源共享中心、电子阅览室）7 个部门。图书馆虽然面积不大，但是布置合理，整洁明亮。纸质图书、电子图书种类

林芝市图书馆　　陈中祥　摄

繁多，能够满足读者的需求。共有纸质图书7.4万多册，期刊报纸291种；地方文献图书94种，322册，光碟149盘。2016年，订购期刊报纸259种，价值43447.52元。电子图书共有85566册（部），其中，电子图书8万册，有声图书1649册，视频资源917部。配备2台歌德电子借阅机，1台安放在市委市政大厅，1台安放在图书馆大厅，每台借阅机藏书3000种，每月1—5日更新150种左右。

林芝市第一幼儿园教学楼 福建省援建项目。位于广州大道1号，新建教学楼于2003年12月竣工完成，建筑面积1556.5平方米，总投资184.8万元。

第四批援建项目

2004年6月—2007年6月，广东省东莞市对口援建八一镇项目有八一镇深圳大道路灯改造，建设加丁嘎村村道、唐地村晒谷场、尼洋河堤路灯、八一南粤大道、八一新区中心广场藏舟雕塑，总援助资金9705万元；福建省对口援建八一镇项目有建设比日神山景区配套工程、林芝机场道路绿化工程，总援助资金180万元。

加丁嘎村村道 广东省援建项目。2006年3月动工建设，2006年12月竣工完成，总投资100万元，建设环村硬化道路及配套设施。所建道路宽5米，长800米，路面材质为石板。

唐地村晒谷场 广东省援建项目。位于唐地村油菜籽加工厂南面，占地面积为8866.66平方米，建筑面积为960平方米，2006年6月开工建设，2007年7月竣工完成，

牦牛广场雕塑 杨志宏 摄

总投资25万元，设计单位为唐地村村民委员会，主要建筑为仓库和晒谷场。

八一南粤大道 广东省援建项目。于2005年动工建设，2006年竣工完成，总投资2000万元，道路宽31米，长2000米。

中心广场藏舟雕塑 广东省援建项目。位于八一新区中心广场，占地面积为3500平方米，2005年开工建设，2006年竣工完成，总投资300万元。

路灯改造 广东省共援建两个路灯改造建设项目，分别为尼洋河堤路灯建设，2005年动工建设，2006年竣工完成，总投资150万元，总长度为7千米，路灯总量160盏；八一镇深圳大道路灯改造，总投资130万元，更换路灯140盏。

比日神山景区配套工程 福建省援建项目。位于八一镇拉丁嘎村，2005年开工建设，2006年竣工完成，总投资130万元，用于建设比日神山景区道路护坡、护栏、排水工程、部分路面以及拉丁嘎村农家乐。

林芝机场道路绿化工程 福建省援建项目。于2005年开工建设，2006年竣工完成，总投资50万元，修建林芝机场到八一镇沿线道路绿化。

第五批援建项目

2007年6月—2010年6月，广东省东莞市对口援建八一镇项目有建设地区二中扩建教学楼及附属楼、八一大街民族特色改造、建设林芝广东实验学校小学部教学综合楼等共208个，总援助资金4.33亿元；福建省对口援建八一镇项目有维修比日神山栈道、11个行政村农牧区安居工程建设、农牧区沼气建设、建设地区第二幼儿园、建设地区妇女儿童活动中心、建设人大工委综合楼、建设工布映象、建设尼洋阁二期、建设地区人民医院门诊楼、建设地区儿童福利院等共288个，总援助资金3.44亿元。

地区二中扩建教学楼及附属楼 广东省援建项目。位于八一镇双拥路20号，占地面积为10万平方米，建筑面积为1.36万平方米，建筑数量为12幢，2009年6月动工建设，总投资1.1亿元。

广东实验学校小学部教学综合楼 广东省援建项目。位于巴宜区广东实验学校内，2008年开工建设，2009年竣工完成，建筑面积3424平方米，总投资600万元。

维修比日神山栈道 福建省援建项目。总投资10万元，维修栈道长4千米。

地区第二幼儿园 福建省援建项目。位于迎宾大道青年公寓，占地面积为7188平方米，建筑面积为4267平方米，于2009年9月正式投入使用。主要功能室有幼儿电脑室、娃娃厨房、幼儿美工室、亲子阅读室等，共有12个班级。

人大工委综合楼 福建省援建项目。位于八一镇广州大道，建筑面积为5114.25平方米，建筑数量1幢，共5层。于2008年8月动工，竣工于2009年11月，总投资1600万元。

第六批援建项目

2010年6月—2013年6月，广东省东莞市对口援建八一镇项目有建设八一镇市政道路、建设林芝广东实验学校运动场、新建八一镇垃圾转运站及填埋场、建设林芝地区一中综合体育馆、建设林芝地区疾病预防控制中心重点实验室、建设八一镇福清河景观带、建设八一镇尼洋河左岸旅游景观、建设八一镇中心湿地公园，总援助资金2.4亿元。

八一镇市政道路 广东省援建项目。2011年开工建设格桑北路、青年南路段、科技路，总投资2400万元。格桑北路宽12米，长510米；青年南路段（东四路）宽20米，长900米；科技路宽20米，长380米。

林芝广东实验学校运动场 广东省援建项目。2011年开工建设，总投资400万元，2012年投资100万元修建塑胶运动场、主席台、看台、周边网围栏等。

八一镇垃圾转运站及填埋场 广东省援建项目。2011年投资500万元、2012年投资650万元在八一第二大桥附近汽修厂邻近地块，修建垃圾转运站及填埋场渗滤液处理站，占地面积约6500平方米，其中垃圾压缩车间面积910平方米，绿化率超过30%。压缩设备有电脑控制室、压缩机、单独地泵房等。

林芝地区一中综合体育馆 广东省援建项目。位于尼洋河畔，2011年开工建设，2012年竣工完成，总投资200万元，建筑面积为2809.59平方米。多功能体育馆为学校公益性项目，贯彻执行国家“全民健身计划”，以提高师生身体素质为己任，向全社会开放，积极为公众提供篮球、排球、乒乓球、健身场地。项目建成后，除组织举办相应常规性体育赛事活动以外，面向公众开放，实行低收费有偿服务，举办、承办各种层次的文艺表演、运动会等活动，进行全方位的开发利用，开展全民健身锻炼和文艺活动，促进师生的身心健康，提高师生的身体素质。

林芝地区疾病预防控制中心重点实验室 广东省援建项目。2011年开工建设，2013年竣工完成，分别于2011年投资300万元、2012年投资600万元、2013年投资500万元建设重点实验室，建筑面积5000平方米，其中实验室2900平方米。

八一镇福清河景观带 广东省援建项目。2011年开工建设，2013年竣工完成，分别于2011年投资2700万元、2012年投资5100万元、2013年投资7100万元建设福清河景观带。景观带长4.5千米，宽500米。其中包括河道疏浚，泵站提升，并对周边路网和污水管网进行改造，重点建设福清河中段绿化景观长廊，具体为绿化园林景观、雕塑小品、人性化休闲小径、景观亮化、喷泉和河道护栏更新以及新建公厕等。

八一镇尼洋河左岸旅游景观 广东省援建项目。2011年开工建设，2013年竣工完成，分别于2011年投资200万元、2012年投资200万元、2013年投资200万元建设尼洋河左岸解放军第115医院至八一第二大桥段旅游设施，其中包括绿化、美化、喷泉雕塑、休闲小径、休闲桌椅、景观照明、公共体育设施、交通指行牌以及人行道、河道护栏、公厕更新等建设项目。

八一镇中心湿地公园 广东省援建项目。分别于2011年投资800万元、2012年投资700万元、2013年投资1000万元建设东区20万平方米，结合原有苗圃改造为集湿地保护和休闲为一体的中心公园，其中湿地水域面积占30%。建设项目包括修葺公园景观通透式围栏，保护湿地资源，引进各类名贵苗木丰富绿化层次，新建休闲小径和游憩设施、休闲设施，修整景观河道、亲水道路、亲水平台、公园大门等其他配套设施等。

建设唐地村村公房 广东省援建项目。位于八一镇唐地村，占地面积为1500平方

2014年4月18日，八一镇公众村小康示范村开工典礼　　林芝市巴宜区文广局　提供

米，建筑面积600平方米。建筑数量为1幢，共10间，层高3.9米。2011年开工建设，2013年竣工完成，总投资200万元。

第七批援建项目

截至2015年年底，广东省东莞市对口援建八一镇项目有建设小康示范村、建设巴宜区五保户集中供养项目、建设巴宜区村卫生室、建设八一镇色定村农家乐、建设八一镇污水处理厂配套工程、建设林芝广东实验学校新办公楼，总援助资金3.35亿元。其间，先后为八一镇政府购入10台电脑；向东莞市人民政府申请20多万元经费购买一辆公务用车；申请200多万元村级环境改造项目款，实现八一镇加乃村全部道路硬化；看望慰问困难群众，并向其提供慰问金5万元。福建省对口援建八一镇项目有八一镇林芝地区招商引资商业区基础设施建设、林芝地区人才公寓、嘎玛花园职工住宅小区二期等共37个，总援助资金3.54亿元。

小康示范村 2014年、2015年，巴宜区人民政府从第七批援藏资金中拨付部分资金给八一镇2个村，其中，唐地村投资650万元，公众村投资400万元，主要开展农牧业产业基础设施、村庄给排水、村道硬化、村级办公场所完善以及村庄亮化、净化、绿化等工程建设。

巴宜区五保户集中供养项目 2014年，巴宜区安排投资477万元（其中援藏资金295万元）新建1648.04平方米的集中供养建筑。其中，1号楼建筑面积482.53平方米，

巴宜区五保户集中供养项目　　林芝市巴宜区文广局 提供

2 号楼建筑面积 1166.51 平方米，另有新建食堂及道路硬化、给排水等工程。

巴宜区村卫生室 2014 年，投入 225 万元；2015 年，投入 400 万元建设 7 个乡镇 25 个村级卫生室。截至 2015 年年底，八一镇 11 个行政村卫生室全部建设完毕。

八一镇色定村农家乐 2015 年，按照统一标准，投入 300 万元建设工布藏式农家客房 12 栋 24 间，总面积 1000 平方米，修建停车场 200 平方米、藏式围墙 1200 米，改造完善厨房、藏式餐厅，配套完善水、电、路、网络、庭院绿化等配套设施，成为工布特色农家乐旅游接待示范点。

八一镇污水处理厂配套工程 新建防洪堤 1366.4 米、隧道 365 米，总投资 1.67 亿元，其中援藏资金 400 万元。

林芝广东实验学校新办公楼 2015 年开工建设，2016 年竣工完成，建筑面积 1220.18 平方米，总投资 350 万元。

冰湖五级水电站 福建省援建项目。是八及曲流域水电梯级开发的第 5 级水电站项目，位于八一镇唐地村境内，占地面积为 1 万平方米，建筑面积为 1200 平方米。电站装机容量为 21 兆瓦，年发电量 9710 万千瓦时，年利用小时为 4624 小时，总投资 2.86 亿元。工程于 2013 年开工建设，于 2015 年 7 月正式投产运营。工程获得林芝市委、市政府颁发的“林芝生态文化旅游突出贡献奖”。

扶贫减贫

八一镇下辖 11 个行政村，28 个自然村。2015 年，农村共有 816 户、3566 人，劳动力 1404 人。共有贫困户 98 户，257 人。其中，精准扶贫 38 户，112 人；低保有劳力 24 户，96 人；低保无劳力 4 户，10 人；五保户 32 户，39 人。

2015 年年初，八一镇全面贯彻落实中央、自治区、林芝市扶贫开发工作会议精神，结合八一镇的贫困特征、贫困原因和新一轮扶贫攻坚内涵更深、标准更高、任务更重的实际情况，八一镇党委、镇政府严格按照“六个精准”“五个一批”“八个到位”的总体部署，着力解决“扶持谁”“谁来扶”“怎么扶”“如何退”等问题，精准施策、精准发力、精准推进，脱贫攻坚步履铿锵，实效显著。于 2016 年年底全部实现脱贫目标，全面推进精准扶贫工作。

扶贫机制

建档立卡 2015 年 3 月，八一镇成立由镇党委书记为组长的脱贫工作领导小组，配备专门的分管领导和 3 名扶贫专干，严格按照规模分解、初选对象、公示公告、结对帮扶、制订计划、填写手册、数据录入、联网运行、数据更新 9 个步骤，按照相应的时间节点，完成全镇 98 户、257 人扶贫建档立卡工作。

产业扶贫 八一镇有养殖类项目饲养户 40 户，其中藏鸡养殖项目 2 户，通过出售藏鸡蛋以及整鸡，使贫困户每年户均增收 3000 元左右，每人每年增收 1200 元。藏香猪养殖项目 17 户，年底通过出售整猪，使贫困户每年增收 3200 元左右。犏牛、奶牛养殖项目 21 户，通过出售牛奶及奶制品，使贫困户每年增收 3100 元左右，每人每年增收 800 元左右。

种植扶贫 巴吉村果树种植项目，可为贫困户每年增收 3500 元左右，每人每年增收 1000 元左右。加当嘎村蔬菜大棚种植项目，可使该户每年至少增收 2000 元左右。

易地搬迁 根据贫困户居住现状共确定搬迁 13 户、41 人，加快农村人居环境改

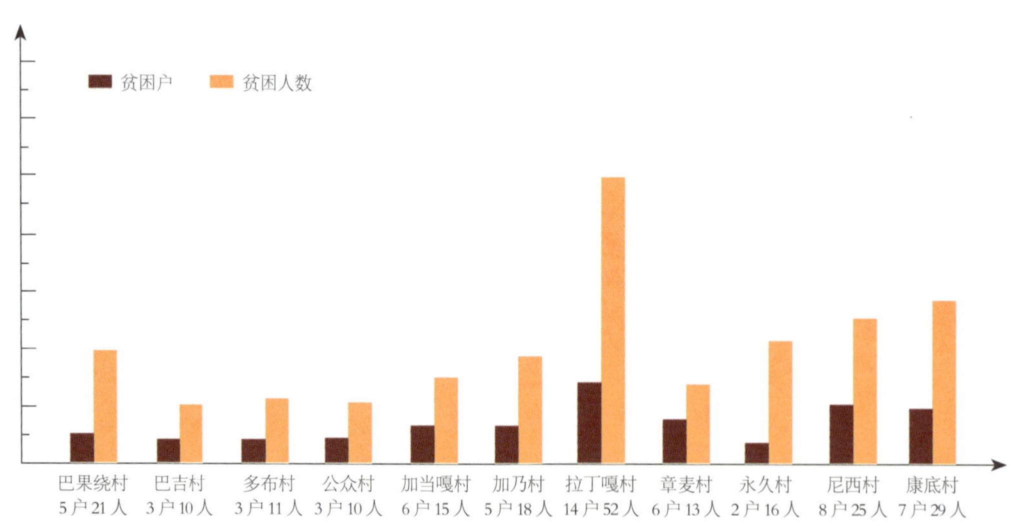

2015 年八一镇脱贫攻坚柱状图

善步伐，截至 2015 年年底，项目已全部验收并投入使用。

医疗救助 2015 年年底开展贫困户医疗救助 23 人，教育扶持 35 户、52 人，兑现资金 13.35 万元。转移就业方面，全镇有林业监管员 27 人，公路管护员 10 人，小集镇环境保洁员 2 人，村级水管员 23 人，草原生态监督员 2 人，小集镇保洁员 2 人，入社旅游培训 7 人次，环保岗位 69 人，共发放资金 20.7 万元。

企业帮扶 2015 年年底，西藏达氏集团有限责任公司以就业扶贫、创业扶贫、捐赠扶贫、分红扶贫、精神扶贫的方式同时帮扶八一镇唐地村 8 户、23 人，人均增收 2200 元以上。公众村玫瑰种植项目，以扶贫工作为重点，以建档立卡贫困户为主，扶持当地农牧民种植灵芝、藏药材、食用菌，带动贫困户脱贫致富。公司使用村里临时农牧民工 1000 余人次，工资收入近 18 万元；长期精准扶贫 2 人，扶持村精准扶贫专项资金 15 万元；扶持连别村 5 户农牧民种植灵芝 10000 袋，通过 1 年半时间，村民直接创收近 90 万元。巴吉村宏鑫建材市场通过年底分红的方式对 1 户精准扶贫户进行了扶持。色定村藏香加工厂采取“合作社 + 农户 + 贫困户”的经营模式，通过对有能力、积极性高的贫困户进行藏香加工培训，为该村 3 户贫困户提供了就业岗位，每月户均增收 1000 元以上。东阳光集团对拉丁嘎全村以土地租用形式进行帮扶，对拉丁嘎村 31 人进行了扶持。

结对帮扶 2015 年年底，全区共有 4 个区直单位结对帮扶八一镇 67 户、195 人，均制定帮扶脱贫计划，按照“不脱贫不收队”的工作要求进行结队帮扶。

特色扶贫 2015 年，为切实改善村民居住环境，整合多方资金共计 106 万元。投资 56.12 万元为 6 户贫困户新建房屋共 374.16 平方米，平均每户 62.36 平方米；投资 22.9 万元为 6 户贫困户维修房屋吊顶、墙面粉刷；投资 12.94 万元为 20 户易地搬迁户和贫困户购买家具 20 套。

培训技能 2015 年 1—12 月，通过印发精准扶贫工作双语手册、宣传册、宣传资料、粘贴标语 1000 张、悬挂横幅 100 条等形式，广泛深入宣传了精准扶贫工作的相关政策。同时，基于农村广大贫困群众文化素质低、理解能力差，特别是一些特困群众不识字和白天忙农活的问题，由各村宣传小组晚上上门逐户面对面宣传讲解，帮助广大群众了解精准扶贫工作的基本内容和方法，使他们真正理解精准扶贫工作，提高广大群众参与积极性。截至 2015 年年底，共有 61 户、206 人完成了退出工作。

扶贫项目

截至2015年年底，八一镇在现有产业发展的基础上，通过产业项目扶持，不断扩大城郊蔬菜、林下资源、林果、饲料、藏鸡、藏猪的种养殖业规模，启用藏鸡养殖项目（尼西村、公众村、拉丁嘎村、加当嘎村、巴果绕村、章麦村、唐地村7个村），犏奶牛养殖项目（11个行政村），镇果树种植项目（巴吉村），镇蔬菜大棚种植建设项目（加当嘎村）。

藏鸡养殖　资助9.75万元，购买藏鸡鸡苗200羽，新建鸡舍90平方米。其中，支援尼西村100羽、永久村100羽。

藏香猪养殖　资助49.64万元，购买510头藏香猪猪仔，新建猪舍340平方米。其中，尼西村30头，公众村30头，拉丁嘎村150头，加当嘎村120头，巴果绕村60头，章麦村90头，唐地村30头。

犏奶牛养殖　资助53.89万元，购买42头犏奶牛，新建牛舍630平方米。其中，巴果绕村2头，巴吉村2头，多布村2头，拉丁嘎村12头，永久村2头，章麦村4头，唐地村10头，尼西村4头，加乃村4头。

果树种植　巴吉村打水井1眼，购买安装冲压式组合不锈钢水箱1组，购买架设铜电缆2000米，购买网纹管PVC软管1090米，购买不锈钢盖压水泵1台，平整土地20亩，购买复合肥以及有机肥各20吨，购买苹果树苗1000株，挖填树坑1000株，客土改良1000株，果树种植500株。

蔬菜种植　资助4.9万元，加当嘎村修建长40米、宽8米，单拱钢架结构温室蔬菜大棚1座。

附：林芝地区援藏20年（节录）

一、林芝地区基本情况和经济社会发展情况

近年来，在党中央、国务院的亲切关怀和自治区党委、政府的坚强领导下，在广东、福建两省的无私援助下，地委、行署团结带领全地区各族人民共同团结奋斗、共同繁荣发展，经济社会发展取得了显著成就。2013年，地区生产总值完成81.83亿元，可比增长12.3%；地方公共财政预算收入完成6.67亿元，同比增长17.7%；固定资产投资首次突破百亿元大关，同比增长 32.8%；农牧民人均纯收入达到 8612 元，同比增长 14.9%，其中现金收入达到 7360 元，同比增长 16.3%。

二、林芝地区受援工作情况

1995 年中央第三次西藏工作座谈会确定“分片负责、对口支援、定期轮换”的援藏方针以来，广东、福建两省从党和国家的大局出发，坚持以邓小平理论、“三个代表”重要思想和科学发展观为指导，紧紧围绕新时期西藏工作指导方针，始终把对口支援作为一项政治任务和重要责任，把林芝地区纳入全省经济社会发展总体规划统筹考虑，不断加大援助力度，不断开辟援藏领域，不断丰富援藏内涵，为林芝经济社会发展和长治久安做出了积极努力和重大贡献。

（一）对口支援推动了林芝经济快速发展。20 年来，广东、福建两省共选派 574 名能力强、素质高、作风好的干部到林芝地区援助 7 县、3 场、30 多个地直单位，共投入援藏资金 43.83 亿元，建设项目 1268 个。其中，广东省派出援藏干部 275 名，投入援藏资金 29.12 亿元，建设项目 844 个；福建省派出援藏干部 299 名，投入援藏资金 14.71 亿元，建设项目 424 个。在援藏工作的推动下，林芝经济实现快速发展，1995 年以来地区生产总值年均保持了 14% 以上的增长速度。2013 年，全地区生产总值由 1995 年的 2.9 亿元增加到 81.83 亿元；人均生产总值由 1995 年的 1828 元增加到 39859 元，位居全区首位，比全区平均水平高 13791 元；农牧民人均纯收入由 1995 年的 1155 元增加到 8612 元，始终保持全区第一，比全区平均水平高 2034 元。

（二）对口支援改善了林芝基础设施条件。20 年来，广东、福建两省始终坚持把巩固和加强基础设施建设作为援藏工作重点，投入大量资金，先后建成福清河两岸景观带、尼洋河防洪堤、福清河堤围、八一电厂、八一大街民族特色改造、林芝会展中心、工布印象、福建公园、广东花园等一大批基础设施；积极帮助地直单位和县乡基层单位修建办公用房、业务用房和干部职工周转房，更新办公设备、改善办公环境，并建设了一大批学习、培训、会议、商贸洽谈场所等。通过援藏资金的投入和项目建设，林芝地区基础设施得到明显加强。截至 2013 年年底，林芝地区公路总里程达到 5350 千米，乡镇公路通达率 96.3%，行政村公路通达率 91.13%；乡镇通电率、通水率均达到100%，行政村通电率、通水率分别达92%和100%；农田有效灌溉面积达19.62万亩，有效灌溉率68.5%；已实现县县通光缆、乡乡通电话，乡镇宽带通达率、通邮率分别达95%和87%，行政村电话通达率、手机通达率、通邮率分别达92%、92%和91%。

（三）对口支援促进了林芝民生改善。20年来，广东、福建两省坚持以人为本，注重改善民生，针对林芝地区教育、医疗和文化体系较为落后的现状，将援藏资金重点向社会事业建设项目上倾斜，对林芝各项社会事业建设给予大力支持。先后兴建了地区二中教学大楼、地区广播电视中心、地区图书馆、地区体育场、妇幼保健医院大楼、各县乡村文化馆（室）等几百个项目，并对地区一中、人民医院进行改扩建，特别是投资额达1000多万元、可容纳1500名学生的林芝广东实验学校的落成，有效缓解了林芝地区城镇居民和农牧民子女入学难的问题。截至2013年年底，林芝地区7县完成“两基”人口覆盖率达100%，适龄儿童入学率和初中毛入学率达99.9%，高中毛入学率达86.77%。各类学校从援藏初期的10所增加到118所，在校生人数从18659人增加到32419人。医疗卫生机构从援藏初期的10多家增加到151家，床位数从20多张增加到910张。林芝地区广播、电视人口覆盖率分别达到96.84%和96.45%，涌现出4个国家级文明村镇、10个自治区级文明村镇和110个自治区文明户。

（四）对口支援加快了林芝特色产业发展步伐。20年来，广东、福建两省坚持援藏工作“输血”与“造血”相结合，在加强基础设施建设的同时，立足林芝资源优势，注重培育经济发展基础，增强经济发展能力。在援藏的扶持和带动下，林芝地区特色产业得到较快发展。2013年，特色产业实现增加值38.6亿元，占地区生产总值的47.2%。特色农牧业初见规模，目前林芝地区初步建成以特色养殖、优质水果干果、林下资源采集加工、粮油生产加工为主的产业带和以优质水稻、莲藕、野生天麻、“两椒两桃”为主的特色产业基地，培育特色产业乡（镇）14个、专业村47个，打造出以林芝松茸、波密天麻、朗县核桃为代表的特色产品。旅游景点基础设施有效改善，生态旅游业主导地位逐步形成，成为经济发展新亮点。2013年，接待国内外游客249万人次，实现旅游收入22.63亿元，分别增长9%和

20%。截至2013年年底，对外运营景区达到24个，A级景区达到7个（其中AAAA级景区4个），宾馆饭店总数达到239家，年接待能力达到460万人次。藏药业稳步推进，建成3个藏药材种植基地，种植藏药材4831亩，开发藏药品种160个，21个品种获得国药准字号，年产藏药近千吨，产值5亿多元，培育了奇正藏药这一全国知名品牌。

（五）对口支援带动了林芝干部群众观念转变。20年来，广东、福建两省援藏干部把沿海地区先进经验与林芝地区实际有机结合，针对广大农牧民商品观念淡漠，农牧区商品流通较为原始的实际，结合小城镇建设，在改善农牧民生产、生活和住房条件的同时，大胆吸收内地先进经验，有力促进农牧民群众商品意识的形成和市场经济的发展，许多农牧民从过去不经商、不打工的传统观念中逐渐解放出来；农牧民群众非农产业收入明显上升，以劳务输出和采集业、运输业、建筑业、旅游业、城镇服务业为主的多种经营迅速发展，农牧民增收渠道进一步拓宽。此外，广大援藏干部通过多渠道、多形式，不断加大智力、人才、技术投入力度，采取“请进来、走出去”的方式，帮助林芝地区培养了一批实用型、技术型、管理型专业人才。在援藏干部的影响和带动下，林芝地区干部思想不断解放、观念不断更新、开拓进取意识不断增强，自力更生、艰苦创业的精神得到充分发扬。

（六）对口支援增进了林芝民族团结。20年来，两省援藏干部把林芝当故乡，视林芝人民为亲人，诚心诚意为林芝各族人民办实事、谋利益。他们舍小家顾大家，为援藏事业付出巨大牺牲，涌现出许多感人事迹，令林芝各族干部群众深受教育、倍受鼓舞。同时，两省援藏干部严格遵守党的民族政策，学藏语、学民情，尊重当地风俗，积极融入当地工作和生活，以身作则，严于律己，努力和当地干部群众交朋友，并帮助当地干部群众和广大农牧民解决生产和生活中的实际困难，资助当地困难家庭和困难学生，使广大农牧民群众深切感受到援藏干部的深情厚谊和祖国大家庭的温暖。

（七）对口支援促进了林芝社会稳定。广东、福建两省援藏干部牢记党和人民赋予的光荣使命，以西藏长治久安和繁荣进步为己任，始终把维护社会稳定放在突出位置，认真贯彻落实中央、自治区党委的决策部署，积极投身维护祖国统一、反对民族分裂的斗争，表现了很强的政治坚定性、政治敏锐性和政治鉴别力，为维护社会稳定做出了积极贡献。

三、受援成效显著，援藏经验珍贵

20年来，广东、福建两省和林芝地区紧紧围绕如何做好对口支援这篇文章，积极探索援藏工作途径，不断创新援藏工作方式，努力提高援藏工作水平，做到了思想统一，思路明晰，组织有力，配合密切，落实到位，保证了对口支援工作顺利开展。

（一）强化学习，提高素质。一直以来，林芝地委、行署高度重视援藏干部的学习，采取定期学习和自我学习相结合的方式，积极组织援藏干部学习邓小平理论、“三个代表”重要思想、科学发展观等理论知识、政策法规和重要精神。通过长期的学习和实践，援藏干部处理复杂问题的能力，增强民族团结的能力，带领当地干部群众增强自我发展的能力不断提高，政治意识、大局意识、责任意识明显增强。

（二）加强领导，提供保障。广东、福建两省省委、省政府高度重视、十分关心林芝发展，始终把援藏工作作为加快林芝经济社会发展的重大举措和重点工作予以考虑。两省领导多次听取援藏汇报，专题研究援藏工作，不断加强对援藏工作的领导和指导，精心制定资金、项目实施的计划和方案。林芝地区建立健全了援藏干部管理的各项规章制度。

（三）合理配置，放手使用。林芝地委、行署在援藏干部的使用上，始终坚持充分信任、大胆使用，把援藏干部安排在重要部门的领导岗位上，工作上压担子、给任务，保证他们“有职、有权、有责”，能够“放手、放心、放开”工作。同时结合援藏干部各自实际，尽量安排他们从事便于发挥自身优势和特长的工作，做到人尽其才。

（四）精诚团结，互助合作。援藏干部始终高举民族大团结的旗帜，坚持“五湖四海”和“三个离不开”的原则，认真贯彻民主集中制，加强沟通，坦诚相待，既与当地干部互学互信，取长补短，又努力用沿海地区好的工作经验、方法影响和带动当地干部解放思想，更新观念，提高工作效率和质量；既注重搞好本省援藏干部内部的团结，又注重两省援藏干部与本地干部的团结。

（五）密切联系，形成共识。为加强与广东、福建两省的沟通联系，研究解决援藏工作中的重大问题，林芝地区制定了《受援工作沟通汇报制度》，地委、行署每半年听取一次援藏工作队工作汇报。地委、行署领导每年带队赴两省专题汇报受援工作情况、地区经济社会发展情况及援藏干部的工作、学习、生活情况，协商援藏工作重大事宜。建立受援工作信息沟通制度，定期或不定期向两省省委、省政府报送有关援藏工作动态。每批次援藏工作结束时，地委、行署主要领导带队赴广东、福建两省汇报援藏工作情况，衔接下一批援藏计划。

（六）管理严格，生活关心。援藏干部管理上，严格落实援藏干部工作、学习、考核、述职、廉政等制度，狠抓援藏干部“在岗率、在藏率”；做到“四个一同”，即：与在藏干部一同培训、一同述职、一同评比、一同考核。生活上，热情关心援藏干部，积极解决好他们的吃饭、住房、用车、就医等问题，解除他们的后顾之忧，让他们集中精力谋发展、干事业。加强与上级有关部门、派援单位、受援单位及援藏干部本人经常沟通，及时掌握了解援藏干部的思想、工作、生活情况，积极帮助解决各种困难和问题。

（七）注重实绩，宣传典型。20年来，广大援藏干部坚持以发展林芝、稳定林芝为己任，大力发扬“老西藏精神”，立足岗位，无私奉献，在工作实践中，磨炼了意志，增长了才干，积累了经验，涌现出了一大批先进典型，为林芝经济社会发展做出了积极贡献。加强与广东、福建两省新闻媒体以及社会各界的联系和沟通，大力宣传援藏工作，宣传对口支援取得的突出成绩，宣传优秀援藏干部的光辉业绩，营造良好援藏工作氛围。近年来，涌现出了援藏干部楷模——许晓珠、抗震救灾先进个人——朱铁、全区民族团结先进个人——左孟新、深圳市十大最具爱心人物——张国玖等优秀代表。他们不辱使命、勇挑重担、忘我工作、无私奉献的典型事迹，得到了中央领导的充分肯定，被中央、粤闽两省和自治区各大新闻媒体广泛宣传报道。

四、对口支援帮扶过程中发现的问题

20年来，两省对口援藏工作在前进中摸索，在摸索中前进，总结了许多好的经验作法，有力推动了林芝地区经济社会的快速发展。在看到这些成绩的同时，我们更要清醒地认识到援藏工作存在的一些薄弱环节和具体困难。

（一）林芝地区自我发展能力有待加强。一是拉动林芝地区发展的方式单一，自身积累不足。长期以来，由于林芝地区人口总量少、基础差、底子薄，发展层次低，发展能力弱，林芝地区的发展主要依靠国家投资拉动和援藏投资补充，如何增强林芝发展的内生动力，进一步丰富和完善林芝地区发展方式，培植税源，增强林芝的自身财力是当前需要破解的主要难题之一。二是林芝地区的资源优势未能很好地转化为产业和经济优势。如何将广东省的观念、机制、资金、技术、管理、人才等生产要素同林芝地区资源优势、后发优势紧密结合起来，转化为产业优势和经济优势是当前面临的另一个主要难题。三是制约林芝地区发展的交通、能源、资金、人才瓶颈没有得到根本改善，市场经济体系尚未建立，市场要素流通不畅，严重阻碍了林芝地区自我发展能力的进一步增加。

（二）政府支援与市场力量发挥有待进一步互动。继续发挥改革开放前沿阵地优势，把有效发挥政府作用与充分发挥市场机制作用结合起来，认真研究林芝地区在产业集聚、资本运作方面的有效运行模式，抓紧破解林芝地区在用足内力、借用外力、互动合作方面存在的问题。积极探索以资源带市场、以市场促发展，加强政府与市场双向的互动发展形势，助推地区经济社会实现优势叠加、劣势扩散、共同发展。

（三）项目建成后缺乏持续的配套资金投入。大部分援助项目不能直接创造经济价值，不会在短时间内带动经济增长，缺乏自我资金的积累能力，同时，地方财政的自给率不足，部分项目缺乏地方配套资金的投入，从而使项目不能发挥更好的效果或维持持续的生产运营能力。

（四）智力援藏有待进一步加强。近年来，智力援藏投入明显增加，并取得了显著的成效，但是技术、人才和经验缺乏仍为制约当地经济社会发展的瓶颈。在医疗方面，林芝地区特别是偏远农牧区普遍存在医疗人才缺乏、医务人员学历偏低等情况，在援藏队的帮助下，硬件设施虽然有了明显提高，但医疗技术仍然落后，主要表现为有设备不懂使用，疾病诊断不及时等；在教育方面，学校的校舍、教学设备都达到了一定水平，但学校的师资条件和管理水平比较低，影响了教学质量的提高，特别是美术、音乐等方面缺少长期在林芝地区任教的教师；在产业发展方面，项目建成后，是否能按照预期带来效益，是否能运营成功，很大程度上取决于技术、管理和市场开拓，但目前，林芝地区这类人才严重缺乏。

五、认真贯彻落实全国第五次西藏工作座谈会精神，不断开创林芝经济社会跨越式发展的新局面

我们将继续贯彻落实第五次西藏工作座谈会精神，进一步增强责任感、紧迫感和使命感，全面加强受援工作，推动林芝经济社会实现更好、更快、更大发展。

（一）发挥援藏优势，以旅游资源为依托，把林芝建设成为全国旅游目的地。林芝拥有全国乃至全世界独一无二的旅游资源。在两省援藏资金的分配上，我们将适当倾斜于特色旅游业发展规划，加大旅游基础设施建设力度，改善旅游环境，提升旅游品味，把旅游业作为推动经济社会快速发展的战略性支柱产业予以优先扶持和重点培育，把林芝建设成为集山水风光、工布风情、历史文化、休闲度假于一体的全国旅游目的地，打造成为西藏冬季旅游的桥头堡，把生态旅游业培育成为地区的支柱产业、动力产业、富民产业、生态产业、和谐产业。

（二）发挥援藏优势，以生态环境为依托，把林芝建设成为国家级生态地区。林芝是西藏高原重要的生态安全屏障。我们将学习借鉴广东、福建两省生态环境保护与建设的经验，着力发展生态经济，切实加强生态建设，不断优化生态环境，积极培育生态文化，努力实现生态系统良性循环。

（三）发挥援藏优势，以水力资源为依托，把林芝建设成为藏东南的能源基地和国家“西电东送”接续能源基地。丰富的水利资源，使林芝有望建成全国的能源接续基地。地区将以多布电站、波堆电站建设为契机，力争通过援藏途径引进大型水电企业，加快雅鲁藏布江、怒江、帕隆藏布江等大江大河的水能开发步伐，使水电能源业成为支撑地区经济加快发展的

重要产业。

（四）发挥援藏优势，以藏药材资源为依托，把林芝建设成为西部省区最大的藏药材集散地。林芝是藏医药的发祥地之一。我们将借助广东、福建两省的科技优势、产业优势和资金优势，以地区生物科技产业园为平台，着力加强医药产品、保健产品的研发、生产，促进藏医药业升级，积极拓展医药领域高端市场，做大做强藏医药业。

（五）发挥援藏优势，以拓宽领域为依托，把林芝建设成为各族人民得实惠最多的地区。充分发挥援藏项目的实效性，大胆创新援藏工作思路，利用好优势条件，逐步实现援藏工作从单一的资金和干部援藏向资金、技术、人才、管理等多层次、全方位援藏转变，努力实现由单纯干部援藏向与技术信息援藏相结合转变，由单纯物质援藏向与思路观念援藏相结合转变，由单纯输血援藏向与造血援藏相结合转变，不断增添援藏工作的生机和活力，促进各项社会事业快速发展、协调发展、全面发展，让各族人民得到更多的实惠。

（六）发挥援藏优势，以和谐稳定为依托，把林芝打造成为全区最稳定的地区。社会和谐稳定关系林芝跨越式发展的全局，关系林芝的对外形象。我们将始终坚持“旗帜鲜明、针锋相对、掌握主动、争取人心、强基固本”的方针，切实防范和打击各类分裂势力的渗透破坏活动；深入持久地进行爱国主义、社会主义、集体主义教育，进行民族政策、宗教政策和法制教育，推动各民族和睦相处、和衷共济、和谐发展；全面贯彻落实党的宗教工作基本方针和国家管理宗教事务的法律法规；大力推进平安林芝建设。

援藏结硕果，林芝添动力。在今后的工作中，林芝地区将进一步增强机遇意识、发展意识，以只争朝夕、时不我待的精神和务实进取、顽强拼搏的作风，完善受援工作机制，强化受援工作措施，扎实做好受援工作，大力推进西藏经济强地建设，努力实现率先全面建成小康社会目标，着力打造小康林芝、平安林芝、和谐林芝、生态林芝、宜居林芝，为推进西藏经济社会跨越式发展和长治久安做出积极贡献。

（文章来源：林芝市委办公室）

双拥模范

八一镇因军而建，因军而兴，因军而名。1951 年，解放军向拉萨挺进时曾在八一镇驻扎。后又因人民解放军部队常驻此地，故取名“八一”。由于其重要的交通位置和适宜的气候环境，无论是进军西藏、剿匪平叛、边境自卫反击战，还是和平建设时期，八一始终都是部队驻扎、休养生息的首选地。著名的第 18 军 52 师、53 师，第 54 军等部队都在这里留下了他们光辉的战斗足迹。直到2015年年底，这里仍有大量部队驻防。“地方拥军优属，军队拥政爱民”，以巩固和加强军政、军民团结为主旨的双拥工作是八一镇一项重要的社会活动。

驻军

1951 年 5 月 23 日，中央人民政府与西藏地方政府签订《关于和平解放西藏办法的协议》。9—11 月，中国人民解放军第 18 军 52 师师前指率 155 团及炮兵营进驻林芝八一。1959 年 10 月 25 日，在麦地卡战役后，除炮兵某团及高炮营外，师机关及直属分队全部移防气候比较温和、烧柴易于解决的林芝地区。一部分部队驻则拉、德木一线，一部分部队驻东久、鲁朗一线；师直及部分部队驻尼洋河东岸，并在当时的加当嘎村附近积极修建营房，使当地出现了一大片房屋，并取名“八一新村”，八一镇的前身由此而来。

第 18 军 52 师进藏　　77675 部队　提供

西藏军区驻军

77675部队 1951年，第18军52师驻林芝，1952年7月撤销。1962年6月重新组建部队，1965年5月恢复原番号。1969年11月，与驻川某部对换防务及番号。从1970年起，为适应战备需要，经上级批准，部队进一步调整部署。1985年10月，该部队进行精简整编，原番号撤销，代号为56021部队。2000年，更换代号为77675部队。

巴宜区人武部 2004年8月，根据成都军区批准，林芝县人武部由林芝镇整体搬迁至八一新村。2015年6月，林芝县人武部改称为巴宜区人武部。

中国人民武装警察部队

武警林芝地区支队 1986年3月，武警林芝地区支队筹备组开始工作。1986年12月10日，武警西藏总队报经武警部队批准，成立武警林芝地区支队，驻八一镇。

公安边防支队 1986年11月，拉萨边防保卫分局和昌都地区边防保卫分局合并组建林芝地区边防保卫分局，归属武警林芝支队统一管理。1996年12月，林芝公安边防支队正式组建，驻八一镇。

武警巴宜区森林中队 2002年10月，武警林芝县森林中队成立，驻八一镇，主要担负林芝县境内7个乡镇（八一镇、林芝镇、鲁朗镇、百巴镇、米瑞乡、布久乡、更章门巴民族乡）、62万公顷森林防火灭火、林政执勤和保护野生动植物资源等任务。

武警巴宜区消防大队 2005年5月23日，林芝县消防大队成立，下辖林芝县消防中队，主要担负八一镇城区消防任务。

支援地方

77675部队的营地。作为一支在八一镇驻扎时间最长、人数最多的部队，该师进驻八一镇后，以边疆为家，长期建藏；严格训练，加强战备，努力提高军政素质，全面加强部队建设；积极参加和支援西藏地方建设，为保卫边疆、巩固国防，建设团结、富裕、文明的新西藏做出了积极贡献。

支援地方经济建设 从20世纪70年代起，驻军在担负繁重的战备、训练、国防施工、农副业生产、营房建设等任务的同时，积极开展群众工作，抽调人力、物力支援地方建设，帮助藏族人民春耕、秋收、抗旱、防汛，发展生产。部队官兵坚持常年支农，

20世纪70年代官兵修建的老营房（2009年） 杨志宏 摄

77675 部队机关办公楼（2009 年） 杨志宏 摄

协助驻地社队发展农业生产；帮助社队修理农机器具，培训机械手。1970 年年初，为了扩大耕地面积，该师投入 3 个营的兵力在八一镇附近开荒 3000 亩，积肥 50 万余千克，修水渠 20 千米，冬麦普遍灌水一次。1972—1976 年，驻军先后派出 3 万多人次，动用各种车辆、挖掘机 8000 多台次，在地方技术人员的指导下，积极参与八一镇尼洋河大桥（八一大桥）施工建设，经过近四年的建设，顺利完成桥梁施工。

从 1982 年开始，在全军开展“双先”活动（建设社会主义精神文明先进单位和先进个人）。驻军积极参加“全民文明礼貌月”活动，广大干部、战士除做好本职工作外，广泛开展学雷锋，做好事，走向社会，为人民服务活动。仅 1982 年至 1985 年 3 月，部队参加助民劳动的官兵就达 28500 人次，出车达 437 台次，为群众防病治病 15600 余人次，理发 2500 人次，修理农机器具 314 件，平整道路 5070 米，放映电影 30 多场，造林 170 余亩。同时，部队积极参加建设驻地社会主义精神文明和物质文明活动，积极开展军民共建活动，建立共建点 21 个。其中，通信营与林芝毛纺厂等 4 个共建点的做法得到上级充分肯定。师部各单位针对西藏少数民族地区的特点，坚持以建设精神文明为主，尽量为藏族同胞谋福利，办好事，帮助他们治穷致富。师后勤部为地方培训驾驶员 14 人，卫生员 16 人，兽医 2 人，理发员 7 人，帮助村民盖起 10 间新房。师直属单位为 41 户烈、军属和困难户解决了部分困难。

1985 年，56021 部队教育官兵尊重地方政府和群众，严格遵守民族、宗教、统战政策，尊重民族风俗习惯，主动搞好军政、军民团结；积极开展“热爱西藏、向西藏人民学习”的活动，支持和参加地方“两个文明”建设，帮助群众发展生产、治穷致富；主动承担抢险救灾等急难险重任务，配合公安、武警打击犯罪分子，维护社会治安。1986—1990 年，56021 部队与地方单位建立军民共建点 28 个，出动人员 9000 余人次，车辆 480 余台次，帮助驻地群众收割小麦 2500 余亩，修理农机器具 1000 余台（件）次，给家庭困难的群众送化肥 1500 千克，农药 300 千克，为群众治病 1500 余人次，帮助群众理发 1200 余人次。1986—1988 年，部队先后利用两年时间，出动官兵 4 万多人次，运输机械 6000 多台，对比日神山山脚至 56021 部队驻地大门，近 4 千米的城区道路进行全面整修和改造，把这一段道路全部修筑成水泥路面，该道路也成为八一镇城区第一条水泥路，为八一镇城区建设做出了重大贡献，后该道路改名为“双拥路”。1989 年，56021 部队通信营、工兵营分别被西藏自治区、林芝地区评为“民族团结先进单位”。1990 年，为解决部队及地方用电难问题，部队组织官兵，利用一年时间，修建尼西村玉美电站，解决官兵及尼西村用电难问题。

1990—1994 年，56021 部队贯彻全国双拥工作会议和西藏自治区双拥工作会议精神，成立军民共建办公室，下设宣传教育组、智力扶贫组、医疗服务组、义务理发组、体力助民组，帮助群众解难济困，为群众开拓致富门路。几年中，官兵走进驻地单位、街道、村庄为群众打扫卫生达 21800 余人次，义务理发 37350 余人次，清理垃圾 460 余吨，平整公路 130 余千米，为八一镇义务植树 10 万余棵、修水渠 700 余米，助民秋收 9220 余亩。1993 年 3 月，该部队 1300 多名官兵参加了抢修八一河堤大坝的战斗。在积极参加支援地方的各项建设中，涌现出了一大批先进单位和个人。1991 年，56021 部队某团被成都军区表彰为“拥政爱民先进单位”，步兵某营被国家民委评为“民族团结先进单位”，被驻地群众誉为妙手回春“好门巴”的医生陈代清被林芝地委评为“军民共建先进个人”，被群众誉为救苦救难“活菩萨”的某营卫生员舒树山获评西藏自治区“民族团结先进个人”。

1994—1999 年，56021 部队累计出动官兵 65300 人次，车辆 1230 多台次实施助民劳动。1994 年 8 月，投入 3 万多人次兵力，出动车辆及各种机械 1000 多台次，拉运土石 8000 余立方米，与林芝行署在八一镇共同修建一条长 629 米的水泥路。1994 年，为永久村 36 户群众提供并安装生活、生产用电。1996 年 7—8 月，56021 部队工兵营投入大量人力物力，完成拉（萨）林（芝）光缆工程的尼西至八一段17.5千米施工任务。1998年，组织、出动官兵1800余人次，利用双休日时间，帮助驻地群众抢收小麦450多亩，整修水渠1350米。同年7月，义务修缮尼洋河河堤70余米，完成土石方1100立方米。2000年3月，出动官兵1500余人次，车辆68台次，用4天时间在318国道尼西至八一段公路旁植树5600余棵，成活率80%。部队组织便民医疗小组、农机修理组、家用电器修理组、街道清洁组、理发组等助民劳动小组，上山下乡，走村串户，为驻地群众办好事、办实事。几年中，平均每年为群众理发830多人次，清理垃圾150余吨，义务修路20多千米，医治病人209人次，发放药品价值4100余元，修理各类农机具、家用电器350多件，不断巩固、发展了新型军民关系。

参与绿化建设 从2001年开始，77675部队响应党中央实施“西部大开发”的号召，认真落实《西藏军区部队参加和支援西部大开发规划（2001—2005）》，制定该部队《参加和支援西部大开发实施意见》并付诸实践。2002年3月，出动官兵4200人次，车辆47台次，在林芝地委后山、巴河桥至八一交界地段、八一大桥至77675部队驻地大门地段植树11800棵，成活率91%。2003年，出动官兵1500多人次，车辆60多台次，在130道班附近植树1.2万多棵。2004年，参加林芝地区“绿色长廊”工程建设，植树13600余棵。2005年3月，参加八一至林芝机场绿化建设，植树5300多棵。2006年以来，共义务植树9000余棵，种植草坪5000余平方米。

对口帮扶 2003年，林芝地委、行署在部署全面建设小康社会试点任务中，将八一镇的4个村（多布村、久巴村、公众村、拉嘎娘村）分配给77675部队作为对口

义务植树（2010年） 杨志宏 摄

帮扶单位。77675部队结合实际，将这4个定点帮扶脱贫村分配到具体单位进行对口帮扶。2004年，经与地方政府协商，又确定帮扶永久村。2003—2010年，共为帮扶村庄捐款5万余元，赠送衣服3000余件，桌椅300余套，农具260件，良种2000千克，化肥7000千克，帮助搭建大棚温室45个，提供种秧苗30000多株；举办农牧培训班6期，培训技术人员203人（次）；为30户村民安装用电线路，为村民免费供电3000千瓦时，义务修建公路26千米，免费维修农具、电器100余件（台）；累计发放价值12000余元的药品，义务巡诊77次，抢救危急病人129人（次）。2010年，几个对口帮扶村庄村民月平均收入比2003年提高近800元，生活水平得到极大提高。几年中，开展“送温暖、献爱心”捐助活动，累计为灾区和贫困地区捐款100余万元。

开展科技扶贫、教育扶贫 20世纪70年代，开展为群众治病，放电影，帮助社队办学，给学校买文具、制桌凳，派藏族战士任教等工作，发展驻地区、社、村的文化教育事业。

20世纪90年代后，针对藏族群众文化水平较低，思想观念相对落后的实际，又开展科技扶贫、教育扶贫工作。1991年3月，部队自筹资金在永久村、尼西村兴建两所鱼水小学，分别命名为永久鱼水小学、尼西鱼水小学，较好地解决了驻地偏远村庄学龄儿童入学难的问题。1993年，两所鱼水小学因成绩优异，被林芝地区教委纳入正规编制。1990—1993年，为地方培训农业机械手和电器维修人员共计143人，并派遣专门单位教授群众科学种田、快速养猪的方法，旅医院每年定期为地方培训医务人员，为驻地群众开辟了致富渠道。

鱼水小学（2011年） 杨志宏 摄

1994—1999年，56021部队党委采取硬件、软件同时抓，输血、造血同启动的办法，积极进行科技、教育扶贫。紧紧依托2所鱼水小学教学条件，利用部队人才优势，累计创办扫盲夜班52期，驻地藏族群众扫盲率达90%；举办科技培训班20期，医疗卫生培训班12期，向驻地群众传授蔬菜种植、家禽饲养、温室技术、家电维修、汽车修理、农机器具修理、医疗卫生等知识，为地方培训技术骨干500多名。党委把帮助驻地发展民族文化教育事业作为扶贫重点。1995—1999年，先后出动官兵1560余人（次），为尼西、永久2所鱼水小学平整操场、修建学校大门、升旗台和围墙。1998年、1999年，先后投入资金1万余元，为2所鱼水小学赠送图书1000余册，购置桌椅60套、校服179套，使学校教学条件得到改善。1994—1999年，共免费接收175名学龄儿童入学，使105名失学儿童重返课堂。1997年，鱼水小学学生在林芝县统考中，平均成绩在八一镇同年级中名列前茅，受到西藏军区及林芝地委、行署的高度评价，先后5次被林芝地区评为“拥政爱民先进单位”（分别为1994年、1995年、1996年、1998年、1999年）。1994年，56021部队被两级军区表彰为“拥政爱民先进单位”，炮兵团被国务院表彰为“民族团结进步先进单位”。1997年，炮兵团被中宣部、总政治部表彰为“军民共建社会主义精神文明先进单位”。1998年，56021部队被西藏自治区表彰为“全区民族团结进步先进集体”。1999年，炮兵团被成都军区表彰为“‘希望工程’共建先进单位”。

2000—2010年，77675部队先后投资116万元重新修建、整治永久、尼西鱼水小学校舍，投资4万元为两所鱼水小学购买电脑，进一步改善教学条件。2004年，尼西、永

驻地士兵向群众传授种植技术（2010年） 杨志宏 摄

久两所鱼水小学顺利通过林芝地区教委的达标验收。在历次统考中，2所鱼水小学总评成绩名列林芝地区八一镇7所民办小学前两名。林芝地区电视台多次对2所鱼水小学作专题报道。尼西鱼水小学因成绩突出，先后被中央电视台、《中国国防报》、《解放军画报》等新闻媒体进行专题报道。同时，为有效支援驻地学校开展国防教育，该部队每年派出部分官兵为林芝地区第一小学、第二小学举办少年军校，为林芝地区第一中学高中新生进行军训，受到地区教委和各学校的普遍赞誉。2002年，该部队被林芝地区教委评为“尊师重教”先进单位。

1988年，77675部队与林芝地区第一中学结成军民共建单位。近30年来，部队累计为该校开展30多次军训，军训人数达8000多人，共资助了近1000多名贫困生。学校为部队开展文化夜校培训达500多次。

参与抢险救灾 1970年2月12日，林芝县尼西森林发生特大火灾，56021部队立即成立灭火指挥部，派出2000余名官兵，连续奋战4昼夜，将大火扑灭，保护国家森林资源。下属连队连续奋战76小时，9次冲上5000多米的高山，扑灭5处大火，荣立集体二等功。该连战士邓孝伯冲入火海奋力扑救，因筋疲力尽而光荣牺牲，西藏军区党委为邓孝伯追记一等功，并追认其为中国共产党正式党员。该连政治指导员李华光，副连长颜廷斗，二排长嘎登扎西，战士李福松、李从玉，师直工兵营一连战士何保国6人被师党委荣记二等功。5月21日，西藏自治区、西藏军区联合发出《关于学习林芝地区军民灭火护林英雄事迹的决定》。

1973年，林芝更章门巴民族乡发生森林大火，56021部队下属部队全力以赴，投入灭火战斗。

1992年8月，尼洋河发生特大洪水，坐落在河畔的八一镇告急。56021部队立即出动官兵780多名，车辆18台，运用库存麻袋1100余条，连续奋战254个小时，加固河堤1500米，确保八一镇的安全。

1993年2月2日，林芝地区有1.2平方千米的森林发生大火，56021部队迅速出动2800余人次的官兵赶往扑火。经过20多个小时的顽强战斗，扑灭大火。

1996年6月24—28日，林芝八一电厂二级站两侧发生前所未有的泥石流，机房门前排洪渠被严重堵塞，价值2000多万元的机房面临被冲垮的危险，56021部队与林芝武警部队，迅速组织官兵366人赶赴现场，奋力挖掘、搬运乱石泥浆，修筑防洪堤200米，保住机房安全。

1998年3月30日和4月6日，八一镇岗山、更章火柴厂附近山上相继发生森林大火，受灾面积达1900余公顷。56021部队迅速组织官兵投入灭火护林战斗。此次救灾先后出动兵力10086人次，车辆432台次，动用电台78部（次），自备斧子、锯子、脸盆等工具8000余件。经过7天艰苦奋战，开辟长4000余米的防火隔离带8条，扑灭大火。

1998年，尼洋河水位超过安全警戒线，八一大堤经长时间浸泡，多处决口、渗漏。56021部队紧急出动官兵1900余人，车辆60台次，前往抗洪一线，共完成土石方2200立方米，抢装、抢运砂石袋3万余袋，堵决口50余米，堵渗漏60多处，加固、加高河堤70多米。司训某连副连长王朝柱抱病坚持上一线，组织18人的学员突击队，跳进齐腰深的急流中，用血肉之躯筑起一道坚不可摧的防洪堤。秘群科的指战员与地方防汛指挥部一道，查险情、排险情、堵渗漏、加固河堤，一边加强与地方协调，一边组织部队抢险，连续56个昼夜坚守尼洋河堤坝上，确保了尼洋河河堤和八一镇人民群众生命、财产的安全。

1998年4月，八一镇以西更章沟森林失火，林芝军分区、56021部队、武警部队闻讯而动，出动官兵数千名和几乎所有车辆、通信和消防设备，与广大人民群众一道，经过近50余小时奋战，扑灭山火。

1999年3月31日和4月2日，林芝地区二级电站附近和318国道120道班后山发生特大森林火灾，56021部队接到地方政府灾情通报后，仅用39分钟，就紧急调动官兵2000余人、车辆90余台，在旅长杨建雄的组织下，立即开赴火灾现场投入灭火战斗。经过4个昼夜顽强战斗，扑灭15平方千米的森林大火，挽回直接经济损失600余万元。

2004年7月10日，林芝地区因连降大雨，尼洋河接近百年来最高水位，八一大堤多处出现管涌，随时可能决口。77675部队接到灾情通报后，立即启动抢险救灾预案，出动官兵760人、运输车辆43台、工程机械9台，在第一时间前往受灾地点执行抢险救灾任务。经过8小时25分钟奋战，安全转移被困群众224人，对380米长的危堤加高95厘米，加宽120厘米，完成土方作业量1500余立方米，挽回人民财产损失180余万元，出色完成抢险救灾任务。

2007年4月19日，八一镇东北侧1千米处的原始森林发生火灾。77657部队立即启动抢险救灾预案，先后投入官兵3000余人（次）赶往火灾地点，与当地群众一起进行扑火战斗。全体灭火官兵在海拔3600多米的山上开拓出2条长2000米、宽40米的隔离带，并在地方人员的配合下，于21日晚将大火全部扑灭。扑火官兵的英勇事迹被《解放军报》刊载，并被中央第7套节目专题报道。

2008年3月3日，林芝地区120道班更章门巴民族乡至多布村一线发生森林大火。77675部队立即启动抢险救灾预案，以紧急出动的方式拉动部队，迅速前往火灾现场。从3月4日到3月9日，此次扑火任务历时6天，共出动3900余人（次），车辆190台（次）。采取“保东、守西、突中”的战术，经过持续奋战，最终扑灭120道班森林大火。

2009年5月4日，西藏林芝地区陆军第115医院东侧3千米处发生森林火灾，过火面积达30余亩。77675部队迅速启动抢险救灾应急预案，至5月6日，共有效控制明火10余亩，开辟正面50米、纵深800米的隔离带，彻底扑灭燃烧点1000余处、发烟点5000余处，官兵人均行程50余千米，累计将150余立方米水从山脚背、抬、扛至火灾现场（高差200余米），掘土近300立方米（用新鲜土覆盖发烟点），成功保护周围100余户居民的生命财产安全。

2012年8月30日，受山区强降雨的影响，永久村突发泥石流自然灾害。77675部队立即启动安全应急预案，成功规避数十万立方米泥石流对人员、武器装备的破坏，同时确保部队和63名藏族群众生命财产的安全。

除了解放军56021部队外，驻林芝的武警部队也参与多次抢险救灾。2007年，武警林芝县森林中队出动兵力1033人次，扑灭13起森林火灾火警。2009年，武警林芝县森林中队先后扑灭森林火灾3起，共出动官兵300人次，动用各种车辆20台次，各类灭火装备180余台次，共扑灭、清理火线25余千米，清理火点2300余处。2014年，武警林芝县森林中队出色完成为期15天的工布江达县“8·18”重大交通事故搜救任务。2015年，武警林芝县森林中队先后动用兵力500余人次，完成“5·12”“11·21”灭火作战，“6·19”“8·20”抗洪抢险救援任务。

2006—2015年，林芝县（巴宜区）辖区共发生火灾147起，死亡5人，受伤4人，直接财产损失632.57万元，过火面积2.62万平方米，受灾户数212户，受灾人数98人。林芝县（巴宜区）消防大队共接警1053次，出动车辆1823台次，出动警力9280人次，抢救被困人员499人，疏散被困人员2439人，挽回经济损失15499.6万元，受伤1人，无抢险人员死亡。

拥军

八一镇深入贯彻落实“治国必治边，治边先稳藏”重要战略思想和“依法治藏、富民兴藏、长期建藏、凝聚人心、夯实基础”重要原则，坚持屯兵与安民并举、固边与兴边并重，积极走军民融合发展之路，不断健全完善政策、智力、项目拥军等长效机制。在这里，“国无防不安，民无兵不宁”的道理人尽皆知，拥军优属已成为各族群众的自觉行动和习惯。

参战支前 20 世纪 50 年代末、60 年代初，八一镇周边群众积极响应林芝县号召，组织人力、物力、畜力参战支前，保证了平叛剿匪和自卫反击作战的顺利进行，为巩固边防做出了贡献。

1962 年 5 月，为彻底解放墨脱，奉命向墨脱进军。6 月，完成进军墨脱任务。其间，林芝县共动员农牧区民工 310 人，牲畜 400 多头，带队干部 7 人配合部队参加进军墨脱任务，其中八一镇组织民工 40 余人。

在中印边境自卫反击战中，为保证作战部队人员、物资前输后运的需要，仅 1962 年 10 月至 12 月底，林芝县先后动员民工 11561 人（次），抽调干部 18 人、动用民畜 370 头次投入各项支前活动。其中，八一镇境内抽调民工 700 余人，动用牲畜 100 多头。

支援部队建设 1951 年，西藏和平解放，中国人民解放军第 18 军进藏，林芝县群众欢迎解放军，积极为解放军解决支援问题，提供粮食、柴火等。

1986—1996 年 10 年间，林芝县群众为支援部队建设，投入劳动日 8400 余天，动用车辆 45 台，动用骡马 2.55 万匹（次），为部队运送物资 4250 吨，修筑公路 1840 米，帮助培训各种技术人员 24 名，修理机器 7 台（件），为战士治病 263 人（次）；林芝县为驻军解决营房设施资金 40 万元，解决营房用地 2.8 万亩，训练基地 320 余亩，生产用

部队官兵观看地方建设成就展（2012 年）　杨志宏　摄

地 500 余亩，给部队解决菜地 31 亩；安排部队家属就业 298 人，办理部队子女入学 715 人，为部队革命化、现代化、正规化建设提供了必要保证。

2009 年，为解决 77675 部队综合训练场建设需要，林芝县委、县政府和八一镇党委、镇政府多次与群众协调，通过置换用地的方式，为部队解决 100 多亩训练用地。

每年春节、藏历年、建军节期间，八一镇领导都对驻守部队进行节日走访慰问，通过召开军警民座谈会、听取部队工作汇报和发放慰问金等形式，了解各部队生产生活和实际困难，促进军民关系。

链接：鱼水小学

1991 年 3 月，56021 部队自筹资金在永久村、尼西村兴建 2 所鱼水小学，分别命名为永久鱼水小学、尼西鱼水小学，较好地解决了驻地偏远村庄学龄儿童入学难的问题。

永久鱼水小学　八一镇永久村，一个离市区仅 5 千米的地方，这所部队帮忙创办的鱼水小学是一所普通得不能再普通的小学，整个校舍只有三排平房，平时只有二三十名学生；可它却又不普通，因为建校至今，它已经先后输送出去了20多名大学生，曾一度成为永久村孩子了解山外世界、走向外面世界的重要桥梁和纽带。1991年，当时永久村还是一个非常贫穷的小山村，整个村子没有一所学校。为帮助解决村里孩子上学难问题，驻地77675部队集资8万元建起这座“鱼水小学”，并从部队挑选了2名文化程度较高的藏族战士担任教师，承担起永久村一至三年级学生的教学任务，永久村从此结束了无学校的历史。建校24年中，鱼水小学先后更换了十任教师，每一任教师都兢兢业业，视提高学生学习成绩为己任，忠实履行着教师职责，每年都为上一级学校输送一大批品学兼优的学生。20多年中，从永久村走出去参加工作的20多名大学生里，有90%以上都曾在这所学校里接受过教育。

第一任教师巴桑和他的妻子卓玛　巴桑，拉萨人，驻藏某旅步兵营一名副连长，由于文化功底好，加上又是藏族干部，责任心强，被旅里指派到鱼水小学当老师，成为鱼水小学第一任教师。永久村藏族姑娘卓玛，1970年7月出生，曾被誉为永久村“一枝花”。1998年，她嫁给了永久鱼水小学的第一任教师巴桑，成为一名光荣的军嫂。2000年，鱼水小学学生已经增加到30多名，一、二、三年级的教学任务全部由丈夫巴桑一人承担，经常忙得焦头烂额。看到这情形，经过反复权衡，卓玛毅然辞去公司工作，来到丈夫的学校，主动帮助丈夫承担教学任务，帮助学生补习功课，照顾学生，成为鱼水小学的一名编外教师。在她和丈夫的努力下，当年，鱼水小学一、二年级学生获得了全县平均分第二名的好成绩。在帮助丈夫做好本职工作的同时，她还积极主动帮助部队做一些力所能及的事。当时，为了能与当地藏族群众更好地交流沟通，驻藏某旅在每年新兵入伍时，都要组织新兵开展“学藏语”活动。可一时间到哪里找既熟悉当地情况，又会藏语的教师呢？得知部队的困难后，她主动请缨，承担起为驻地步兵营新兵教授藏语的任务。由于新战士较多，加上所有新战士对藏语基本一窍不通，她每天从最简单的“吉、尼、松、西……”（即1、2、3、4……）教起，每天轮流给各连队新战士上课，一天下来，她连话都说不出来了，可她却没有一句怨言，更没有向部队提过一个要求。时间长了，她也总结了一些窍门，为了方便官兵记忆和学习，她每天上课前，都提前把每句藏语翻译成汉语读音，这样新战士学习起来就更加方便、易懂。以往，新战士学会藏语至少要花半年时间，可如今，仅一个多月，所有的新战士就能掌握藏语简单对话，她本人也被官兵们亲切地称为“卓玛老师”。2005年，她还在旅政治部门的帮助下，专门翻译制作了《藏语日常用语手册》，向每个连队发放，使官兵们可以更加方便的运用藏语。在此基础上，她还主动承担起连接军民关系的桥梁和纽带作用，经常深入驻地藏族村庄，帮助部队向驻地藏族群众宣传党的政策，部队处理民族关系的政策纪律，同时，向部队官兵宣传藏族群众的风俗习惯。她拥有能歌善舞的天赋，每当战士训练时，她都会带上几名驻地藏族姑娘，向战士们奉献上一台精彩的节目，为战士们消除疲劳，还积极向战士传授各种藏族舞蹈、歌曲。每当驻地藏族群众有什么事要与部队沟通时，第一个找的就是她，她每次也都认真做好相关解释、协调工作。2009年年初，该部队准备在村庄附近修建一个综合训练场。由于修建训练场不仅要占用藏族群众的田地，同时还影响藏族群众用水，对此，当地藏族群众一直没有答应。得知情况，她积极与藏族群众协调，最后，终于达成了一个双方都十分满意的解决方案，因此，她也被官兵们称为军民关系的“连心桥”。

一个兵老师和四十名藏族孩子的故事　拉巴扎西从2001年开始，每年担负着一至三年级，总共40名藏族学生的教学任务。当时整个鱼水小学就他一名教员，为了提高这些学生的汉语表达能力，每次上课，他都一句藏语、一句汉语耐心进行翻译，别人一节课只用四十多分钟，可他每一节课一般都要用一个半小时，直到学生们听懂了，明白了，他才下课。但困难还远不止这些，由于永久村驻地偏僻，每次开学前，他都要到十几千米外的镇上，为学生背回厚厚的课本和辅导书籍。山外早已进入数码、信息时代，可在这个远离都市的藏族小村落，还是信息的荒漠，这里的孩子们连“电脑”这个名词都有些模糊。2005年寒假，拉巴扎西瞒着家人，东拼西凑了4000元，购买了一台电脑和打印机。他利用业余时间，报名参加了计算机等级考试，从镇上买来厚厚的电脑书籍，并且订阅了《电脑知识》杂志，开始如饥似渴地“啃”了起来。半年后，他顺利拿到计算机一级证书，而且学会制作多媒体课件等基础知识。他为学生们制定了详细的学习计划，

兵老师对学生进行爱国主义教育（2007 年）

杨志宏　摄

兵老师利用业余时间为孩子们洗衣、做饭（2007 年）

杨志宏　摄

通过两年多的学习，他所带的学生几乎都学会了电脑开机、关机以及进行汉字输入等一些基本知识，一些学生还学会了上网。在这所学校里，一些学生入学时大都只有四五岁，一些孩子连生活都不能自理。在课堂上，他是一个拿教鞭的“兵老师”，在课余时间，他还担负照顾学生的任务，扮演“兵爸爸”的角色。为照顾好学生，他仔细了解和掌握每一名学生的家庭情况及个性特点。如今，他不仅能熟练担任教学任务，而且能担负起照顾 40 多名学生的日常生活。谈起照顾孩子的经验时，他黝黑的脸上开始泛出害羞的红晕，用不太标准的普通话说道：“其实没啥经验，只要爱孩子们，对他们多细心一点，谁都能做到。”他的汗水没有白费，2006 年年底，在驻地八一镇十几所小学统考中，拉巴扎西所教的一、二年级的藏语、汉语成绩均获得第一名。

坚守时间最长的教师　近年，随着林芝经济社会的不断发展，永久村村民生活条件好了，交通也更加方便快捷，于是村民们都愿意把孩子送到学习和生活条件相对较好的林芝市第一小学与第二小学读书，以前熙熙攘攘的学校仅剩十多名学生，兵老师也由最初的两名精减为一名。现任老师拉巴次仁是在鱼水小学坚守时间最长的一位。2006 年年底，他因文化水平相对较高，又精通藏汉两种语言，被部队选派到鱼水小学担任教师。为了帮助学生提高学习成绩，从到学校的第一天起，他就把所有时间和精力花费在了学生身上，从不落下一节课，从不落下一名学生。每天上午，他都挨家挨户把所有学生接到学校上课，下午又逐一送回家。年复一年，日复一日，每天三点一线，周而复始，一干就是整整8年。在他的刻苦努力下，这所名不见经传的鱼水小学学生们的成绩却一直名列林芝市前茅，他本人也连续5次被林芝市评为“优秀教师”。

尼西鱼水小学　尼西村地处偏远、条件落后。鱼水小学创办后，部队挑选了4名文化程度高的藏族战士担任教师。尼西村从此结束了无学校的历史。

学校建起来以后，部队党委十分重视这项工作，他们把该项工作纳入党委工作的议事日程。部队党委班子换了一届又一届，但办好学校的思想

鲜花送老师（2010年）　　杨志宏　摄

始终没有变。每到领导变动时，都把此项工作作为交接的必要内容，并指定专人负责，明确具体目标，提出具体要求，保证了正常办学和办学质量。截至 2015 年，部队党委先后投入 80 多万元，为当地学校修葺教室，更换桌椅，购买教学器材，修建图书室，改善师生生活设施，配备各种体育器材，使教学条件有了很大的改善。

为提高教学质量，该部队党委倾注大量心血，每年他们都要与驻地西藏大学取得联系，定期将学校教师指派到西藏大学进行培训，不断提高他们的教学水平。还经常组织文化程度较高的官兵对这些学生实行“一帮一”教学辅导活动，提高学生学习成绩。对于那些教学质量好、深受学生爱戴的教师，他们在选取士官、职务提升方面给予优先考虑，不断激发了教师的工作热情。原群工干部兼校长旺堆，在鱼水小学担任十年的教师，因工作成绩突出，先后被西藏军区和西藏自治区评为“双拥模范先进个人”“第二届全区各族青年团结进步奖”荣誉称号。

工布印象

八一镇所属的林芝市主要由古称工布、娘布和塔布三个地区组成。吐蕃早期，“工布”为地域名，这里曾是未开化的蛮荒之地，是流放者和逃难者的去处，后来雪域高原分裂成十二个相对独立的小邦，工布即为十二小邦之一，是工噶布王统治的地域。由于位于雅鲁藏布江河套和尼洋河谷（后者为雅鲁藏布江中游三大河谷之一）地带，在相当长的时间里，工布地区处于相对割据的状态，生活在这里的藏族人被其他藏区人民称为“工布人”（意为生活在凹地里的人）。独特的气候环境和生产生活方式的差异，古老的苯教宗教信仰传统与藏传佛教的结合，形成工布地区独特的文化特征。工布藏族有自己的工布服饰、独特的建筑以及工布新年等不同的节日，甚至语言都是独特的方言，这些独特风格一直保留至今。

宗教

八一境内居民信奉的宗教有苯教和藏传佛教的格鲁派、宁玛派、噶举派。境内有小型宗教场所 2 个，当地居民有到比日神山转山的习俗。

苯教 又称本教，是藏地本土古老的原始宗教，崇拜天地日月、雷电冰雹、山石草兽等各种自然物以及自然界的神灵和鬼魂。公元 7 世纪中晚期，佛教传入西藏后，苯教文化与传入的佛教思想发生激烈冲突。由于吐蕃统治集团极力推行和呵护佛教，摧残、迫害苯教，大量苯教徒被迫流亡边远地区，苯教因此流传至林芝地区，在今八一境内保存下来。八一境内成为苯教文化的重要传播地区。苯教有独立的教义、典籍、庙堂及系统理论，其观念及内容通过占卜、祈祷、咒语、幻术以及各种特殊的仪轨加以表现。

苯教不仅涉及宗教，还涵盖了民风民俗、天文、历算、藏医、地理、占卦、哲学、因明学（逻辑学）、辩论学、美术、舞蹈、音乐等诸多知识体系。至今，民俗中的婚丧嫁娶习俗、藏医医疗方法，在某种程度上仍沿袭着苯教的传统，许多独特的祈福方式如转神山、拜神湖、插风马旗、插五彩经幡、刻石头经文、放置玛尼堆、打卦、供奉朵玛与酥油花以及转经筒的使用，都是苯教的遗俗。

藏传佛教

格鲁派 俗称“黄教”，形成于公元 15 世纪。由于继承了全部噶当派教法，又被称为“新噶当派”。约在明末清初时期，格鲁派传入境内。该派信奉龙树菩萨《中论》，持缘起性空之见。谓“诸法待缘而起，毕竟空无自性”。修持主张教行并重，不废戒律，兼重止观。教法包容显、密二宗，强调先显后密，循序渐进。境内格鲁派寺院有唐拉拉康。

宁玛派 也称“红教”，是藏传佛教中最古老的教法。宁玛一词的本意为“旧”或“古”，宁玛派即旧宗派或古派。公元 11 世纪时形成宗派体系，约公元 17 世纪宁玛派传入林芝。其教法为九乘三部。九乘即声闻、独觉、菩萨显教三乘，事续、行续、瑜伽续外密三乘，摩诃瑜伽（大瑜伽）、阿鲁瑜伽（随类瑜伽）、阿底瑜伽（最极瑜伽）内无上三乘。其中的阿底瑜伽即“大圆满法”，为宁玛派最为注重修习心部的教法。今宁玛派宗教活动场所主要分布在八一镇周边乡镇，八一镇境内并无宁玛派宗教活动场所。

噶举派 俗称“白教”。“噶举”中的“噶”字在藏语中本意指佛语，“举”意为传承，故“噶举”一词有教授传承之意。噶举派注重密法修习，通过师徒口耳相传，以不重著述而重视实际的修行最具特色，强调刻苦的修行。该派修法最核心的是“那洛六法”与显、密两种“大手印”的教授，其中尤以“大手印”教授最为著名。公元14世纪，噶玛噶举派在工布地区传教，噶举派始传入境内。

宗教场所

唐拉拉康 位于唐饶村比日神山北侧山坡处，寺庙海拔约为3200米，距八一镇约5千米，信奉格鲁派。原名唐拉强久林寺，相传唐贞观年间文成公主远嫁吐蕃松赞干布，途经此地，看到山形似绿度母，遵皇帝之嘱在此修建唐成寺，“唐”指唐朝，“成”指文成。后经藏文字形演变，称为“唐拉”。8世纪唐拉强久林寺第一世活佛木纳喇嘛时期，建有72根柱子的三层集会大殿，还邀请尼泊尔能工巧匠铸造主供佛强巴佛像，兴建佛像、佛经、佛塔，为弘扬佛法奠定坚实基础。

唐拉拉康（一） 陈中祥 摄

唐拉拉康（二） 陈中祥 摄

公元 15 世纪，第一世达赖喇嘛根敦朱巴之徒弟——唐拉强久林寺十六世活佛曲扎加措在位期间，继续大力弘扬藏传佛教格鲁派。后来工布地区瘟疫泛滥，曲扎加措活佛有意修建一座佛塔祈求众生早日脱离瘟疫之灾，但瘟疫一直未能得到防治。一天，活佛在一块平地上俯卧时安然圆寂，遵其遗嘱，此处修建了放有活佛真身的灵塔，即今“唐拉白塔”。为防瘟疫再次降临，曲扎加措活佛遗言：“我是唐拉强久林寺的最后一位活佛，从此该寺再没有转世活佛。”此后唐拉强久林寺由昌都寺派遣堪布管理。1717—1720 年，准噶尔部侵犯西藏时被烧毁，后由索良江村堪布负责，重修一座 12 根柱子的两层集会大殿，伙房 6 间、僧舍 50 间，主供强巴佛，当时有五十余名僧人。主要佛事活动有藏历正月十五（变神节）、藏历四月十五（萨噶达瓦节）、唐拉朵加等。

1993 年，由当年在唐拉强久林寺学经的唐绕村村民达杰，自筹资金十万余元，在信教群众支持下，在唐拉白塔旁修建现在的唐拉拉康。1997 年，由西藏自治区人民政府批准为宗教活动场所。今唐拉拉康建有一座 9 根柱子的经堂，主供强巴佛还有阿底峡大师像、宗喀巴师徒像、护法神以及《甘珠尔》《丹珠尔》等经文。唐拉拉康占地面积约 2000 平方米，其中包括唐拉白塔 1 座，僧舍 6 间，玛尼转经房 1 间及供灯房 1 间。此外，还建有寺庙书屋、国旗台、消防蓄水池等基础设施。

链接：寺庙与拉康

藏传佛教对寺庙的定义为“佛、法、僧”三宝俱全的宗教场所，方能称之为寺庙。由于藏区各地的社会经济状况、人口以及宗教在当地的影响力等因素有别，寺庙的大小差别较大，大的寺庙僧侣在千人以上，中等寺庙在百人以上，小寺庙几十人甚至几人不等，人们习惯将这些小寺称为“拉康”。这种拉康具备“佛、法、僧”三宝，只是规模较小，功能不齐全而已。它的建筑物较少，除了有佛堂外，只有一些供信徒转经的“东康”和供本寺僧侣居住的“扎康”。

格西拉康　又名比日拉康。位于八一镇拉丁嘎村，坐落于比日神山西北侧山腰处，海拔约 3200 米，距林芝城区约 2 千米。拉康于 1900 年左右由格西益西坚参创建，故名格西拉康，主供佛为文殊菩萨，历史上信奉黄教，寺内均为尼姑，又称尼姑庙。时有一座四柱两层主殿和十余间僧舍。创建之初，由羌纳寺派僧人管理，因管理不便，后改由唐拉寺代行日常管理及学习、诵经等事务。1950 年发生工布大地震，格西拉康建筑物全部被毁，尼姑们在原地搭建简易房屋居住，因当时社会治安较差，寺庙时常被抢、被盗，后又发生一起大火灾，该寺完全被毁。1992 年，来自昌都丁青县籍的喇嘛嘎桑永仲重建这座拉康，因该僧人信奉苯教，现拉康改奉苯教。主供佛为顿巴辛饶佛。2009 年，由西藏自治区人民政府批准该拉康为宗教活动场所。现拉康主殿占地面积 80 平方米，2 层僧舍楼建筑面积为 160 平方米，伙房 25 平方米；新建有书屋、国旗台、公厕、消防蓄水池、垃圾池、转经筒、围墙、大门，并对全寺进行路面硬化工程。

格西拉康　　杨志宏　摄

瞿康泽寺遗址　位于唐地村往措木及日湖方向。瞿康泽寺意为“工布地区贝叶经书最早出现的地方”，据说由一位叫曲巴仁波切的活佛主持所建，距今已有 700 多年的历史。建寺初期属噶举派，后改为格鲁派。寺庙里曾经住着八位喇嘛和一位活佛，其中两位喇嘛在藏医药学方面有着较高造诣，并且还会在木制的各种材料上刻出经文，寺庙里有八位喇嘛的灵塔。1951 年，林芝发生地震，瞿康泽寺在地震中被损毁，成为一

瞿康泽寺遗址（一）　杨志宏　摄　　瞿康泽寺遗址（二）　杨志宏　摄

嘎扎仓寺遗址 杨志宏 摄

片废墟。

嘎扎仓寺遗址 位于八一镇巴果绕村东侧山梁上，紧邻觉木宗旧址，距离巴果绕村公房约 500 米，信奉格鲁派。寺庙背靠邦雄吉日再雪山，前傍尼洋河，距离八一镇老城区约 3 千米。该寺始建于公元 756 年，为东嘎尼玛珠扎活佛所创。前后历经 8 位活佛。寺庙共有 1 座主殿，2 座偏殿，主殿高约 10 米，偏殿为平房，占地面积 1000 多平方米。1951 年，林芝地区发生地震时被毁，现寺庙周边尚遗留有各类石刻经文。

农耕习俗

八一镇农耕民俗与民间遗留下来的原始信仰息息相关。受高原自然环境和社会环境的影响，加之过去属偏远山区，境内农耕民俗在传承过程中表现较为封闭和保守。无论是开耕动土、开镰收割、打场进仓的民俗活动，还是攘灾消祸的行为，其根脉都深深植根于对于美好生活的祈盼之中。

农业祭祀 每年藏历正月初五，是农牧民祭祀农业神的日子。清晨，盛装的人们要高唱祈神古歌，把藏毯包裹着的白石放到自己产量最高的农田里。农民还要在安放白石的田地周围燃烧香树、香草，以召唤天上主管农业的神灵和大地之神的到来。围绕着白石，农民们要用装饰华丽的耕牛犁出五道田垄，分别撒上青稞、小麦、油菜和豌豆种子。10 天后，农民们到田里观看种子发芽情况，再安排一年的农事。

丰收祭祀 在八一镇周边村庄，过年前，农民们背回新年的第一桶水，倒进神佛前的净水瓶里，拌和糌粑做成供品，并兑好青稞酒。初一清晨，他们带上供品和青稞酒，来到自家最好的一块田地里，祭祀丰收女神。他们在地里竖起一根尖头、带有枝叶的树杆，树干上挂经幡，下挂一把麦草，以象征丰收女神的宝座。在树干前搭起一个祭台，摆好各种供品。然后燃烧香草、香树，召唤神灵的到来。人们用特殊的调子高喊："洛雅阿妈！洛雅阿妈（丰收女神）！请用餐吧！"祭祀完毕，人们会围着祭台载歌载舞，祈求丰收女神保佑。

丰收祭祀　　普多 摄

春播 普多 摄

开耕下种 每年开春时节，人们会请星相师卜择吉日后才能开耕。开耕日，人们身着盛装，端着青稞酒，手捧切玛，庄重地来到耕地前。耕牛也被装饰一新，牛背上还专门涂上具有特殊意义的赭色。主持开耕仪式的人，必须父母双全，形象端正，要与星相师卜算之属相相吻合者才能充任。主持人按照星相师卜算的开耕方位，象征性地下犁并撒下第一把种子，即宣告仪式结束。人们休息娱乐一天，次日正式开耕、播种。

每到春耕前，都要从村寨中选出属相相同的两男两女，当年如果为火牛年，则选 4 个属相为牛的人。然后选一个吉日，在破晓以前，到地里用柏树枝丫煨烟，并向四周抛撒少量青稞，然后用锄头在地里象征性地挖两锄，以示动土，表示春耕即将开始的意思。这样的目的是希望得到土地神的帮助，以保佑庄稼丰收。

攘灾消祸 若遇干旱天气，通常会请咒师诵咒祈雨，或举行“出索”仪式，即请僧人诵读《十万白龙经》《十万花龙经》《十万黑龙经》三大龙经，同时妇女身背佛经排列

祭祀山神活动，祈愿风调雨顺 普多 摄

成行，沿寺院和农田转圈。如旱情严重，在举行上述仪式后仍不下雨，人们便涌上街头泼水嬉戏，祈祷龙王下雨；若遇冰雹、霜冻，便请咒师施展法力，保护庄稼。藏区农村一般有专职巫师从事上述工作，如没有专职者，则由当地寺庙僧人充当这个角色。

生活习俗

服饰 八一镇境内除多布村和加乃村有少数康巴人在此居住，会穿戴自己的康巴服饰外，其余藏民都是穿工布藏族服饰。工布藏族服饰文化属于卫藏文化区，最主要的特征是自染的黑色或深褐色宽肩式无袖坎肩，当地人称“谷休”，男女老少皆宜。这种服装无领无袖，套头穿着，多为黑色。女子坎肩下摆至脚面，前后两片衣襟用白氆氇腰带扎系，腰带和领口配以精美装饰。为适应当地自然条件，藏民在长期劳动中创造了这种无袖套服，夏天以氆氇缝制，冬天以动物皮毛缝制。人们劳作时将谷休有毛一面向里，皮袍一面向外，十分适合在林中伐木、抬木时穿着。雨天时，将有毛一面向外，可起到防雨作用。工布帽为圆筒型，帽底缝一层绿色的绸子，帽檐镶上一圈虹形彩缎，与谷休十分相配。

男子服饰分“赘规”（礼服）、“扎规”（武士服）、“勒规”（劳动服装）三种。赘规为节庆盛装和礼仪服饰，选料昂贵，做工精致，是藏族服饰的精品。上衣分内、外衫。内衫，藏语称“囊规”或“对搪”，多选用丝绸和茧绸布料，颜色普遍为白色、紫红色、浅黄色，对襟高领，襟边和领口均用金边或银边镶嵌，也有选用各种颜色纹花的绸缎作布料的，内衫均为齐腕长袖；外衫，藏语称“交规”或“崩冬”，选印有圆寿、妙莲及其他花卉图案的锦缎为料，样式与内衫相同，只是无袖。下身着裤子，裤子的腰围、开裆和裤脚都很宽大。夏季裤子均为白茧绸缝制，冬季裤子均为牛羊皮革制品，或用栽绒缝制。最外面穿大领开右襟、一般无纽扣的长袍，其长过身。长袍领子、袖口、下摆以水獭皮等作装饰镶边。镶边宽尺许，最窄也有五寸，有的还在镶边上用白皮毛拼嵌成图案（藏语称“庸仲仁姆”，象征坚固不摧、永恒常在的符号），沿镶边内用窄于镶边的传统花色锦缎压边，再用金、银扁线镶饰。有的还要运用不同材质的兽皮镶制三层边，几乎覆盖整个下摆。扎规为武士服，为古时战士作战的服装，现在只在节日盛会中才能看到。冬季面料多用皮毛，夏季一般都选择氆氇，外穿一件锦缎面料的背心，上面绣有图案，圆领或立领，镶边加襻扣，袖口用动物的皮毛加以装饰，身穿兽皮镶边的氆氇，腰插长刀，身佩护身符和弓箭，倍显武士英姿勃发的阳刚之美，头戴红穗蓬式帽，过去这种帽子只能是有官衔的人才能佩戴。勒规为百姓在劳动中穿着的服装，颜色大部分都是深色，以黑为主。为劳动方便，勒规的长度都短至膝盖。夏季内穿白色衬衣，加无袖长袍。原来长袍都是氆氇制成，现在由于经济的发展，随着天气变暖，人们大多选择精纺毛料做长袍，外穿氆氇做的谷休。现今根据流行趋势，年轻男子也会穿着各种立领或圆领衬衣。

由于境域气候潮湿温暖，藏族妇女常见的服饰是内穿白衬衣或颜色艳丽的衬衣，配长裙。冬季长裙有袖，夏季长裙无袖。外罩两侧无襻扣的谷休。外裙不系裙围“邦典”，大都系一条长腰带，用红、黑氆氇等做成，并且在外都爱披大坎肩，挎大提包。妇女们很注重腰带装饰，腰带因材质而有不同，有用金银或铁铜锻造的金属腰带，有用牛皮缝制的皮腰带，也有用贝壳和珍珠缝制在布面上的缀饰腰带，还有用羊毛编织而成的编织腰带。用羊毛编织的腰带使用者主要是农、牧区的妇女。最早的编织腰带材料是纯羊毛，毛线用手工捻制，色彩经天然颜料染制而成，显得非常厚重。

工布藏族服饰中的帽子、藏靴、项链等配饰也有鲜明的地域特点和宗教文化特色。藏帽有工布金花帽、氆氇帽等一二十种式样，质地不一。藏靴常见的有“松巴拉木”花靴，靴底为棉线皮革所做。佩饰以腰部的佩褂最有特色，饰品多与生息、生产有关，讲究的还镶以金银珠宝。头饰有铜、银、金质雕镂器物和玉、珊瑚、珍珠等珍宝。

工布藏族在服饰的穿着礼仪上遵循一定程式。妇女都要编辫子，从发辫的中段开始用一种叫“扎休”——粗细相同的三种彩色丝线作发饰，跟头发一起编成辫子。已婚妇女要将头发盘在头顶，未婚女子则不能盘在头顶。女子戴工布金花帽时，帽角在侧表示未婚，帽角向后表示已婚。未婚女孩可以戴熊皮帽，而已婚女子则不能戴。老年人戴用黑色氆氇和金丝缎缝制的圆形“加霞”帽。八十岁以上的老人才可穿白氆氇。

工布男女节日盛装 普多 摄

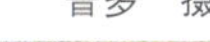

工布女式“卡吾”及串珠 普多 摄

工布妇女银质腰带 普多 摄

藏靴 普多 摄

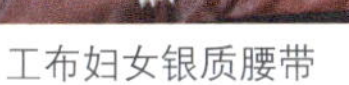

多布村有少数群众来自昌都地区贡觉县，他们的服饰具有康巴服饰特点。康巴汉子平常爱穿黑色和藏青色的袍子，黑色是勇猛坚毅的象征。袍子的领口、衽口、下摆，大都爱镶上兽皮，以显示主人的勇敢和富有。头戴狐狸皮帽，脚蹬牦牛皮靴，下身多穿肥大的黑色或白色裤子。他们还爱穿火红或雪白的衬衫，高领、绲边，衬衫的袖子很长，甩下来可以跳锅庄、弦子舞，卷起来可以劳动。康巴汉子的头发又粗、又浓、又黑，往往掺杂黑色和红色的毛线，扎成一条大辫子盘在头顶，显示出勇猛高傲的气势。辫子上佩挂巨大的珊瑚珠和蜜蜡珠，腰间挂满各种生产、生活用具和防身武器。银制的嘎乌佛盒也是必不可少，佛盒里装着佛像、佛经，还有活佛赏赐的圣物，也有装战神、武神的，目的是保佑自己勇敢无畏，战胜强敌。佛盒大都斜挂在右侧，腰间还会佩长刀、短刀以及各种形状的子弹带、子弹盒，短刀用于吃肉，长刀用于防身，枪和子弹用于对付敌人。过去康巴人勇于争斗，刀枪是他们形影不离的伙伴。康巴妇女有特别的穿着和装饰，讲究穿颀长的有袖或无袖的袍子，腰肢用丝绸紧系，衬衫的袖子很长，头饰、胸饰、腰饰、首饰格外多，她们的发型也跟藏北妇女类似，分梳成无数个小辫，上面缀满珊瑚、松石，还有不同大小的蜜蜡珠和大大小小的银盒、银盘、银碗、银盾、银饼、银嘎乌。

藏香猪肉

饮食 境内藏族群众平时喜欢吃工布藏餐。主食以糌粑、面粉、荞麦为主，副食以藏香猪肉为主，牛羊肉次之。工布藏餐用料多样，独具特色，比较出名的有烧烤藏香猪、牛肉汤包、松茸辣椒酱、旁贡（捂肉）、小麦烤饼、荞麦饼、藏香猪腊肠、牛髓汤、生鱼剁酱、煮牛舌、烤羊排等。此外，土巴（藏式腊八粥）、酥油茶、青稞酒、酸奶、风干牛肉、甜茶、糌粑、牛肉汤、奶渣等为寻常饮食。工布藏族喜欢吃荞麦做的饼子。制作时，将荞麦磨成面，过滤后的精细部分即为荞麦面。做熟食时，将荞麦面与水搅拌成糊状，倒在被火烤热的铁锅或石板上，将其烤

藏族传统饮食——小麦饼、酥油茶、烤藏香猪、辣椒酱 普多 摄

工布藏餐　　啦咧思藏餐馆 提供

熟。食用时，可在热饼表面抹上一些酥油，撒一点白糖，也可同酸奶一起吃。每年进入11月，工布藏族家家户户都要杀猪，将猪肉分割成5厘米左右的肉条，在屋内晾干，吃饭时在火上烤熟后食用。拌生牛肉是八一镇周边农牧民最喜爱的吃法，吃之前把生牛肉剁碎，拌上葱花、香菜、盐巴、辣椒、花椒、酱油即食，过去由于生活条件有限，只有在招待贵客时才做这道菜。工布藏族喜欢吃辣椒，每顿饭都离不开辣椒，辣椒的吃法多种多样。农村大部分村民日食三餐，农忙或劳动强度较大时有日食四餐、五餐、六餐的习惯。

居住

藏式住宅讲究自然条件和风水。一般住宅位于朝阳背阴、离水较近、地势较凹的地方，并先请喇嘛看风水，确定位置后进行开光，然后再选吉日正式开工建房。由于雨水多，一般农区的民居为“人”字形屋顶，房屋呈长方形，门朝东或东南方向，屋面采用长而薄的木板作瓦。

八一镇群众的传统民居主要为土木结构，门矮窗窄。人畜分居，房内大间为堂屋、卧室、厨房，小间为储藏室。工布民居装饰元素丰富多彩，梁、柱、窗户多精雕细刻并涂以七彩颜料，墙壁多饰以精美壁画，画像色彩艳丽，人物神态自然、栩栩如生，内容为吉祥八宝图和神话传说，既有民族特色，又美观实用。

外墙装饰　传统民居的外墙涂饰色彩主要以白色和灰色为主。人们还习惯在墙壁上涂上一层厚厚的泥巴，并勾画出拱圆形、波浪形等各式各样的线条，这样做的目的是便于利水，对墙体起到有效的保护作用，也演化成为一种装饰。在外墙装饰上，常见的还有彩绘日月、雍仲、蝎子等图案，虽然其用意是驱灾辟邪，但实际上也起到了建筑装饰的作用。

门饰 传统民居门的装饰，以外门的门楣装饰最为丰富。门楣两侧设有斗拱，主要功能是装饰作用。斗拱的托木以颜料进行单色涂饰，斗拱的横木以及支撑方木的表面均做彩绘涂饰，图案纹样主要有莲花、云彩和动物头像等。门楣的过梁上绘制有传统的西藏纹样，门过梁中间部位大都绘制文字图案，内容以祈福之用的六字真言为主。门楣的飞子木涂饰富有西藏传统特色的颜色，以天蓝色为主。门楣上方布置有门楣帘，门楣帘置于门楣盖板下，是用红、白、蓝、绿、黄等颜色的布料组合而成的带褶皱的帘子，或是用有镂空花纹的铁皮制作，宽度较窄。门扇上的装饰主要有涂饰和挂饰两种方式。涂饰的色彩主要以黑、白两色较常见，以黑色为主；而挂饰主要有门板上的金属门钉、金属铺首和门扣、门环等。门环座与门环等金属挂饰上一般不涂色。

老旧的工布民居 林芝市巴宜区文广局 提供

窗户装饰　民居建筑多采用矮门小窗，门窗洞口较小，主要是为了保持室温和适应气候的需要。八一镇在西藏地区海拔较低，气温相对其他地区要高一些，门窗尺寸相对其他藏区要稍大。藏式窗户的装饰主要以雕刻、涂饰和彩绘为主，彩绘图案一般为祥云、花卉等，彩绘和涂饰的位置常见于窗过梁和短椽处。由于受当地多雨的自然环境影响，窗饰相比其他地区要简单许多，没有复杂的窗雕和过于丰富的彩绘，主要以简单明了的涂饰为主。

屋顶装饰　由于八一镇境域降雨量大，气候湿润，民居基本上采用坡屋顶。坡屋顶的主要屋顶和木板歇山下面的空间用于存放杂物或农具，以及晾晒食物等，这也是工布民居区别于其他地区民居的重要特点。大部分藏区的传统民居一般都设有女儿墙，女儿墙的四角砌筑50厘米左右的墙垛，墙角上插立风马旗杆，上面悬挂风马旗和各种颜色的经幡。而林芝地区的民居大多采用人字形坡屋顶，以减小雨水对屋顶的冲刷与破坏，所以不需要设置女儿墙与檐口，风马旗直接插于屋顶最高处。

内墙墙面装饰　境内传统民居内墙以色彩涂饰进行装饰，并以红黄蓝三色的色带划分裙墙。色带之上绘制简单的西藏传统图案，内容有阿扎热牵象、蒙古人驭虎、“十相自在”等，也有的采用抽象的植物图案和简单的几何图案。房屋主人依据自己的经济实力及偏爱对这些装饰图案作出选择，各个图案的使用不仅有实际的装饰效应，更讲究一种内在心智上的需求和满足。墙面与天花板的交接处，一般以彩绘进行装饰。

房屋结构构件的装饰　工布地区民居结构构件的装饰主要体现在木构件上面，其中包括柱子、托木、梁、椽子等。通过彩绘和少量的木雕来装饰民居内部的结构构件，其图案有各种花卉、鸟兽、佛像、梵文、经文、祝词等。柱子的装饰主要集中在柱头上面，柱身一般以简单的涂饰为主。柱头装饰多饰以浅浮雕或者彩绘，装饰内容多是写实的卷草纹或莲花瓣。托木是承接梁、柱的结构件，托木的装饰相比柱身更为丰富华丽，主要是雕刻结合彩绘。表面雕刻卷草及飞天等形象，下边缘一般都是类似云纹的曲线。托木上装饰花样虽然繁多，但是构件尺寸较大，结构作用仍然很明显。梁的装饰以彩绘为主，内容大都是带有强烈宗教意义的藏文文字图案，或是植物图案，如莲花花瓣和各种曲线的卷草纹。梁身的彩绘装饰风格一般是连续装饰，或者各种图案和色彩组成连续、统一的带有很强的序列感的装饰元素。民居室内的装饰除了起美观作用之外，还有伦理教化、修身养性的作用。

顶棚装饰　传统民居的顶棚一般直接将结构裸露在外，不做吊顶装饰，藏式建筑的楼板一般都是以密肋结构为主，在主梁上放置许多间距为30~40厘米的短椽木。顶棚的装饰以涂饰为主，色调为蓝色和绿色等冷色系，椽木间的顶棚则大都涂有饱和度高的红色或黄色等暖色系颜色，两种色调形成鲜明对比，凸显西藏民居内部装饰简洁大方的特色。

八一境内至今还保存着大量精美的传统民居建筑装饰，具有极高的历史与文化价

藏式民居室内风格 杨志宏 摄

藏式民居内部装饰 杨志宏 摄

藏式家具 林芝市文广局 提供

藏式民居（厨房） 林芝市文广局 提供

家庭用具 林芝市文广局 提供

藏家水瓢 林芝市文广局 提供

铜制水缸　　林芝市文广局　提供

值。这些工布民居建筑装饰，运用西藏的独特艺术元素并结合当地独特的自然地理环境因素，体现了西藏传统的居住文化与审美观念，也代表了西藏东南部地区在建筑艺术上的水平，具有强烈的民族特色以及地域特点。

人生礼仪

婚俗

境内藏族青年男女多为自由恋爱，父母亲友不加干涉。在求爱方式方面，有的以歌抒情，互吐衷肠；有的则抢姑娘的帽子、戒指、头巾等物（若姑娘不愿与其相好，可直接或托人要回；如默不作声，或直言相约，则是愿意结交朋友）。得到姑娘的应允后，小伙子可到姑娘处赴约。随着频繁的约会，双方的感情不断深化，互赠信物，并向自己的父母表明心愿，在得到双方父母应允后，才能送聘礼，商定婚期。

西藏民主改革前，境内所在的林芝地区是等级森严的封建农奴制社会，贵族与平民被分为三等九级，社会地位悬殊，婚姻缔结也是实行严格的“等级内婚制”。择偶看重对方的血统、地位、门第和财富，追求“门当户对”的婚姻。除等级限制外，婚姻缔结最忌近亲结婚。男女双方忌讳五行生肖和十二属相的生辰不合，认为生肖相克婚姻不会幸福，夫妻间会吵架或离婚。如果生辰属相不合，可请僧人或咒师做法事以求化解。随着社会变革，过去严格的“等级内婚制”已不复存在，在不违背近亲婚姻禁忌的前提下，境内藏族的婚恋更加自由，通婚范围不断扩大，藏族同国内其他民族通婚，以及涉外婚姻均不受限制。包办婚姻在城镇已基本绝迹，在偏远的农牧区虽不同程度地存在，但子女在婚配上有着很大的自主权。

提亲 提亲人一般由男方家亲朋中或村中有较高威望的人充当。如果两家关系较好又熟悉，也可由男方家长直接去提亲。

订婚 提亲之事完成后，双方父母便会选择吉日良辰举行“隆羌冬”（订婚礼）。订婚之日，男方带着青稞酒和酥油茶给女方父母敬献求亲酒，给女方家每位成员赠献礼物。女方家备酒备饭，招待男方家客人和参加订婚的女方亲属。

婚礼 婚期经男女双方家长商定并由喇嘛卜卦选择吉日举行。藏族家庭中，舅舅的地位一般很重要，在婚礼中也是如此。传统工布婚礼礼仪，舅舅头一天骑马去迎接女婿，带上白氆氇做的新郎服，以及一块砖茶和一坨酥油作为礼品。快到新郎家时，新郎家的两位姑娘早已迎候路旁，八宝瓷碗里盛满酒，送到迎亲的舅舅面前：“请女婿来的舅舅呀，你辛苦了！我俩敬你青稞酒，请连干三杯……”婚礼上，男方给女方插彩箭，寓意荣华富贵、传宗接代。婚礼上，挂经幡，拜圣物。幡是一种祈祷语，经幡的制作形式和采用的色彩体现了五行文化，蓝色象征天空，白色象征祥云，红色象征火焰，黄色象征大地，绿色象征水。圣物为圣湖之水、神山之土、雪山之花、高原之石，分置于宝盏之中，象征男女阴阳，祈愿二人吉祥如意，爱情地久天长。新人面对圣物许愿，表达对幸福生活的期待。

过去，婚礼时间一般为五六天，也有的时间较长达十几天，但最少应举行三天。举行婚礼时，最活跃的人是道吉祥者，其口若悬河，赞美之辞滔滔不绝，虽天文地理无所不及，但又都与婚庆紧密相连，常博得众人阵阵喝彩。人们在婚礼期间痛饮狂欢，边喝酒边玩藏牌、掷骰子、打麻将等。

新娘回门 青年男女结婚后新娘回娘家的时间在各地并不一致，有的是半年以后，有的是三个月以后，有的在婚后一个月左右就可以回娘家。新娘回门须由丈夫和男方家长陪同，不能一个人独行。

丧葬

丧葬方式　工布地区藏族丧葬方式有天葬、水葬，也有火葬、土葬和塔葬。最常见的是天葬。境内藏族称天葬为“恰多”。天葬有天葬场，各地都有固定地点。得传染病而死的人或者强盗、杀人犯、被刀杀死的人一般实行土葬。水葬过去在家庭经济比较困难的农户中较为普遍。水葬是将尸体送入江中水深急流之处，并在入水处熏烧糌粑，葬仪即告结束。火葬、塔葬主要是在高僧大德中实行。火葬程序一般是：人去世后，将遗体捆成坐姿，固定在木架上抬到火葬场。把尸体放在柴堆上，周身用柴相撑。请来僧人对面而坐，念经祈祷死者灵魂被天堂之神接受，同时在柴堆上洒油点火。火葬完毕，拣起骨灰，带到高山之巅顺风播撒，或者撒在江河之中，让流水带走。塔葬是仅限于八一镇周边寺庙的活佛圆寂后的葬法。活佛圆寂后，将遗体火化，骨灰存入灵塔；或者活佛圆寂后，将遗体经过脱水处理直接泥塑成佛像。藏族幼儿夭亡，一般不举行葬礼，而是把尸体放在陶罐之内，密封送到山顶，放置于岩缝中；也有的把陶罐长期存放于库房之内。

丧葬仪式　死者遗体抬出屋时，从家门口沿路用白灰画线。丧葬结束后，有“七期荐亡”之说，即在49日之内逢七要做佛事。“头七”活动较多，除僧人诵经超度亡灵外，死者的家属和亲朋有两大活动，一是洗头，二是扔陶罐。当死者亡故时，亲人们为表哀悼之情，不洗脸，不洗头，着素装，去除首饰发簪等饰品。待死者安葬后，死者家属要在“头七”之内择良辰吉日洗头。洗头的人要按属相、年龄等生辰命相排序，必须使用新毛巾、肥皂、头油等，旧的盥洗用具则要全部扔掉。

死者屋门前吊挂的红色土陶罐是为亡灵供食、敬神而准备。“头七”那天，亲朋好友要到死者家，向象征死者灵位的“冲达”献哈达，亲友带来的茶或酒是献给死者的，在斟满供碗后集中存放于专门准备的酒桶或茶壶内。扔掉陶罐后，逝者家要将茶和酒拿到街上给讨饭的人享用。为筹备扔陶罐的仪式，逝者家在前一天会用糌粑、红糖和奶渣做供品“措”。措要做成一大整块，称之为“措阿妈”，大小根据要来的亲朋人数而定。“头七”那天，先由喇嘛念经做法事，送走陶罐之前，每人都要吃点措。当天，一人一手拿措阿妈，一手端一空盘，亲友们每人拿一块措，掰一半吃掉，另一半放入盘中，最后将盘中的措放在逝者家的房顶或墙头上。第二人端一碗放有红糖的青稞酒，碗需要用上等的细瓷碗，碗边抹有酥油，给每人手掌心盛一小勺酒。第三人拿一瓶酸奶，亦给每人一小勺。仪式结束后，亲友们离开死者家到江边扔掉陶罐。

“二七”和“三七”期间主要由僧人定期诵经祷告，家人根据经济实力到寺院为死者点供灯。此外，死者家亲属要清理死者的遗物，死者的相片一般不能保留。“四七”之日需举行较为隆重的法事活动，人们认为大多数亡灵都会在前四个“七期”之内结束中阴期而往生于六大众生之一。当日，家人到寺庙供灯礼佛，举行“百供”或“千供”活动。“百供”，即在寺院殿内献供灯一百盏，“千供”则需点一千盏，个别条件好的还有“五千供”，甚至“万供”，并可在寺院请僧人为其念经超度。“五七”“六七”除宴请僧人念经和家人到寺庙礼佛供灯外无其他活动。“七七”中“洗久协古（第 49 日）”是中阴阶段的结束期，当日的法事活动最为隆重。届时，死者家属会请有名望的活佛和僧人到家中举行大型法事活动，亲朋好友齐聚死者家，主人准备大量茶酒饮料盛情款待，感谢亲友乡邻在整个丧期给予的帮助和关心。有条件的人家则向寺院大量布施，向僧人献哈达，至此“七期荐亡”的各项超度善业圆满结束。

另一重要的祭祀日是周年祭，藏语称为“罗却”。周年祭并不一定在死者祭日举行，而是根据历算选择良辰吉日，请僧人做法事，给亲友乡邻送措，之后一般再无活动。

待客礼仪 村民在迎接贵客时除用手蘸酒弹三下外，还要在五谷斗里抓一点青稞，向空中抛撒三次。酒席上，主人端起酒杯先饮一口，然后一饮而尽，主人饮完头杯酒后，大家才能饮用。饮茶时，客人必须等主人把茶捧到面前才能伸手接过饮用，否则会被认为失礼。吃饭时讲究食不满口，嚼不出声，喝不作响，拣食不越盘。

献哈达是藏族待客规格最高的一种礼仪，表示对客人热烈的欢迎和诚挚的敬意。哈达是藏语，即纱巾或绸巾，以白色为主，亦有浅蓝色或淡黄色的，一般长约 1.5~2 米，宽约 20 厘米，最好的是蓝、黄、白、绿、红五彩哈达。五彩哈达用于最高、最隆重的仪式，如佛事等。

日常禁忌

生活禁忌 八一镇境内藏族老人过去不食当天宰杀的热肉；家中有危重病人或家庭不顺的，在户外插青枝柏叶或在石头上放红线，以示谢绝客人；屋内不准吹口哨、唱情歌，不举行娱乐活动；年初忌要债，年尾忌债翻年；人不能在炉灶上站立、蹲坐；家中佛龛不允许别人乱摸、乱动，也不得随便指问；吃奶渣和酸奶时，不能用筷子；主人及客人在火塘上首位就座，只能盘坐或跪坐；不准随便跨越火塘；不准在神龛上堆放杂物；在长辈、尊者、父母以及亲戚前忌讲丑话、脏话；在家中忌讲不吉利的话，特别是喜庆佳节；忌以下流秽语咒人；忌用不吉利的语言骂牲畜。

饮食禁忌 八一镇周边藏族一般人只吃猪、牛、羊肉，禁食圆蹄牲畜（如马、驴、骡）及有爪子的动物（如狗、猫等），有的人连鸡肉和鸡蛋也不食用。鱼、虾、蛇以及海鲜类食品，除部分城镇居民（大多为青年）少量食用外，广大农区和牧区群众从不购买、食用。兔肉部分地方可食用，但孕妇不得食用。

境内藏族严禁跨越火塘，忌讳往火塘里吐痰和烧骨头、皮毛等物。火塘要保持干净，清扫时垃圾不能投入火灶内，也忌讳把带毛的肉直接在火上烧制。在野外用三块灶石搭建的火灶，离开时需要清理干净，火灶上置放少许茶叶或食物，以示对灶神的祭奉。忌讳在灶石旁大小便、放屁。

起居禁忌 八一镇境内藏族在选择基址时看重以下几个方面：如果房后有流水，如长矛直刺房屋，意味着可能有山洪暴发，房屋随时会被卷走；房子不能建在两山之间或离水太近的地方；房子前面若只有一棵树不好，因为一棵树孤零零的在风中摇，会把主人的希望给摇丢；房子前面有地下水渗出不好，亦为不吉利的象征。若房子东面的山像双扇大门一样敞开则为吉，若山为白山，路为白路，则是老虎的标志，绝好；房子南面的山不要高，若像粮囤一样堆叠着，下有河水淌过，则河可视为青龙，为住户守南方，绝好；房子西边的山以像人仰卧为佳，山若为红色或红岩石，则是大鹏鸟的象征，绝好；房子北边的山脉若像帘幕或屏风没断开，高一些为好，该方位若有白石头，代表白龟，绝好；四周若有些吉祥物，会保佑住户人丁兴旺，远离灾祸。

生育禁忌　产妇分娩时，丈夫一般不在眼前，要尽可能离开。民间认为孩子父亲在分娩现场，如果是女婴会害羞不容易生下来。如遇难产，要请僧人念经祈祷。家有产妇一般门上挂系红布条或设特殊标记，告示外人不能随便进入。如生男孩，便堆白垩小石子；若是女孩，则对石子无要求，需在石堆旁燃烧松柏香枝。前来祝贺的人们走到门口，首先在石堆和香堆上撒上糌粑面，然后再进入主人家门。

孩子在满月之前一般不出门，满月之后择吉日举行出门仪式。当天，母亲和孩子均穿新衣服在亲人的陪伴下出门，首先到寺庙朝佛，祈求佛祖保佑孩子无病无灾，健康成长。

其他禁忌　工布藏族最大的禁忌是杀生，虽吃牛羊肉，但过去藏家不亲手宰杀，而请“携巴”（指从事宰杀牛羊等牲畜的专业人员，一般为男性）宰杀。吃饭须按年龄长幼先后，要尊敬老人，让老人先吃。忌在别人背后吐唾沫，拍手掌。经筒、经轮不得逆转。忌讳用手触摸他人头顶。进寺庙时，忌讳吸烟、摸佛像、翻经书、敲钟鼓。对于喇嘛随身佩带的护身符、念珠等宗教器物，更不得动手抚摸。

岁时节庆

藏历新年　藏历新年是藏族人民一年中最为隆重的传统节日，与汉族的农历新年大致相同。藏历新年根据藏历推算出来，从藏历正月初一开始，到十五结束。唐代以前，藏族以麦熟为新年，后由于文成公主入藏，唐蕃开始密切交往，随着中原文化与高原文化的交流，包括历算在内的许多中原文化逐渐传入西藏。此后，藏区以麦熟为新年的习惯改为与汉族同时过年。公元9世纪初期，藏族天文学家桑杰益西、坚赞贝桑等人，以内地夏历和印度时轮历法及西藏古老的噶莫帕玛历法为基础，创制出藏族的传统历法，采用金、木、水、火、土五行和十二生肖来计算年、月、日。1027年，印度的时轮经被译成藏文传入西藏。这年恰好是阴火兔年，藏族历史上遂把这一年定为第一个60年周期纪元的第一年，藏历新年即从此年开始。藏历新年和春节基本都在同一月中，仅差数天。藏历同汉历一样也把元月定为孟春，把元月一日定为新年之始。

藏历十二月，人们开始准备过年的所有东西，其中最重要的就是酿造新年喝的青稞酒。同时，家家户户开始在盆中浸泡青稞和冬小麦种子，用一个小花盆培育青苗。藏历新年初一，将长到四五厘米的幼苗摆在佛像前的藏柜之上，预祝新的一年丰收吉祥。十二月中旬，家家户户开始准备酥油和白面，并陆续炸“卡塞”（果子）。卡塞种类很多，有耳朵状的“苦过”，有长条形的“那夏”，有大麻花似的“木冻”，有圆盆状的“布鲁”，有勺子形的“宾宾斗豆”等。还要烙数量很多的薄饼，以备过年食用和招待客人，如果自己不会烙薄饼，就请他人代烙。藏历年三十晚上，每家每户都要准备一个叫作“切玛”的五谷斗。斗用木料制成，外面绘有各种花纹图案。斗内一半装炒熟的麦粒和蚕豆，一半装糌粑和人参果，上面插青稞穗、鸡冠花和“孜卓”（酥油制成的彩花板），有的人家还用酥油雕塑一个“鲁过”（彩色羊头）。切玛主要是标志过去一年来的好收成，祈祷新的一年风调雨顺，农牧业获得丰收。同时，还要准备各式各样的吉祥食物。

藏历十二月二十八、二十九，家家户户进行大扫除和清理个人卫生，男女老少都要洗头，然后把庭院打扫得干干净净，屋里铺上新卡垫，贴上新年画。打扫的垃圾不能一次倒完，要留点灶灰，二十九日晚饭前倒至远处，标志着将过去的一年中的所有不幸、疾病和伤痛抛开。在打扫干净的灶房墙面正中，用白粉画上“八吉祥徽”，在大门上用石灰粉、白油漆或糌粑画象征吉祥、永恒的雍仲符号，或表示太阳和月亮的图案，或模拟描画青稞麦穗，有的人还在自家的房梁上点很多白粉点，表示人丁兴旺，粮食满仓。晚上，各家要在橱柜或桌子上摆满卡塞，吃“突巴”（面团），藏语称九为“古”，故藏历十二月二十九这一天吃的突巴叫“古突”。古突汤里还要放大米、人参果、麦仁、牛肉、羊肉、细奶渣等。人们有意在面团里包上各种东西，有盐巴、木炭、羊毛、辣椒、花椒、大蒜等物，看看谁吃到这些东西。吃到包有羊毛的面团，预示在新的一年里他的心情将会舒畅，吃到木炭预示心黑，吃到辣椒表示嘴如刀，吃到盐巴说明很懒惰，吃到大蒜的人在新年里就会放更多的屁等。吃到这些东西的人，都要即刻吐出，不时引起哄堂大笑，给节日之夜增添新的欢乐气氛。吃古突前，还要先盛出一些，倒在事先摆在院子门前或十字路的三块大小不等的石头（代表乞丐）上，表示给乞丐饭，吃剩下的突巴再往上倒一点，然后把三块石头连同扫除时剩余的一点垃圾全部丢掉，表示将一年中所有不吉利的东西全部丢掉。其他的古突一点不能保留，全部喂狗，在极少数情况下拿来喂猪。出门在外的人，必须在吃古突之前赶回家，否则就不吉利。

除夕晚上，各家在佛像前摆好圣水和各种食品，如整块酥油坨、砖茶、青稞酒、奶茶、糖果等，准备好节日盛装。

藏历正月初一，早上第一件事是各家派人到水源处背回新年的第一桶吉祥圣水。传统习俗是由家庭主妇去打水，如今随着社会发展，大多为年轻力壮的小伙子前去打水。回家路上，怕圣水跑到他人水桶里，遇到任何人不能说话。之后，全家人穿上新衣，按

过藏历新年　　　　普多　摄

辈分顺序排位坐下，长辈端来“切玛”，每人依次抓上几粒，向天上撒去，表示祭神，然后依次抓一点送进自己嘴里，这时长辈祝贺大家“扎西德勒”（吉祥如意），晚辈们回贺“祝您身体健康，永远幸福，预祝明年新年，全家又如此团聚欢庆”。举行新年仪式后，开始吃人参果、酥油和糖做的米饭，即吉祥饭。饭后喝“观颠”（用青稞酒、酥油、红糖、碎奶渣、糌粑、人参果等熬成的面糊羹），接着互敬青稞酒。这一天各家基本都闭门欢聚，互不走访，以免影响牲畜的繁殖。当地人认为，第一位来客是男性，就会使主人家的牲畜繁殖的幼仔全是公的，反之则为母的。有时，两家也会相约做客，当然都欢迎第一来客是女性。到中午开始玩一些传统游戏，互相敬酒、敬茶，过得非常开心、热闹。

切玛　　杨志宏　摄

从初二开始，亲朋好友彼此走访，互相拜年祝贺。亲戚多时，年前互相商量，确定请客顺序，然后初一开始宴请，活动持续 8 ~ 10 天。请客时，主人要准备丰富的食品和足够的青稞酒，客人空手来即可。客人进门道一声“扎西德勒”，主人立即迎上，回敬一声“扎西德勒”，有的还赠送哈达。然后，宾主一起进入室内，坐在崭新的卡垫上，主人端来切玛，客人依次捏点切玛并将其撒向空中，祈敬“三宝”（佛、法、僧）等，之后捏一点放在嘴里。紧接着，主人提着盛满青稞酒的壶，拿着酒碗，请客人喝酒。为尊重主人，必须“三口一杯”。如果喝不完，好客的主人亲自或委托亲戚好友唱歌劝酒，歌声一落，客人便要一饮而尽。有时，主人还专门请汉族厨师到家里做菜，招待客人。

初三，要祭祀神山，青年男女们到野外去展桑香，向着神山祈祷新的一年人们幸福吉祥、健康长寿、心想事成、获得丰收。初五，组织马术、射箭、拔河、摔跤等比赛，同时颁发相应的奖项。

新年期间，男子身穿各色藏袍，妇女戴上耳环、宝石等首饰，在村头空旷平坦的草地上，围成圆圈，跳锅庄舞和弦子舞。在六弦琴、锣等乐器的伴奏下，人们手拉手，随乐起舞，孩子们则燃放鞭炮。新年的欢乐到正月十五日结束，人们开始准备春耕。

工布新年　工布新年的时间是藏历十月初一，是一年中最隆重的节日。每到工布新年，机关、企事业单位都要放假以示庆祝，城里、乡村处处洋溢着浓郁的节日气氛，藏族、珞巴族等农牧群众载歌载舞，举办各类民俗、文体活动，尽情欢度新年。

传说，在工布阿杰王时期，工布地区受到北方霍尔人的侵犯，工布人民为了保卫家乡踏上征途之时，正值藏历九月，将士们惋惜不能喝上过年的青稞酒，不能吃上过年的点心，也不能烤上过年的青冈木火。于是，便把藏历年提前到十月初一来过。过完节，将士们心满意足地出征了。后来，为了纪念当年英勇出征的将士，工布人民便在每年的藏历十月初一献上“三牲”为其守夜，最终藏历十月初一成为工布地区的年节。与藏历新年相比，工布新年有着较强的林区特色。主要活动有请狗赴宴、“赶鬼”、吃“结达”、背水、祭丰收女神等。

藏历九月三十的第一项活动就是请狗赴宴。家家户户把过年的食物端端正正地摆在木盘里或木板上，准备妥当，主人把狗唤来，很有礼貌地说：“舒服的狗，快乐的狗，请进餐吧！”如此三番，狗开始吃饭。据说，有经验的狗，此时显得非常庄重，把所有的食物都嗅嗅，然后决定吃点什么。狗吃什么是对来年丰收与否的预示，因而主人对狗的一举一动非常关注。

请狗赴宴　　杨志宏　摄

藏历九月三十夜晚，家家户户都要举行“赶鬼”仪式。晚上，人们举着燃烧的松枝火把，跃进每一间屋子，从怀里抓出准备好的黑白石子，朝角落砸去，口里不停地叫“折，古哇”（意为“鬼，等着吧”），有的人家把酒泼在地上，立刻腾起熊熊的火焰，发出嘶嘶的声音，“赶鬼”仪式气势极大。当人们认为所有的“鬼”都逃出自己的房子后，就用松枝和旺波树把门挡严实，认为这样“鬼”就无法回来了，可以快快乐乐地欢度新年。

“赶鬼”之后，人们再吃团圆饭“结达”（烤面疙瘩）。全家人围着火塘坐一圈，烤着暖烘烘的柴火，喝着青稞酒、酥油茶，一边慢慢烤结达来吃。这天晚上一定要吃饱，据说半夜里“鬼”来背人，如果吃饱了，“鬼”就背不动了。在一些地方，人们则是在前一天就吃一种叫“吉多”的食物，即面疙瘩肉汤，类似藏历新年的食物。

驱鬼仪式　普多　摄

藏历十月初一即为工布新年的初一，鸡叫头遍，工布人都要出门，放火药枪，迎接新年到来。主妇们则赶紧背起水桶，带着青稞酒和措到水源地去背水，在水边煨桑，以此召唤神灵，把福气背回家。回家的路上，不管遇到什么人，都不能回头，不能讲话，否则水桶中的神气就会消散。

大年初三太阳刚刚升起时，每家每户的妇女穿着节日盛装，带上供品和青稞酒，来到自家最好的一块庄稼地里，围着祭台唱歌、跳舞，祭祀丰收女神，请求保佑庄稼丰收。

工布新年　林芝市巴宜区文广局　提供

萨噶达瓦节 藏历四月十五是藏传佛教的传统节日“萨噶达瓦节”，又称佛吉祥日。南传佛教国家的信众又称卫塞节，意为月圆日。对于佛教信众来讲，这是一个神圣且极不平凡的日子，它与佛陀的诞生、成道、涅槃三件重要的事件联系在一起，是个三期同庆的吉祥的日子。过节期间，不得杀生吃肉。萨噶达瓦节期间，又是工布地区的转山节。每年这一节日期间，八一境内城区和周边村庄的群众都要徒步前往比日神山，围着神山转山，并在神山上悬挂各种哈达和经幡，祈祥纳福。同时，节日期间的民间文化活动也丰富多彩，在八一镇周边地区，更可以欣赏到美妙的“恰巴博”。恰巴博即工布舞，在藏式舞蹈中独树一帜，动作多取材于射箭、打猎、捻毛线等生产、生活，节奏鲜明，张弛有度。跳起来男子动作洒脱利落，威武彪悍，女子长袖善舞，婀娜多姿。工布歌曲曲调优美，无论是声音高亢、辽阔悠远的牧民长调，还是节奏明快、声音清越曼妙的农区短调，都让人感觉余音绕梁，三日不绝。特别是女子唱腔，千回百转，如百鸟歌唱。聪明的工布人尤其擅长工布箭舞。每逢佳节，工布人会身着节日盛装，欢聚一堂，互献哈达，互敬青稞酒，并跳起稳健有力、古朴典雅却又豪放的恰巴博，以表示相互祝贺。

过林卡 “林卡”在藏语里是绿洲林苑的意思。过林卡是藏族人在高原气候和生活环境中养成的一种很普遍的郊游休闲娱乐方式。林卡节多集中在6—9月。在冬长夏短的高原，温暖明媚的时节非常宝贵，人们珍惜大自然的恩赐，此时恰逢农闲季节，正是人们享受、体验大自然无限美好的时节。八一镇周边原始森林丰富，草坎树林之中实为天然公园。每年这个季节，城乡居民或自驾，或步行，或骑马，行程一两天，带上帐篷和充足的食品，到森林里野营消暑，数日而返。

藏历五月十五日是林卡节，林卡节日活动内容非常丰富，但离不开敬神和娱乐这两个主题。每当节日到来，城区的人便源源不断地涌向郊区的林卡，并在林卡里搭帐篷。帐篷大都是白色的，绣着蓝色的吉祥图案，朴素而美观。有的人家则用五颜六色的帐围围起，架起炉灶，安置桌椅，铺上坐垫，摆上各种点心、菜肴、饮料，夜以继日地唱歌、跳舞、打藏牌、掷骰子、讲故事、玩游戏，请客欢宴、喝酒狂欢。还有以观看电影、文艺节目和藏戏，进行传统体育、射箭、竞技比赛等方式欢度林卡节。

西藏民主改革以前，到林卡消暑度假的，只是三大领主及生活比较富裕的中上层人士。在八一镇觉木片，穿着艳丽服装的有钱人，搭起帐篷竟相享受林卡节的快乐，而在帐篷四周，总有一群群衣衫褴褛的“帮古”和卖唱的流浪艺人眼巴巴地等

过林卡　　杨志宏　摄

待着达官贵人的施舍。民主改革后，农奴翻身做主人，生活逐渐富裕，于是自冰雪消融，春回高原，直到北风袭人的初冬，大半年里，逛林卡的人群始终络绎不绝。有时候，城镇机关单位及集体手工业、建筑业、商业等单位组织共青团员们过团日，也喜欢到林卡里来进行集体活动，逛林卡已成为藏族群众生活的一个重要内容。

转山节　藏民有转山、转水、转湖的习俗。信仰苯教和藏传佛教的藏民相信人要承受六道轮回之苦，只有两个办法可以免除，一是修成活佛，二是转山。他们相信绕神山转一圈，可以洗清一世的罪孽；转十圈，可以免受轮回之苦；转百圈，今生可以成佛。

八一镇境内的比日神山是苯教四大神山之首，每年藏历六月初四，周围的村民都会到比日神山进行转山，唐地村及附近的村民则到旺都山进行转山。当天，村民们身穿工布服装，绕山转经，沿途烧香祈福。旺都山上有一汪清澈的山泉水，村民称为圣水，每一位转山的村民都会喝一口泉水然后用泉水擦拭眼睛和额头，村民相信这样可以为他们带来好运。此外，每月的十五藏民们都会到比日神山来转山，手里拿着转经筒，围着山转圈，以示他们对神山的虔诚。

永久村及附近的村民则每年藏历正月十五转湖和转山。当天，村民们身穿盛装，有些到位于工布江达县错高乡的巴松措湖湖心岛上的措宗寺烧香，随后绕湖转经。有些则到位于巴宜区的苯山进行转山。

转山的村民 林芝市巴宜区文广局 提供

舞蹈 音乐 曲艺

工布藏族的音乐舞蹈丰富多彩，具有特色的歌舞有工布箭舞、恰巴博、果谐、羌谐、达鲁、热巴，器乐有扎年、弦胡、藏鼓、戏钹、统嘎、刚林、尺布，说唱曲艺有折嘎等。

歌舞

工布箭舞 工布箭舞在八一镇广为流传，几乎每个村都有自己的工布箭舞队，每逢重大节日和喜庆活动都要进行响箭比赛与箭舞表演。工布箭舞起源于工布王阿杰吉布年代，至今约有1300多年的历史。舞蹈和歌曲是从为比赛响箭的射手加油、助威、烘托气氛发展演变而来。跳舞时，男右女左，排列在靶场两侧，轮到本村箭手比赛时，他们齐声歌唱起箭歌，并伴以强劲的工布箭舞，助威鼓劲，把节日的气氛和竞赛情绪推向高潮。箭舞主要以歌颂射手高超技艺和英雄气概为主，往往通过描绘神话色彩浓

工布箭舞表演　　林芝市旅游局　提供

重的自然万物来抒发情感。和其他藏族民歌一样，工布箭舞曲调变化相对单一，但歌词特别丰富。西藏民主改革以后，工布箭舞作为一种综合性的文体节目，在藏民族中得到广泛流传。

巴吉村群众文艺队表演箭舞　　林芝市旅游局　提供

勒谐 藏语意为“劳动歌”。勒谐大体有农业劳动歌曲、牧业劳动歌曲、建筑业劳动歌曲和家务、副业劳动歌曲4种。农业劳动歌曲，从新修水渠到送肥犁地，以及播种、除草、收割、打场、踩场、堆草、扬场和运粮等都有数不完的歌曲。牧业劳动歌曲有放牧歌、赶牦牛歌、打酥油歌、挤奶歌等，这种歌曲主要分布在牧区和半农牧地区，歌曲旋律深情宽广、优美动听。建筑业劳动歌曲主要是运输各种建筑材料的歌曲和夯地基歌、修墙歌、装卸歌、踩石歌、和泥歌等。西藏民主改革以后，随着社会的不断进步和科学技术的发展，许多沉重的体力劳动已被各种机械化所代替，这些建筑业的劳动歌曲逐渐失传。家务、副业劳动歌曲主要有织氆氇歌、洗氆氇歌、炒青稞歌、磨饲料歌和榨油歌等。随着城镇人民生活的进一步改善，这种劳动歌曲除在城市集体手工劳动的地方还能听到一些之外，已从人们的生活中逐渐消失，但在广大农村仍然能听到各种劳动歌曲。劳动时人们单人或多人，排着整齐的队形，和着歌声的节拍边歌唱、边劳动。勒谐的曲式，一般都是上下两句结构。音区不宽，但节奏明朗，热情洋溢。歌词内容极为广泛，有歌颂纯正爱情和赞美高尚的情操，有讲述文成公主传说的，有展示诺桑法王精彩片断的，还有幽默诙谐的叙事长诗等。

羌谐 藏语意为酒歌。每逢传统节日，亲友团聚或举行婚礼的时候，人们按照古老的习俗，围坐于藏式方桌旁，以长辈大小为序，从右到左坐下。斟酒人（一般是妇女担任）由首至尾地为每个人斟酒。饮酒的人在何时接酒杯，又何时用无名指向天上弹酒三

敬酒歌 杨志宏 摄

下，何时喝上三口酒，何时干杯等，都必须按照敬酒者的歌声和词意一一做到。否则为失礼，再罚酒一次。酒歌一般由一段慢板和一段快板组成，敬酒者伴随其旋律跳起简单的舞蹈，以烘托亲朋好友团聚时欢乐的气氛。羌谐的旋律流畅，曲式结构完整，感情真挚亲切，曲目比较丰富，内容有祝福、祈祷、祝贺、喜庆以及倾诉爱情等。

达鲁 藏语意为箭歌，是林芝特有的一种民间艺术。八一境内的藏民喜爱射箭比武，射手在拉弓之前，要当众高歌一曲夸耀自己的弓箭如何好，射箭技艺又如何高超的箭歌，流露出一种勇敢、强悍的民族自豪感。达鲁的美名由此而来。达鲁的音乐旋律清新而流畅，颇具林芝的风格特色，结构完整。演唱时可伴以简单的舞蹈。箭歌在西藏各地广为流传，《北京的金山上》即由箭歌改编而成，后来传唱全国。

器乐

扎年 扎年是藏族古老的弹拨乐器之一，也是现代西藏艺术团体乐队中的主要伴奏乐器。扎年琴全长 140 厘米，木制音箱，蒙山羊皮，以琴杆为指板。民间老式扎年琴是两根弦为一组音，共有六根弦三组音，音域为两个八度，其声音淳厚、明亮。过去，八一镇境内的藏族群众基本都会弹扎年琴，而且弹拨的曲调也同其他藏区有所区别。

藏鼓 藏鼓是西藏各地民族戏曲剧种共同使用的一种有手柄的双面圆形木制鼓。随演出剧种不同，藏鼓大小也不一样。具有代表性的是蓝面具的藏鼓，鼓面直径为 38 厘米，手柄长 64 厘米。两面蒙山羊皮，发音明亮而清脆，在藏族的各种民间打击乐器中，

扎年 杨志宏 摄

藏鼓　　林芝市旅游局　提供

极具特点。

戏钹　戏钹是藏族打击乐器之一，一般是铜制，直径约为 10~12 厘米，中间隆起如半球状。每副两片，相击发声，在戏曲、民间歌舞、宗教音乐中普遍使用。

统嘎（白海螺）　统嘎以海螺制成，磨穿螺尖为吹嘴，音色浑圆。在佛教仪仗队伍中持海螺者走在前面，引导众僧，所以又被称为法螺。以黄铜镀金镶饰的海螺，称之为镶翅法螺。

吹统嘎　　杨志宏　摄

刚林（胫骨铜号）　刚林也称工铃，或叫工林，是一种宗教吹奏乐器。公元 12 世纪由希杰派帕·当巴桑杰和玛吉拉珍从古印度传入西藏，在藏区逐渐推广并流行。刚林主要用于出殡、天葬等活动。材质早期取逝者胫骨为号，现用铜或银来制作。只发一个音，音色急促、粗犷。

懂欠 即法号，是藏族吹奏乐器之一，主要用于佛事活动和大型民间庆典活动。最长的懂欠约有8米，最短的也有4米左右。所有懂欠都分为4节，顶部呈喇叭形状，从顶部到尾部一节比一节细，可以相互套接，末端安装有圆盘形的吹口。懂欠的基本发音有高、中、低三种，在吹法上，每个寺庙都有自己特定的谱子。

懂欠（2007年） 林芝市旅游局 提供

值布（法铃） 值布是佛教密宗摇击乐器，代表智慧，由铃身和铃柄两部分组成。铃身似钟，铜制，顶部饰以吉祥花纹，体内悬金属铃舌。铃柄为半个金刚杵形，由铜或银制成，柄身多雕以佛像。持柄摇铃发音，声音十分悦耳，用于诵经、法事等活动。

曲艺

折嘎 折嘎是一个短小精悍，生动有趣，有说有唱，独具特色，非常富有生活气息的传统说唱艺术种类。“折”藏语意为果实，“嘎”意为“洁白”，可理解为“洁白的果实”。演唱折嘎，有送吉祥、传好运的意思。这种说唱形式广泛流传于藏族聚居地区。过去折嘎的说唱者，大都是流浪艺人，或是上门乞讨的乞丐。他们手拿木棍，怀揣木碗，肩披山羊皮做的假面，用吉祥的祝词，风趣幽默的表演，求得施舍。每逢藏族传统节日、城乡集市贸易盛会等喜庆、欢乐的场合，往往都有折嘎艺人的演唱。折嘎由三个段落、四种艺术手段和三件道具组成。三个段落为开场白、演唱正义和收尾吉祥词。四种主要艺术手段为说、学、逗、唱。三件主要道具有羊皮面具、木棍和木碗。

折嘎面具 折嘎唱词中解释面具时说唱道：

“啦哦那！面具搭在我折嘎左肩，我把它的特征表一番，我要为它唱曲赞美歌。左腮插着黑胡须，是皇帝的装束；右腮插着白胡须，这是印度王装束；额头画着日月图，是莲花生大师装束；鼻子垂挂贝壳坠儿，是尼泊尔游僧装束；脸上涂扑红白粉，代表妙龄姑娘装扮；下巴贴一撮胡须，代表公山羊和灰鼠。”

八一镇境内的群众都喜欢听折嘎艺人的说唱，特别是藏历新年或是工布新年的大年初一，只要有折嘎艺人到家门口来说唱，群众都认为这是一件非常吉利的事。

折嘎面具　　杨志宏　摄

折嘎木棍　木棍名为心之如意宝贝，约70厘米长，上端涂有白色，意为上方印度佛法地；中间涂蓝色，指藏区；下端涂黑色，指法王居住的汉地。在蓝黑两色相接的位置，还有象征雪域藏区的四海和象征吉祥的莲花等4种花卉图案。折嘎曲文中说词：

“从腰胯抽如意棍，能如愿满足您所求。这棍用父树的桦木制成，亦是用母树的柏木雕成。”

另一唱词：

“手中所执折嘎木棍，木棍名叫嘎玛彭措。对它献句吉祥赞语，或是献上赞美歌声。右边山坡长满刺柏，左边山坡覆盖翠柏，满山遍野尽是茅草，河岸滨丛红树柳，路边种植垂柳，自然生长大白刺蘑。从南方门隅边陲请来了硬树高山栎，从栎树梢割下一点点，制成的笛声像壮汉唱歌；从栎树根砍下一点点，制成笛声像白鹤药仙啼鸣；从树干中段砍下一点点，制成我折嘎随身用的拐杖。早晨是我的扶身杖，夜间是我的睡觉伴；朝圣拜佛是我的教友，晋见时是我的陪同；有时过河作我的桥梁，更是撵狗护身的藤杖。”

折嘎木碗　折嘎曲文唱词：

“折嘎木碗揣我襟怀，一旦取出如愿以偿；细观外形美似玉兔，往里细瞧深似大海。把木碗捧进储藏室，变成像酒罐一般大；把木碗带到厨房里，恰如装茶罐一般大；把木碗带到酒馆里，又似酒罐子一般大，呷上一碗就醉，呷上二碗变疯，张口呷到第三碗，狗乎犊乎已分不清，当心棍打到小犊头。啦哈哈！”

折嘎把这只木碗说得天花乱坠，好像木碗可以满足人所有的愿望。

民间艺术

玛尼堆 玛尼石，因在石头上刻有梵文佛经《六字真言经》“唵嘛呢叭咪吽”而得名，“玛尼”是“唵嘛呢叭咪吽”的简称。在石板或石头上刻藏文经文、六字真言或动物图纹、神灵图像、朗久旺丹图纹等图案，用这些带有文字和图案垒起来的石堆叫作玛尼堆，也有不刻任何图纹的由各种小石块堆成的石堆。八一镇境内的山间、路口、湖边、江畔，随处可见一座座以石块和石板垒成的玛尼堆。藏族对佛教文化有着特殊的感情，在广袤的草原上、偏僻的山沟里，人们刀笔不停，艰苦劳作，在一块块普通的石头上刻写上经文以及各种佛像和吉祥图案，并饰以色彩，使平凡的石头变成了玛尼石。虔诚的藏族信徒相信，只要持之以恒地把日夜默念的六字真言纹刻在石头上，这些石头就会有一种超自然的灵性，给他们带来吉祥如意。随着人们不倦的纹刻，各

玛尼堆 杨志宏 摄

种各样大小不一的玛尼石聚集起来，就成了玛尼堆和玛尼墙。这些刻有六字真言、慧眼、神像造像、各种吉祥图案的玛尼石，也是藏族民间艺术家的杰作。

绘画

壁画　主要有寺庙壁画和家庭壁画。画壁画时，首先要在墙壁上刷一层淡红色胶水，其次要在墙壁上刷一层土黄色粉浆。壁画构思好后要确定好壁画的位置，再进行绘制。绘制基本上分为八道工序：一是构草图；二是勾墨线；三是在线描的基础上敷颜色；四是对画面的颜色进一步渲染加工，以丰富画面色彩层次，加强其艺术效果；五是用彩色线条勾勒轮廓线和衣纹，注重描线与色块的和谐统一；六是在头饰、璎珞、法器、金顶等部位描金银粉；七是开眉眼，即画五官，所画的佛与菩萨要端庄慈祥，度母的眼睛要呈鱼状，护法神要画得横眉立日、粗野凶狠、杀气腾腾，给人以恶煞、恐怖之感；八是用琥珀笔将画面上所用金银的部位磨平打光。收尾阶段是在壁画上刷胶，涂以清漆。画佛像时，先绘莲花座，再画衣服，画完后再用金色装饰，将所有需要用墨的地方再勾勒一遍，最后画眼睛。家庭壁画主要是将鸟兽和花卉画于墙壁、桌柜等器物上，绘画程序不固定。

唐卡　即画在布帛上的一种卷轴画。画唐卡首先要选好浅色、质地柔软的丝绸或棉

唐卡　杨志宏　摄

唐卡艺人罗布次仁　杨志宏　摄

布作画布，将其绷紧在画框上，在画布上涂一层淡薄的胶水，晾两天后，薄涂一层混有石灰的糨糊，待晾干后，将画布打磨至看不见布纹，再画定位线，用炭笔画出草图，用毛笔蘸墨勾成墨线。根据画面描绘景物，涂上相应颜色。按先浅后深的顺序，一次上一种颜色。绘制完成后，在画面四边缝裱丝绢进行裱制装潢。唐卡常见的是条幅形，底边留有很大的空白。

雕塑

木雕 主要有神柜、石庙和住房的梁柱以及窗棂，藏桌桌面、侧面和四周垫层，藏柜前面及左右垫层需要雕刻，切玛盒等亦有雕刻，木雕刻图案有鸟兽、花卉等。

石雕 主要是刻字和雕制多种图案造型的石板，藏文多刻“六字真言”和各种佛教经典，亦有刻龙、鱼、日、月、佛像等。

酥油花 酥油花是利用酥油塑造各种形象的一种独特雕塑艺术。它是以酥油为原料，以人物、花卉、飞禽、走兽、树木等人和事物为题材的一种高超的手工油塑艺术，具有悠久的历史，只有拥有高超技艺的人才能制作。八一镇境内的酥油花师主要为寺庙僧人。酥油花表现的艺术形式多样，题材内容十分广泛，多属佛教故事、历史、人物传记、花草树木、飞禽走兽、各类佛像和人物形象等。

制作酥油花贡品“吉祥八宝图”

林芝市巴宜区文广局 提供

工艺

手工业制作是工布藏族文化的重要组成部分。长期以来，工布藏族人民在生产、生活实践中，总结出各种手工业制作技艺，创造了一大批具有本地民族特色的手工艺品。如今这些手工业制作技艺开始逐渐传入作为林芝市物资集散中心的八一镇，如米林珞巴织布制作、波密八盖木制锁制作、察隅木碗制作、波密竹编制作、察隅僜人银饰制作、墨脱石锅制作、米林珞巴竹编制作、工布江达妇女帽饰制作、工布江达阿沛女帽和错高女帽制作、波密马背包制作、波密县糌粑桶制作、朗县金东造纸、朗县金东牧民服饰制作、朗县马包制作、波密特色木犁制作、波密藏靴制作等技艺，这些手工艺品在八一镇境内制作、销售，逐渐成为八一镇的特色产业。

工布毕秀制作技艺 “毕秀”即响箭箭头，其制作精美，外形美观、独特，射箭的声音洪亮、优美，在工布早期的达鲁（箭歌）中多有提及。响箭活动系八一镇主要民间体育项目，凡逢节庆、休闲时期，响箭集运动、娱乐为一体，深受群众喜爱。为推广响箭活动，如今在八一镇周边的各个旅游景点，均设有响箭活动场地，供游客参观、体验。由于毕秀形状别致，工艺精美，也被视为传统工艺品及纪念品。

制作毕秀的材料最好选择高山柳、青冈、核桃树等有条纹的树。制作毕秀首先要选好材料，将圆形木头削至所需大小，按照形状打线画线，而后把木头从中央掰成两片，确定毕秀的厚度，开始慢慢削挖树心，使其变为空心，削挖后黏贴在一起开始打声调洞，响箭声音的好坏取决于这一重要环节。然后将毕秀与箭身连在一起，箭身是响箭射出后轨迹是否笔直的关键。最后用砂纸磨平的毕秀，底部黏贴皮子，再涂清漆抛光，这样就完成了既响亮，又光滑，还精致的毕秀。

过去，毕秀大小一般是长 9 厘米左右、直径 5 厘米左右，而现在用的大部分是长 6 厘米、直径 3 厘米左右的毕秀，在形状上分有椭圆形和铃形两种。毕秀的声眼有四眼和五眼两种。分雌雄两种声音，雄音粗犷而响亮，雌音细微而刺耳，这种区别是由毕秀的大小与内部结构所造成的。椭圆形毕秀一般是雄音，铃形毕秀大都是雌音。

木碗制作技艺 木碗一般用五角树、桦木、杂木等雕琢而成，质地坚硬，不易破裂，花纹细腻，古朴美观。其制作过程必须经过选材、风干、制坯、细磨和上色五道工序。木碗可分为大碗、小碗、盖碗、套碗、木钵等多种。可供喝茶，吃糌粑，存放食品、香料、佐料之用，还具有不烫手、不变味、携带方便等特点。据说，“杂”木树瘤制成的“杂雅”碗还有防毒的功效，“杂雅”碗花纹众多，价格昂贵且不易购置。

制作成形的木碗　　普多 摄

工布圣香制作　工布圣香被誉为“藏域三宝”之一，是西藏文化不可缺少的一部分，是人们朝佛、驱邪及举办各种宗教活动时必不可少的祭祀用品。圣香源自藏药典籍中的经典验方，采用藏药中的六种良药、四味气香药材、三种圣木等 30 多味藏药材加之林芝特有的天然植物，通过严密的传统工艺结合现代科学技术生产而成。

工布圣香制作　　达瓦平措 摄

林芝地区藏香制作技艺由来已久，据藏文史料记载，早在公元 11 世纪左右，林芝地区的工布人就研发了藏香制作技艺，后由于种种原因，藏香制作技艺逐渐失传。2000 年起，八一镇公众村村委会副主任达瓦平措开始致力于藏香研究和制作，他认真研究和探索藏香制作技艺，并在此基础上不断进行创新，采用当地桦木、白檀香、乌毒、藏红花等 40 多种药材，研制出今天为人们所熟知的工布圣香。他制作的圣香清香弥远、香气长久沉积，已经成为林芝的一个著名品牌。

游艺竞技

工布藏族传统游艺体育丰富多彩，主要有工布响箭、抱石头、拔河、赛马射箭、胡朵表演、藏式围棋、藏牌、骰子等。

工布响箭　工布响箭至今已有 1500 多年的历史，是工布地区劳动人民在生产和生活实践中发明创造的，为庆祝丰收、迎接新年等重要活动中必不可少的体育娱乐活动。

射响箭要具备弓、箭、靶围、靶心、弓架等。传统制造的弓是用长约 1.2 米、宽约 6 厘米、厚 0.7 厘米的两条竹片胶制而成。箭的制作非常独特，在长约 0.6 厘米的竹箭杆上装着一个头为方体、尾为圆锥体的空心木制箭头，上面钻有四个小洞。箭离弦后，由于空气作用而发出尖厉的鸣叫声。靶子的靶围藏语叫作“夏巴”，意为鹿皮，一般用鞣好的鹿皮制作。夏巴精致美观，上面有许多手工缝制的图案，堪称民间手工艺术精品。整个靶心藏语叫作“本”，用皮革制作，成环形，直径约 18 厘米，里外共有 3 圈，外两圈每圈宽约 5 厘米，内圈印“玛尔帝”，为红色，是活动的。箭射中“玛尔帝”（红心）便自动脱落。弓架，既是比赛前和休息时放弓箭的架子，又是靶子与射手间距离固定的栏杆（防止往前走）。弓架既有专用的，也有临时搭建的，一般长 4 ~ 5 米，高约 0.6 米。另外，射手右手的大拇指、食指和中指要带獐子皮缝的指套，左手的大拇指带象牙戒指，防止射箭时手被磨破。

响箭射手　　林芝市巴宜区文广局　提供

响箭比赛一般是节假日和农闲期间群众自行组织的体育娱乐活动。箭手传统都为男性，一般以村为单位组成队伍。每当举办响箭比赛时，男女老少都身穿节日服装，备好各种佳肴和青稞美酒，来到比赛现场观看比赛，并组成歌舞队，为自己村的箭手助兴。响箭比赛场地要有一块长 37 ~ 40 米，宽 25 ~ 30 米的空地。传统上靶子坐北朝南，箭手由南朝北射箭。这样的布置既有民间传统习俗的讲究，也有风势方向的科学道理。比赛形式既有团体赛，也有个人赛，规则较严格。每一次比赛活动要进行十轮至十五轮，每轮每人射两箭。第一轮从箭手队伍的左边开始，第二轮从右边开始，以此类推至比赛结束为止。比赛时箭中靶心，只要玛尔帝脱落就得两分，黑圈脱落则得一分。一轮中两箭都射中加一箭，再射中继续加箭。记分方式既简单又公开，每一个箭手面前的左边另架放 8 颗圆形石子，得一分箭手自己从左边的石子中拿一颗摆放在右边，箭手与观众互相监督，一目了然。在比赛期间除收箭人以外，任何人都不能在场地内随便走动。对比赛获胜者的奖励一般以精神鼓励为主，物质奖励为辅。只要射中一箭，众人便向他敬一杯美酒，比赛获胜了献一条洁白的哈达，以呼欢声来祝贺，以歌声来赞扬。

抱石头 抱石头是藏族一项技巧性和力量型相结合的传统体育活动，源于松赞干布时期。抱石头比赛在八一镇境内的农牧区比较盛行，是节庆活动中不可或缺的一项民间体能比赛项目。比赛方法一般有以下几种：第一种是将重约 150 千克的石头或装满沙子的皮袋抱起，然后从胸腹部抱至肩上或从腋下移到背上，负重走圈，走圈多者为胜。第二种是先把重约 100 ~ 150 千克不同重量的石头抱至肩头，然后从肩部向后抛，以抛得远者为胜。第三种是比赛前先在重约 100 ~ 150 千克的圆形石头表面涂抹上酥油，使之腻滑，不易抱住。参赛者首先弯腰将巨石抱起，然后逐级抱至双腿、腹部、肩膀上，最后将石头从后背抛至地面，即为成功。第四种是将石头抹上酥油，按第一种或第二种方式比赛。第五种是参赛者把石头抱至肩头经过颈部移到另一边的肩头，再抱回胸部，周而复始，以次数多少定胜负。

抱石头比赛　　林芝市巴宜区文广局　提供

拔河 林芝市巴宜区文广局 提供

拔河 拔河项目在藏区非常普及。在八一镇境内，一到节假日各村都举行比赛。平日农牧闲暇时，在牧场、在田间，人们相互把两条背带或腰带连在一起，就可以以游戏的形式练习和比赛了。由于拔河的基本技术、比赛规则和场地设备比较简单，参赛者不受年龄和性别的限制，因此是一项比较容易开展的民族传统体育项目。

拔河比赛形式多样，有两人拔河、十人一组拔河等。拔河比赛前，选一块平地，先在地上划两条平行线作为河界，长绳中间吊一石块或系一条红布，两边各 50 厘米左右拴有红布。绳子中间的石块或红布为标志，垂直于中界。听到比赛开始的口令后，将石块或红布拉过河界者为胜。

赛马射箭 赛马射箭是境内藏族民众十分喜爱的一项活动，它不仅是农牧民闲暇之余的集会，交流农牧业生产经验的场所，更是藏民族精神的展示。赛马活动不仅处处有，而且四季之中的很多节日，赛马活动都必不可少。工布地区赛马在约 80~100 米的沟槽中进行，靶离沟槽四五米，赛手骑马一边捡哈达，一边射箭，谁哈达捡得多、箭射中得多，且用时最短则为最终胜利。赛马射箭比的是骑手的腰力和马匹的耐力。

藏族地区的赛马与格萨尔崇拜信仰有关。格萨尔诞生在西藏高原，每次出征前要举

赛马射箭 林芝市巴宜区文广局 提供

行跑马射箭比赛，格萨尔本人也是通过赛马获得胜利而被群众拥戴为王的。在藏族英雄崇拜信仰中，力量、勇敢、智慧是人们向往、崇拜的对象，是衡量男人价值的标志。格萨尔就是藏民族的骄傲和崇拜的对象。

胡朵表演 胡朵为牧民的放牧工具和驱赶豺狼的防御武器，后演化为一种传统的体育竞技。胡朵用牛羊毛编织而成。鞭长约 1 ～ 5 米，鞭的两端细，正中部分略粗，用来裹石头。胡朵表演包括远距离掷石和定点掷石 2 种。表演时表演者右手攥住鞭绳的两端，一端套在手指上，一端用手捏住，把石头夹进鞭梢，然后提起胡朵鞭绕头紧转几圈，选好角度，对准靶心用力甩击。

藏式围棋 藏式围棋又叫“密芒”，“密”在藏语中是眼睛的意思，故被人们称为“多眼睛”“多目棋”。藏式围棋的棋盘是纵横各 17 道直线田字相交而成，棋盘上共有 289 个交叉点，棋盘按区域划分为左上角、左下角、右上角、右下角、上边、下边、左边、右边和中腹共 9 个部分。棋子分为黑白两色。密芒在格局与下法上同围棋有许多相似之处。看“吉布”（国王）被围住，还是“玛米”（兵）被吃尽。如果吉布被玛米包围得寸步难行，就是玛米获胜。如果玛米兵力不足以围住吉布，则是吉布取胜。比赛时，一般双方轮流当吉布和玛米，决定下几局，定出胜负。

藏牌 藏牌呈长方形，共计 46 张。最好的藏牌古时用象牙制作，现一般使用骨、白香、牛筋制作。玩法是 4 人围坐桌边对局，每次由做东者掷骰子，每人 16 张牌，出牌时可以出单张，也可以出连张，完全看手中的牌势而定胜负。玩法比较复杂。

骰子 骰子藏语叫“肖”，是民间很普遍的一种娱乐活动。其玩法是在地上铺一块供人坐的垫子，中央置一网形皮制的软垫，垫子是用布料或氆氇剪成大小一样的圆圈，上下用牛皮统一缝制，使其具有弹性，称之为骰盘。然后备一只木碗、一对骰子，骰子有六面，分别刻有 1 ~ 6 个点数，另备 60 粒小贝壳，以及颜色、形状各异的签子 3 种（每种数量为 9 个）。游戏一般三四个人同时玩，游戏者基本为男性。玩法是按顺时针轮流将骰子放入木碗中投掷到皮制软垫上，揭开木碗看点数，根据点数存相同数量的小贝壳并下签，开始角逐，中间可以互相厮杀，签子多者吃少者，被吃者收回签子重新开始。谁能先把全部签子走完局点即获胜。在掷骰时根据相关点数唱出动听的“骰歌口诀”，相互呐喊。玩时一般喝酒助兴。

玩骰子　　杨志宏　摄

秋染八一　　杨志宏　摄

物产美食

八一镇属高原丘陵地貌，由于印度洋暖湿气流经过雅鲁藏布大峡谷进入青藏高原，使八一镇形成了温带及寒带并存的复合气候带。这里的森林覆盖率达到46%，集中了多种类型的植被，原始森林蕴藏了丰富的林业资源和林下产品及珍奇动植物资源，其中可食用菌类有松茸、猴头菇、野生木耳等120余种，各类野生药用植物资源有1000余种。具有特色的民族工艺品有藏香、藏刀等，代表性美食有藏香猪、藏鸡、桃花饼等。

林下菌菇

松茸　松茸学名松口蘑，是世界上珍稀名贵的天然药用菌，被誉为“菌中之王”，中国二级濒危保护物种。松茸生长在温带、寒温带海拔 3500 米以上的高山林地，松茸采集、食用的季节为 8 月上旬到 10 月中旬，有特别的浓香，滑润可口，富有弹性。2016 年，林芝松茸获国家地理标志保护产品称号。松茸在八一镇各行政村均有分布，其中面积较多的是拉丁嘎村、尼西村、唐地村。

松茸　　杨超　摄

木耳　木耳色泽黑褐，质地柔软呈胶质状，薄而有弹性，湿润时半透明，干燥时收缩变为脆硬的角质近似革质。木耳味甘、性平，具有很多药用功效。受高原自然环境的影响，八一镇境内暂无人工种殖。市场上的木耳均为野生木耳，境内 11 个行政村均有生长。

木耳　　杨志宏　摄

其中，口感最好的木耳主产区位于拉丁嘎村后山一带，该地区林业资源丰富，气温和湿度条件适宜黑木耳等多种真菌类名贵食用菌的生长。

猴头菇 猴头菇又名猴头菌、猴头、猴菇、猴蘑，是中国传统的名贵菌类。肉嫩、味香、鲜美可口，有“山珍猴头、海味燕窝”之称。性平味甘，有利五脏、助消化、滋补身体等功效。在八一镇境内，猴头菇均为野生菌种，无人工栽培，主要寄生于青冈树上，加乃村和多布村分布较广。

猴头菇 杨志宏 摄

扫把菇 又名扫把菌，在八一镇境内分布较多。口感鲜甜爽口，含有多种人体必需氨基酸，可以入药，具有和胃现气、祛风、破血缓中等作用，可以与各种荤素食品原料相搭配，被称为“野生菌之花”。扫把菇有很多的品种，颜色艳丽，有红、黄、白等色。

羊肚菌 羊肚菌又称羊肚菜、羊蘑，是一种珍贵的食用菌和药用菌。在八一镇境内以唐地村、尼西村偏多。羊肚菌结构与盘菌相似，上部呈褶皱网状，形似蜂巢、羊肚，因而得名。羊肚菌是子囊菌中最著名的美味食菌，其菌盖部分含有 7 种人体必需的氨基酸，甘寒无毒，有益肠胃、化痰理气药效。

羊肚菌 杨志宏 摄

青冈菌 青冈菌是一种味美的食用菌，八一镇周边村庄林区内的青冈树（槲栎树）下多有生长，产量较高。成熟期在 6—8 月。当地百姓一般将它蘸着辣椒酱生吃，其味香脆可口。据研究，青冈菌富含多种维生素和氨基酸，是一种既味美又营养的天然绿色食品。

藏药材

灵芝 灵芝外形呈伞状，菌盖呈肾形、半圆形或近圆形，为多孔菌科真菌灵芝的子实体。灵芝大小及体形变化很大，属高温性菌类，在15℃～35℃之间均能生长，适温为25℃～30℃。灵芝生长需要较高的湿度。随着昼夜温差的增大，菌丝长满袋的时间延长。灵芝是好气性真菌，它的整个生长发育过程中都需要新鲜的空气。灵芝在生长发育过程中对光线非常敏感，光线对菌丝生长有明显的抑制作用。灵芝具有补气安神、止咳平喘的功效，用于眩晕不眠、心悸气短、虚劳咳喘。

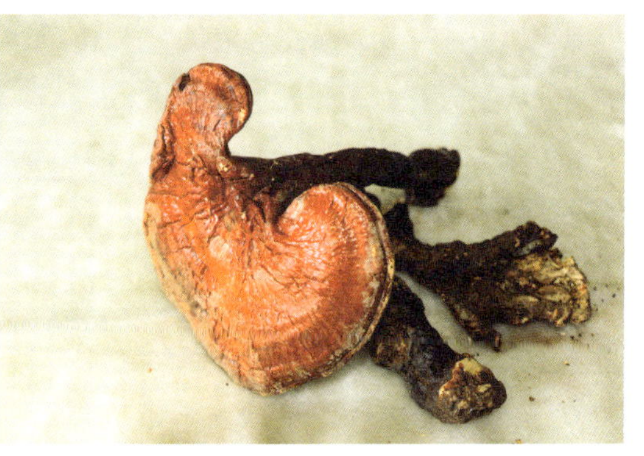
灵芝 杨志宏 摄

贝母 《本草经集注》载:“形似聚贝子”，故名贝母。别名勤母、苦菜、苦花、空草、药实。多年生草本，花期于5—7月，果期于8—10月。贝母性微寒而味甘苦，止咳化痰之效较强，入心肺经，临床常与沙参、麦冬、天冬、桑叶、菊花等配伍用于热痰、燥痰、肺虚劳嗽、久嗽、痰少咽燥、痰中带血以及心胸郁结、肺痿、肺痈等病症的治疗，但属寒痰、湿痰者则应禁用。

贝母 杨志宏 摄

天麻 天麻又名赤箭、独摇芝、离母等，是兰科天麻属多年生草本植物。根状茎肥厚，无绿叶，蒴果呈倒卵状椭圆形，常以块茎或种子繁殖。以质地坚实，体重，有鹦哥嘴，无空心者为佳。其根茎入药用以治疗头晕目眩、肢体麻木、小儿惊风等症，是名贵中药。2005年以来，林芝市政府为支持重点产业的发展，在实施野生天麻保护性开发的同时，引进内地技术人才，开始野生天麻的“人工仿野生种植研究”，成功生产出品质不亚于野生天麻的人工天麻。天麻人工繁育技术研究将天麻生长过程中最为薄弱的环节——授粉作为重点进行研究，林芝市人工种植天麻的天麻素高于《中国药典》中关于天麻素的规定5倍以上，这也是区别于内地天麻的一个重要指标。

天麻

虫草 虫草又称冬虫夏草、冬虫草等。虫草均为野生，生长在海拔3000～5000米的高山草地灌木带上面的雪线附近的草坡上。其形体如老蚕，表面黄棕色，背部有许多皱纹。其断面呈白色或略黄，周边为深黄色。体长6厘米，直径约3毫米，很像一棵草。在林芝境内，虫草有黄草、白草之分，八一镇境内虫草主要以白草为主，在八一镇境内各行政村海拔超过3500米以上的高山草地均有分布。

虫草

雪莲花 雪莲花藏语称恰果苏巴，为菊科多年生草本植物。高15～35厘米。根状茎粗，颈部被多数褐色的叶围绕。花果期7—9月。雪莲花含有蛋白质、氨基酸、黄酮类化合物、生物碱等，具有通经活血、散寒除湿、止血消肿、排除体内毒素等功效。雪莲花中蕴含的维生素C能软化血管、防止衰老、祛皱及脂质的堆积，改善微循环。能阻止化学物质致

雪莲花

癌的过程，达到防癌、抗癌、治癌的目的，延长生命。

龙胆花　龙胆花，多分布于八一镇境内 3000 ～ 4800 米的高山草甸区，龙胆花最高不过四五十厘米，大部分是矮小贴地丛生。花生于枝上顶端，成古钟形或漏斗形，多为青绿色、蓝色或淡青色，一般多为秋冬季开放。李时珍的《本草纲目》中有如下记载："性味苦，涩，大寒，无毒。主治骨间寒热、惊病邪气，继绝伤，定五脏，杀虫毒。"

畜禽水产

牦牛　牦牛是高寒地区的特有牛种，主要产于青藏高原海拔 3000 米以上地区。适应高寒生态条件，耐粗、耐劳，善走陡坡险路、雪山沼泽，能游渡江河激流，有"高原之舟"之称。牦牛的心肺发达，胸部宽阔。气管软骨环间的距离大，能适应频速呼吸。血液中载氧工具——血红蛋白含量高，红细胞数量多。牦牛的用途很广，能提供肉、乳、毛、绒、皮等产品，有驮运、耕地等作用。一头成年牦牛体重一般在 200 ～ 250 千克，屠宰肉 80 ～ 115 千克，出肉率达 40% 以上。母牦牛泌乳期四五个月，产乳旺季在 7—9 月，日挤奶 1 ～ 2.5 千克，冬春季日挤奶 0.2 ～ 0.3 千克，牛奶出

牦牛　　杨志宏　摄

酥油率 7% 左右。6—8 月农牧民一般先抓绒，后剪毛。牦牛绒可作高级精纺原料，毛可作帐篷和绳索等用途。牦牛皮可制作革，牦牛尾毛长，外形美观，可作生活用品和装饰品。牦牛粪还是农民的主要燃料和肥料。牦牛不仅是藏族人民生活资料的重要提供者，还是高原农牧区的主要运输工作和役畜。

黄牛 黄牛主要集中分布于八一镇境内海拔 4000 米以下的河谷区。黄牛体形较小，骨骼纤细，但乳腺组织发育良好，四肢健壮，行走较快，能适应山地放牧条件。背毛以杏黄色、黑色为多。藏黄牛，泌乳期 5 个月左右，夏季日产奶 1.5 ~ 2.5 千克，含脂率 5% 左右。每头母黄牛年产酥油 12.5 ~ 15 千克，是农区奶品的重要来源。

犏牛 犏牛是黄牛和牦牛种间杂交的后代，广泛分布于八一镇各村。犏牛性情比牦牛温顺，易管理，对环境适应能力较强，是八一镇境内各村主要畜种。犏牛外貌具有黄牛和牦牛杂交的特征，个体比黄牛大，头部有散生的长毛，颈短，肩峰低，躯体长，背腰直，尾部较宽平，背毛细短致密，色似牦牛，四肢强健，关节粗大，尾长而细。公犏牛主要用于耕地、拉车，母犏牛乳、肉兼用，泌乳期 5 个月左右，7—8 月为产乳旺季，日产奶 2 ~ 4 千克，含脂率 5% ~ 6%。

犏牛　　林芝市巴宜区文广局　提供

藏绵羊 藏绵羊是八一镇境内数量最多的畜种之一，按外貌特征、生物特征、生产性能和地区分布，大致为河谷型藏绵羊，广泛分布在八一镇境内的各行政村。与高原型藏绵羊比较，个体较小。公羊有角，但较小，母羊一般无角；公羊体高 47 ~ 68 厘米，体长 52 ~ 73 厘米，胸围 59 ~ 95 厘米，体重 25 ~ 50 千克；母羊体高 47 ~ 63 厘米，体长 49 ~ 68 厘米，胸围 60 ~ 86 厘米，体重 20 ~ 35 千克。

藏绵羊 林芝市巴宜区文广局 提供

藏香猪 藏香猪是林芝地区的特产，又名“人参猪”，是西藏原始的瘦肉型猪种，属野外牧养类。生长在海拔 3000 ~ 4000 米的地区，以天然野生可食性植物及果实为主食，成年猪平均体重不足 50 千克。其体格健壮，心肺功能特别发达，善于奔跑，几乎不生病。正宗的藏香猪因放养在山林之中，常年食用丰富的野生植物和藏药材，体型娇小，脂肪含量很低，皮薄，肉质鲜美，营养丰富，经各项指标

藏香猪 林芝市巴宜区文广局 提供

检验对比，其钙的含量比普通猪肉高出 119%。与普通猪肉的 19 种氨基酸作对比，藏香猪肉有 18 种指标高出普通猪肉的指标，并富含铁、锌微量元素，无污染，无农药残留，属绿色有机安全畜产品。如今在市场上广受欢迎，供不应求。2016 年，林芝藏香猪获国家地理标志保护产品称号。被称为“喝泉水、吃山珍”长大的藏香猪，成为藏族饮食文化的一个品牌。

藏鸡 藏族人民虽以饲养牛、羊等家畜为主，但也有养鸡的习惯。西藏民主改革前，藏族人民一般无食鸡食蛋的习惯，养鸡的目的仅是为了公鸡可用以司晨报时，并以鸡作为贡品。民主改革后，养鸡已成为藏族人民的家庭副业之一，但饲养管理极其粗放。八一镇的藏鸡常年栖息于屋檐、树林之间，处于半野生状态。青藏高原上，高山深谷纵横其间，形成天然隔离屏障，构成藏鸡生存的独特生态环境。藏鸡体型轻小，胸腿肌肉发达，觅食能力强，极耐粗放，对高海拔地区的高寒恶劣气候条件有良好的适应能力，是发展中国高海拔地区养鸡业的重要品种资源。

藏鸡 林芝市巴宜区文广局 提供

平鳍裸吻鱼 平鳍裸吻鱼体长、粗壮，背鳍呈弧形，胸腹部平直，体前部平扁、后部侧扁，尾柄细长。平鳍裸吻鱼为一种小型鱼类，现有纪录最大体长为 9.4 厘米，种群数量稀少，主要生活于尼洋河各小支流中，常喜栖息在小河砾石间隙。为杂食性鱼类，以藻类和水生无脊椎动物等为主要食物。产卵期约在 7—8 月，卵较小，乳黄色。平鳍裸吻鱼作为一个单型科在中国的代表种，在物种多样性和学术研究上均具有特殊意义。其对环境条件要求较高，需在山溪或河流小支流清澈的流水水体中生活，不适应含泥沙的混浊水体。近年来，由于产区的树林被砍伐，植被遭破坏，致使河水泥沙含量增高，水质受污染，影响了平鳍裸吻鱼的正常生活，使原来个体数量稀少的本种趋于濒危。

平鳍鳅鮀　平鳍鳅鮀体长，呈圆筒形，头胸部宽、略平扁，吻钝圆，腹部平，尾柄侧扁、细长。分布于尼洋河干支流，数量极少，很难见到。主要原因是本种对生活条件要求较高，外界因素干扰，如水土流失、泥沙含量上升等水体环境的变化，都会对其生存造成较大的影响，加之有害渔法的伤害，致使原来种群数量甚少的本种更趋减少。

棒子鱼——似鳡　棒子鱼体长，呈圆棒状，背鳍之后稍侧扁，腹缘无棱。头较长，其长大于体高。吻尖，圆锥状。体背侧青灰色带暗红，腹部银白，沿体侧中轴 3 ~ 4 行纵行鳞片具黑条纹，后段色深，尾柄背侧鲜红。生活在大江河和湖泊等开阔水域的中、上层，善泳。亦喜栖息在底质多岩石的场所。幼鱼食浮游动物和鱼苗，成鱼专以鱼类为食。性成熟年龄较迟，生殖季节一般在 3—5 月。产卵需有流水条件，故多在激流沙滩处繁殖。幼鱼无明显的集群现象，栖息在支流的缓流或静水处。每年涨水逆江而上，退水顺江而下。

民族手工艺品

藏香　藏香，相传为公元 7 世纪时由松赞干布的大臣吞弥·桑布扎所创，他将自己在印度所学的熏香技术改进、完善，利用天然纯净水和藏药材，制作了具有医疗作用的水墨藏香。传统的藏香制作技艺采用柏树干、麝香、白檀香等几十种香料作为原料，先将柏树干锯成去皮小段，中间打孔后用木楔子紧紧插上，再将木楔子嵌入水车摇臂。在水车带动下，柏木段在铺着石板的槽中摩擦，混以当地雪水并研磨成木泥，木泥研磨好后需制成泥砖，然后在木泥内掺入多种香料和药材一起搓揉，再将混着香料和药材的木泥放入一端开大口、一端开小孔的牛角内，压成笔直线条状，最后将其置于阳光充足但温度不高的地方晾晒成型。掺入的药材、香料一般有 7 ~ 18 种，常见的有藏红花、红景天、檀香、沉香、丁香、冰片、佛手参等，这些药材和香料让藏香

藏香　　达瓦平措　摄

具有不同的功能，如丁香能安神、冰片能清热解毒等。

八一镇境内最著名的藏香是加定村农牧民专业合作社生产的工布圣香，藏香一般供奉在佛堂中以祈祷积福长寿，也可用于宾馆、办公地点、居室等地，具有净化空气、益智养神、解除疲劳、预防不同流行性疾病的功效。

藏刀　藏刀是藏族群众用来生产、生活、自卫、装饰之用品。由于制作工艺精细，刀面净光，刀刃锋利，刀把以牛角或木料制作，并缠以银丝或铜丝、铁丝，刀把顶端箍铜皮或铁皮，有的还镶银饰。刀鞘包铜、包银，并刻有花卉动物，如镂刻龙、凤、虎、狮等图案，甚至镶嵌珠宝。藏刀分长刀、短刀和小刀三种，长刀最长的有 1 米多，短刀约 40 厘米左右，小刀则仅有 10 余厘米长，藏刀精巧细致，别具民族风格，不仅为当地群众所喜爱，同时也深受国内外游客欢迎。

藏刀　　杨志宏　摄

美食

石锅鸡 石锅鸡是八一镇的一道著名菜肴。石锅鸡的美味，很大关系是源自石锅。墨脱出产的石锅，由手工打造，在高温作用下，石锅中的微量元素逐渐分解于汤中，在汤美肉嫩的同时，这些微量元素可以起到防癌、抗皱、延缓衰老、增强体质的养身功效。石锅里面的鸡都是切成小块的，没有太多的骨头，鸡肉入口，肉滑味甜，嫩中带韧。石锅鸡要选用本地养的土鸡制作，鸡汤辅以何首乌、当归、天麻、百合、枸杞等多种药材，其中，手掌参以其形似手掌而别具特色。等鸡肉吃完了以后，可再放些蔬菜、豆腐、香菇等涮着吃。

石锅鸡

桃花饼 桃花饼是由西藏特有的高原野生桃花入料的酥饼，是具有西藏特色的糕点代表。清晨采摘下的西藏高原上苞蕾绽放的野生桃花，精心挑选后放入野生蜂蜜轻轻捣揉，经过一定的时间酿制，再与豆泥、食用油等混合，做成酥饼馅，包在酥饼面皮内用烤箱烤制后，就做成了花香四溢、口感酥脆

桃花饼 杨志宏 摄

绵甜的桃花馅香酥饼。

林芝香腿鲜花饼 林芝香腿鲜花饼精选林芝地区种畜场藏香猪野生放养基地，山林中奔跑的藏香猪后腿肉，其肌肉发达，弹性十足，为肉中极品。制作时，严格把控肥瘦比例，加之天然食用鲜花、野生蜂蜜、香猪油、野生核桃油，再用青稞面粉拌和奶油包心烘焙而成。外皮酥脆爽口，肉质滋嫩，食之酥松香脆，风味独特，香醇化口，唇齿留香。低糖、低盐、低脂，符合现代人健康饮食理念，同时，野生桃花还具有养颜、健脾、消食、利水之功效。

牦牛酸奶 牦牛酸奶是乳汁发酵酿制而成的半凝固体食品，分用提取酥油后的酪浆制成和用没提取过酥油的奶做成两种。由于酸奶是牛奶经过发酵作用的食品，所以营养更为丰富，也较易消化。西藏牦牛酸奶作为藏地人民不可缺少的食品和供品，已有上千年的历史。西藏拉萨一年中最盛大的节日“雪顿节”，就是以酸奶来命名的。牦牛酸奶在生产加工过程中绝不添加任何自然生态以外的东西，如食物稳定剂、添加剂、糖粉、水分等。

奶渣 奶渣是从牛奶中提制而成。把牛奶打制分离出酥油以后，剩下奶水用火煮沸后冷却即成酸奶水，把它倒入竹制斗形器皿中滤水，留在竹斗滤器中的就是奶渣。奶渣色白，味酸，具有极强的助消化作用，藏民外出常带奶渣以防水土不适，煮茶时在各自的碗中放一块，喝起来有阵阵酥油的味道。浸泡十来分钟后，奶渣会变软，藏族人民把它当零食直接食用，或泡软后加糖、奶等调味料食用。

奶渣 杨志宏 摄

糌粑 “糌粑”是炒面的藏语译音，它是藏族人民天天必吃的主食。糌粑是将青稞洗净、晾干、炒熟后磨成的面粉，食用时用少量的酥油茶、奶渣、糖等搅拌均匀，用手捏成团即可。它不仅便于食用，营养丰富、热量高，很适合充饥御寒，还便于携带和储藏。

酥油茶 酥油茶是西藏的特色饮料，多作为主食与糌粑一起食用，有御寒、提神醒脑、生津止渴的作用。此种饮料用酥油和浓茶加工而成。先将适量酥油放入特制的桶

酥油茶 杨志宏 摄

风干牦牛肉 杨志宏 摄

中，佐以食盐，再注入熬煮的浓茶汁，用木柄反复捣拌，使酥油与茶汁融为一体，呈乳状即成。与藏族毗邻的一些民族，亦有饮用酥油茶的习俗。

风干牦牛肉 风干牦牛肉是精选鲜西藏牦牛肉制成，其肉质酥松、细腻，每条肉干的纹理清晰，这种风干肉看起来比较硬，食用起来则是口感酥松。风干牦牛肉采用西藏普通老百姓传统工艺制作，制作时间为 11 月底，这时气温都在零度以下，把牛、羊肉割下来，挂在阴凉处，加以秘制配方后晾干，不能暴晒。其晾干时间很长，讲究令其冰冻风干，即去水分又保持鲜味。

八一仲夏　　杨志宏　摄

名人与名镇

本篇分为人物传略、人物事略、援建干部与八一、八一英模英才4个部分。人物传略记载出生在八一镇或工布地区，在历史上有重要影响的历史人物，如三位第穆活佛，还有奋勇抵抗第二次侵略西藏战争的英雄阿塔尼玛扎巴，被人事部授予“国家有突出贡献的优秀专家”称号的东嘎·洛桑赤列。人物事略记载非本籍重要人物与八一发生的事迹片段，其中有将八一镇风俗记入《艽野尘梦》的陈渠珍，被毛泽东主席亲切地称呼为“井冈山”的张国华。援建干部与八一记录多位为八一镇政治、经济、社会、文化、生态文明建设做出贡献的驻军领导和援建干部。八一英模英才载录出生于八一镇、获得自治区级以上殊荣的劳模和优秀英才。

人物传略

苏卡·洛珠加布著作《四部医典注疏》
西藏自治区地方志办公室 提供

苏卡·洛珠加布（1509—1584） 藏族，原名次旦杰，生于工布，南派藏医学创始人之一。苏卡·洛珠加布从小在布达拉宫学习医学知识，熟读医书，医学造诣很深。出师后到工布觉木宗一带收门徒，向徒弟们传授医学知识，同时研究宇妥宁玛·云丹贡布的《四部医典》等医学书籍。苏卡·洛珠加布一生给人治病，从中积累了丰富的实践经验，著有《四部医典注疏》《甘露宝库》等20多部医学著作。

唐卡——第四世第穆活佛第穆·拉旺丹贝坚赞（美国鲁宾艺术博物馆馆藏）

第穆·拉旺丹贝坚赞（1631—1668） 藏族，生于工布今八一镇加当嘎村，为第四世第穆活佛。明崇祯八年（1635），四世班禅罗桑·确吉坚赞认定拉旺丹贝坚赞为第三世第穆活佛的转世灵童，在第五世达赖喇嘛阿旺·罗桑嘉措处受比丘戒，取法名拉旺格勒。在哲蚌寺洛色林究习经典，成为一名学识渊博的大学者。清顺治九年（1652年），随五世达赖喇嘛进京觐见顺治皇帝，得到顺治皇帝的赏赐，次年返藏。

第穆·阿旺拉木喀嘉样（1669—1721）　藏族，生于工布扎嘉村，为五世第穆活佛。清康熙十五年（1676），到拉萨拜见五世达赖喇嘛，由第五世达赖喇嘛阿旺·罗桑嘉措剃度、取法名，得到大批寺庙、庄园等赏赐，形成了以工布地区的第穆拉章为中心，大小分寺、庄园遍布工布、波密、中部康区的一个庞大的宗教势力集团。得到清中央政府重视，曾多次赴内地参加各种宗教庆典，后圆寂于北京。

第穆·阿旺绛白德勒嘉措（1723—1777）　藏族，清雍正元年（1723）出生于工布觉木一带（今八一镇永久性村），为第六世第穆呼图克图。幼年在第穆寺度过，从小聪慧异常，13 岁赴拉萨，从第七世达赖喇嘛尊前受沙弥戒，赐名为阿旺绛白德勒嘉措，成为其得意弟子。尔后入哲蚌寺攻读佛学，兼学医方明和工巧明。20 岁从第七世达赖喇嘛尊前受比丘戒，并在拉萨传昭大法会期间参加佛学答辩，获得七世达赖喇嘛和众佛学大师们的赞誉，从此成为第七世达赖喇嘛的主要弟子及近侍。清乾隆二十二年（1757），第七世达赖喇嘛圆寂，经驻藏大臣和西藏地方政府讨论，一致向乾隆皇帝推荐其为西藏地方摄政，代理第七世达赖喇嘛转世认定和满 18 岁亲政前的西藏地方政教事务。同年，乾隆正式颁布诏书任命第穆呼图克图为摄政。乾隆二十三年，乾隆皇帝授予其“掌办黄教事务吉祥诺门汗”名号。乾隆二十七年，又授予其金银印。第穆呼图克图担任摄政期间，主持第八世达赖喇嘛的寻访、受戒过程，同时还主持了桑耶寺大规模的维修工程。在他摄政后的第 5 年，成功修建丹杰林寺（有称丹吉林寺），成为拉萨第一“林”。

阿塔尼玛扎巴（？—1904）　藏族，出生于觉木宗（今八一镇巴果绕一带）头人家庭。清光绪三十年（1904）春天，英国悍然发动第二次侵略西藏战争。西藏地方政府紧急下令，从西藏全境征召民军，开赴前线。阿塔尼玛扎巴应召率领工布民

第穆呼图克图担任西藏摄政期间修建的丹杰林寺　　西藏自治区地方志办公室　提供

南宁寺（现称乃宁寺）阻击战纪念碑
西藏日喀则市地方志办公室 提供

军，开往亚东、江孜一线。临行前，阿塔尼玛扎巴发出豪言："如同养兵千日，用兵一时，我等保护故乡土地，在此一举。"当年，英军在曲米新谷（今亚东县堆纳乡境内）借与藏军谈判之际，用诡计骗术突然开枪，屠杀中方军民几百人。随即英军经沿亚东、江孜商道进军，西藏地方军民在萨玛达、康马、杂昌谷（以上三地皆在今康马县境内）等地进行英勇阻击，但未能阻挡侵略军的前进步伐。阿塔尼玛扎巴所率的工布民军与代本门吉林率领的部分正规藏军、僧兵，以及来自藏北、康区的民军500余人退守乃宁寺（康马县境内），并在寺院围墙四周修筑防御工事。乃宁守军中的工布民军主要来自则拉、觉木、雪卡三地，由阿塔尼玛扎巴、阿塔夺多（则拉宗人）等人指挥。6月27日拂晓，英军先遣团的4个连，用先进的大炮及机枪从寺院左翼发动进攻，守护寺院的军民顽强抵抗近4个小时。后英军以猛烈的火力攻破高大围墙进入寺院大院，守军被迫退入寺院大经堂内。当英军逼近大经堂时，经堂内起誓加入敢死队的工布民军和康区民军决意宁肯死战，不能坐以待毙。工布民军在阿塔尼玛扎巴、阿塔夺多率领下，挥舞着工布大刀，冲向英军，英军阵地顿时大乱，英军一名军官被阿塔夺多一刀砍死，多名英军丧命于英勇的民军刀下。战斗中，阿塔尼玛扎巴和其弟弟以及阿塔夺多等几十名工布民军英勇牺牲。"阿塔工布军民，挥刀冲向英军，乃宁寺的石板上，流淌着红色鲜血"是后来广为流传的一

南宁寺遗址　　西藏日喀则市地方志办公室 提供

首民歌，歌颂了康马境内阿塔尼玛扎巴等抗英斗士们的英雄业绩。

东嘎·洛桑赤列（1927—1997） 藏族，1927年生于工布觉木宗觉穆雪村（今八一镇章麦村），俗名达瓦。林芝觉穆宗扎西曲林寺第八世东嘎活佛，著名藏学家。1934年，经第十三世达赖喇嘛土登嘉措圈定，被林芝觉穆宗扎西曲林寺认定为第八世东嘎活佛。1937年10月至1947年1月，在色拉寺学习五部经典。1947年2月，在拉萨市大昭寺祈愿大法会上获得拉让巴格西学位。1956—1957年，任塔工基巧民族宗教事务委员会副主任。1960年4月，任西藏佛学会理事。1960年9月至1965年年底，在中央民族学院担任古藏文专业教师。1980年晋升为副教授，1983年升任教授，并担任藏族文学硕士研究生导师。1985年8月，调入西藏大学任藏文系教授。1986年，被西藏自治区人民政府任命为西藏自治区社会科学院名誉院长。1987年，担任中国藏学研究中心副总干事，被中国社会科学院历史研究所、宗教研究所、文研所及西藏教委、西南民研协会、西藏语文指导委员会聘为顾问。同年，被人事部授予“国家有突出贡献的优秀专家”称号。1992年，在奥斯陆国际藏学研讨会上被选为国际藏学研讨会理事。历任中国佛教协会理事、中国佛协西藏分会常务理事，是第六、七、八届全国政协委员，自治区第四届政协常委。东嘎·洛桑赤列以其学术思想与学术造诣在国内外藏学界享有崇高声誉。

东嘎·洛桑赤列

东嘎·洛桑赤列长期从事教育和研究工作。先后撰写和编著《汉藏历史词典》《汉藏历史年表》《论西藏的政教合一制度》《西藏各教派斗争史》《布达拉宫及大昭寺史略》《诗学名鉴》《西藏目录学》《论西藏教育》《藏文文法》《西藏古籍出版概况》《东嘎·洛桑赤列选集》《藏汉大辞典》《布达拉宫史》《拉萨志》等论著；校勘注释西藏民族历史上有影响的六部典籍《贤者喜宴》《红史》《颇罗鼐传》《旧式公文》《西藏王臣记》《西藏宗教哲学基础（生词注释）》等学术著作。

人物事略

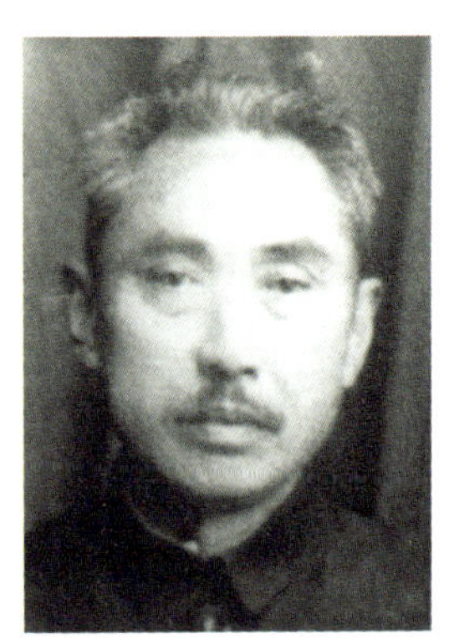
陈渠珍

陈渠珍与《艽野尘梦》 陈渠珍（1882—1952），号玉鍪，祖籍江西，后迁入湖南凤凰。16岁，入阮水校经堂读书。清光绪三十二年（1906），毕业于湖南武备学堂，任职于湖南新军，曾加入同盟会。光绪三十三年，投奔四川川边大臣赵尔丰处，任新军六十五标队官，驻防川藏要冲百丈驿。其时，英、俄列强图谋西藏，外患入侵，西藏局势动荡不安。

清宣统元年（1909），陈渠珍奉命率军进藏，被任命为入藏新军一标三营督队官，曾参加波密、江达等战役。驻防德木期间，娶工布少女西原为妻。宣统三年，辛亥革命消息传到西藏，进藏川军内部产生分裂，军中哥老会积极响应，杀死军队协统罗长琦。陈渠珍看到局势混乱，决定东归。于当年11月偕同西原率湖南籍士兵及亲信115人离开西藏，踏上取道青海返回中原的路途。途中误入羌塘大草原"无人区"，路途辗转，断粮数月，茹毛饮血，历经千辛万苦，仅剩几人生还于兰州。陈渠珍遣散部属，与西原抵西安，穷困潦倒，靠救济度日。不久，西原又染天花病逝。

1913年，陈渠珍返湘，旋即出任湘西镇守使署中校参谋。1918年，任湘西镇守使田应诏组织的护法军第一路军参谋长兼第一梯队团长，不久代理第一路军司令，由此开始经营湘西30多年的"湘西王"生涯。1935年，陈渠珍部队被改编，其以湖南省政府委员的空衔移住长沙，开始撰写《艽野尘梦》一书，记述其在西藏、青海的传奇经历。1950年，陈渠珍受邀参加全国政协会议扩大会议，受到毛泽东、周恩来接见，并向贺龙赠送《艽野尘梦》一书。时值人民解放军进军西藏，贺龙就把该书转赠给第18军首长以资参考。

《艽野尘梦》一书"收复工布"章节对今八一镇记载如下："工布在江达西南，纵横八百余里。东接波密，西面接野番……民情朴厚，气候温和，物产亦尚丰富。历年在达赖压迫之下，痛苦不堪……脚木宗（今八一镇巴果绕、章麦村一带），居工布之中心，田野肥沃，气候温煦。山上有大喇嘛寺一所，极壮阔，喇嘛三四百人。其呼图克图，亦一年高德劭之喇嘛，和蔼可亲，与余往还甚密。尝就其考问西藏风土，亦言之娓娓可听。一日，设宴邀余游柳林。果饼酒肴，罗列满桌。中一火锅，以鱼翅、海参、鱿鱼、瑶柱、金钩、口蘑、粉条之属，杂拌肉圆鸡汤，又以腌酸青菜及酸汤调和之，味鲜美绝伦，内地所未尝有也。"

谭冠三

谭冠三与八一将军楼 谭冠三（1901—1985），湖南省耒阳市人，中国人民解放军高级将领。1951 年第 18 军进藏后，谭冠三将军曾多次到八一镇考察、看望部队，每次到八一镇，停留时间均长达两个月以上。在八一镇，他与驻藏代表张经武、张国华将军率领部队和地方工作人员完成了开荒生产、修筑公路等多项重大任务。现 77675 部队营区还保留有当年谭冠三将军下榻的楼房，后称将军楼。

张经武

张经武在八一调研 张经武（1906—1971），又名张仁山，湖南酃县（现炎陵县）人。历任中央人民政府驻西藏代表、中共西藏工作委员会书记、中华人民共和国主席办公厅主任、西藏军区第一政治委员、中国西藏工作委员会委一书记，中共中央统战部副部长。1955 年，被授予中将军衔。

1959 年 11 月，张经武前往林芝县调研。在林芝县调研期间，张经武先后到现唐地村、公众村检查，发现不少干部和群众对赎买政策不理解，他们认为农奴主的耕地和财产都是剥削来的，不应该给钱赎买。张经武为他们一一作了耐心解释，团结了当地干部、群众。

张经武十分关心藏族干部培养和增强藏汉干部团结。在觉木片（今八一镇巴果绕村）考察工作时，张经武看到一些藏族、珞巴族干部的汉语讲得很好，工作有很大的进步，心里感到十分高兴。同时，也从一些干部的言谈中，发现一些藏汉民族不团结的现象。为了解决这一问题，张经武找来了汉、藏、珞巴族的干部座谈，向三个民族的代表干部强调只有各族兄弟的互相帮助，才能发展、进步，希望各个民族兄弟要紧密团结、互相尊重、互相学习、共同进步。

张国华在八一设第 18 军军部 张国华（1914—1972），江西省永新县怀忠镇人，中国共产党党员，中国人民解放军高级将领，开国中将。1949 年 2 月，任中国人民解放军陆军第 18 军军长。1950 年，奉命率中国人民解放军第 18 军进军西藏，促成西藏和平解放。1951 年，被毛泽东主席亲切地称呼为“井冈山”。1952 年 2 月至 1955 年 5 月，任中国人民解放军西南军区西藏军区司令员，军区党委书记。1955 年 5 月至 1968 年 12 月，任中国人民解放军西藏（二级军区）司令员，军区党委第一书记。1959 年 10 月，任西藏平乱总指挥。1962 年 10 月 20 日，指挥对印自卫反击战取得胜利，被印军称为“喜马拉雅战神”。

张国华

1952 年 4 月，张国华将军率部到达八一镇，率部驻扎于觉木片（今八一镇章麦村）。一天傍晚，当他站在觉木片向东北方向瞭望时，发现措木及日湖下面的两座山体犹如两头巨大的乌龟，巧合的是两座巨龟的头部正好朝向措木及日湖下面的河沟，恰似在饮水。两头巨龟前面便是一片平坦的河滩，对面（现巴果绕村后山）的一座山体犹如一只下山的猛虎。前傍尼洋河，背靠稳如磐石的“巨龟”，是一片理想的栖息地。于是他把军部和解放军第 115 医院分别设在两头巨龟的脚下，后来第 18 军军部改成了第 52 师部，长期驻扎至今。从那以后，每次到林芝片考察部队，他都在 77675 部队住宿，每次少则三五天，多则半年之久。至今，77675 部队营区内还保存有当年专门为张国华将军和谭冠三将军修建供他们居住的楼房，后改成部队招待楼，并称将军楼。2013 年 12 月 2 日，由西藏自治区人民政府公布为第六批自治区级文物保护单位。

阴法唐率驻军建设八一 阴法唐，1922 年生，山东省肥城县（现肥城市）人。1950 年，第 18 军接受进军西藏的任务，任第 18 军 52 师副政委。曾先后担任西藏大军区政治部主任，福州军区、济南军区政治部主任，济南军区副政委，西藏自治区党委第一书记，成都军区副政委兼西藏军区第一政委，第三届西藏政协主席，解放军第二炮兵副政委。1988 年，被中央军委授予中将军衔。在担任第 18 军 52 师副政委期间，曾率领官兵积极开展开荒、部队营区建设，并组织官兵参与八一镇城区及道路建设。

阴法唐

宗巴

宗巴两次受到毛泽东主席接见 宗巴，女，1923年生，藏族，八一镇唐地村人。1960年以农牧民代表的身份赴京，得到毛主席的接见。1960年，年仅27岁的宗巴老人因其优秀的工作表现被选定为农牧民代表，随自治区组织的三百余人的学习团前往内地参观学习。1960年西藏的交通条件非常落后，西藏自治区组织的学习团先后乘坐牛车、汽车、火车等交通工具耗时近一个月才抵达北京，在北京的18天学习中，毛主席亲切接见了西藏代表团两次，并殷切寄语代表团成员，要好好工作，使西藏发展成像北京一样。老人带着毛主席的鼓励生活了一辈子，先后担任了公仲乡妇女主任、公仲乡委员、唐地村副村长等职务。老人说：“不管在哪里干，不管干什么，我都记得毛主席的话，要好好工作。”

白玛才旺

白玛才旺在八一 白玛才旺，1950年生，藏族，林芝县人，1973年12月至1975年4月，任林芝县八一区委副书记。后曾任林芝地区行署副专员、西藏自治区林业厅厅长、阿里地委书记、西藏自治区副主席。在任八一区委副书记期间，参与扑灭尼西森林大火，组织群众参与八一镇尼洋河大桥修建，建立八一交通小学等。

格桑旺久

格桑旺久两次见到习近平 格桑旺久，1968年生，八一镇巴吉村人，共产党员。巴吉村致富带头人，致富后一直帮助家庭贫困户，带领群众致富，为全村社会和谐稳定做出了积极贡献。

2011年7月21日，在西藏和平解放60周年的时候，国家副主席习近平到林芝地区，出席西藏和平解放60周年庆祝活动，看望各族干部群众，并到八一镇巴吉村，了解新农村建设和基层党建工作情况，看望慰问村民。习近平走进格桑旺久的家，并嘱咐巴吉村的党员干部要坚持因地制宜，广开致富门路，千方百计帮助群众增加收入，让老百姓的日子越过越甜。

2015年，格桑旺久作为西藏的基层代表之一到北京参加国庆活动。9月30号下午，在人民大会堂新疆厅，来自内蒙古、广西、西藏、宁夏、新疆5个自治区的13名基层代表受到习近平总书记的会见，并向总书记介绍自己家乡的变化和自己的生活、工作情况。格桑旺久把总书记的重要讲话和在参加国庆活动时的所见所闻带回家乡，亲口讲给当地的父老乡亲听，增强藏族同胞对伟大祖国、中华民族、中华文化、中国共产党及中国特色社会主义的认同。

援建干部与八一

尹汉章 湖北竹溪县中峰乡莲花村人。1956—1960 年，任湖北省竹溪县农村工作部副部长、部长。1960 年 1 月至 1962 年 9 月，任中共林芝县委农牧部部长。后曾任拉萨市委副书记、林芝县委书记、林芝地委副书记。在林芝县担任农牧部部长期间，他响应国家号召，对八一镇境内所有矿产资源进行实地勘察，先后在八一镇境内发现毛纺厂黏土矿、尼西红柱石矿、毛纺厂矽线石等 8 种矿产资源。

王彩友 安徽省阜阳市人。1950 年，随军进藏。1954—1959 年，在重庆学习。1959—1961 年，任觉木乡书记。1961—1962 年，任八一区委书记。后曾任林芝县政协副主席兼县委统战部部长、林芝地委党校校长。在任八一区委书记期间，积极组织人力、物力、畜力参战支前，先后组织民工 40 余人、各种牲畜 200 多头，运送物资 5 吨多，保证了边境自卫反击战的顺利进行，为巩固边防做出了贡献。

王栋 原任广东省东莞市委办公室会务科长。2013 年 7 月到林芝地区援藏，任八一镇党委副书记、常务副镇长。为全国对口援藏政策实施以来，第一位援藏到八一镇工作的干部。三年援藏期间，先后为八一镇人民政府购买 10 台电脑，改善干部职工办公条件。向东莞市人民政府申请 20 多万元的经费，为八一镇人民政府购买公务用车等交通工具，解决了干部职工下乡难的问题。申请 200 多万元的村级环境改造项目，使八一镇加

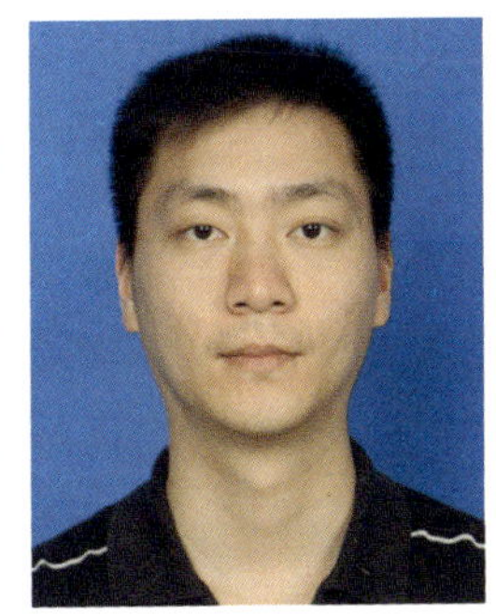
王栋

乃村道路全部实现硬化，解决了加乃村群众出行难的问题。援藏期间，王栋还深入全镇11个行政村，看望慰问困难群众，帮助他们解决生产、生活中存在的困难和问题，累计向群众发放慰问金5万元。

八一英模英才

普布次仁

普布次仁　藏族，1954年生，八一镇唐地村人。1977年7月1日加入中国共产党。1977—1980年，任公众公社团支部书记、民兵连连长。1980—1982年，任公众公社管理委员会主任。1982—1986年，先后任公众乡乡长、乡支书。1990—2014年，先后任唐地村村主任、支书。2005—2014年，任唐地村支书。2014年后，任巴宜区人大代表。1977年、1981年两年，于墨脱县带队运输时，获自治区和军区颁发先进集体奖、先进个人奖。2012年，获西藏自治区维稳先进个人工作奖。2014年，获得先进双联户个人奖。2014年，获得西藏自治区劳动模范荣誉称号。任职期间，尽职尽责、甘于奉献。立足唐地村实际，开拓创新。2002年6月，唐地村建成为西藏自治区闭路电视第一村。2012年，在林芝县委、县政府，八一镇党委、镇政府的领导下，与中国电信股份有限公司林芝分公司共同实施了唐地村“宽带进村试点工程”，将唐地村打造成为西藏“网络第一村”。着力发展村集体经济，借助政策、景区及区位优势，大力发展油菜籽加工、特色养殖、生态果园三大主导产业，打造小型旅游服务综合体。2013年6月，唐地村建成小康示范村。

程昭永　汉族，1962年生，贵州省遵义市人。1982年参军入伍，1986年退伍，先后在林芝东久乡107道班、林芝市环卫局工作，后任林芝地区环卫局副局长。自1993年到林芝地区环卫局当清洁工、驾驶员、卫生管理员始，程昭永和八一镇的每一条街道结下不解之缘。程昭永从一开始由其他部门代管，仅 10 多个环卫工人到现在壮大到 200 多人的环卫局任职 20 多年，从自身做起，每天到街道上清扫、巡查。八一镇从一个最初的脏、乱、差的小镇，到获得住房城乡建设部中国人居环境范例奖、西藏园林城市等称号。2004 年 5 月，被授予全国劳动模范称号，被称为“西藏江南的时传祥”。

程昭永

米玛 藏族，1963 年生。1991 年 5 月，担任巴吉村党支部副书记、村委会主任。2007 年，当选为八一镇党委委员。2000 年，被评为“全国劳动模范”。现任巴吉村党支部书记兼村委会主任。米玛担任村支部书记以来，为带领村民共同致富，调动村民积极性，利用巴吉村独特的地理位置发展优势，重点发展车辆运输、劳务输出、大棚蔬菜、特色养殖及旅游等产业，借助景区地理优势建立旅游商圈。以转变发展思路为抓手，加大村集体经济发展力度，大力发展村集体经济，建设巴吉村预制厂、巴基村砂石厂、林芝县农牧砂石专业合作社、碧日混凝土公司、宏鑫商砼有限公司、雪域江南宏鑫建材市场等公司。2016 年，巴吉村经济总收入达 710 万元，农牧民人均纯收入达 20600 元，各项经济指标位居全镇各村之首。

米玛

陈永光 傈僳族，1978 年生，云南省云县人。其父陈世昌系第 18 军老战士，先后参加了 1959 年西藏平叛、1962 年中印边境自卫反击战，1982 年退役。母亲达娃央宗，西藏察隅人，门巴族。

1993 年 12 月，陈永光参军入伍来到西藏，一干就是 16 年。入伍以来，陈永干一行，爱一行，工作兢兢业业，任劳任怨，一直在驻八一镇 77678 部队服役。服役期间，先后参加了部队“95・9 演习”、“雪域 2000”演习、“3・14”拉萨维稳执勤等任务。

2010 年退出现役后，陈永光一直致力于当地濒危物种保护工作。他耗尽了平生积蓄，创建了“鑫鑫藏獒”繁殖基地，在进行藏獒繁殖、保护的同时，他还致力于各种流浪犬、受伤动物救护、收养。2014 年，巴河镇公安民警抓获了 5 名盗猎团伙，这几名盗猎人员利用自制火药枪杀了一头雌性亚洲黑熊，并抱走一只仅一个月大的幼崽，此时，这只小熊已经奄奄一息，危在旦夕。得知这情况后，陈永光主动找到民警，表示可免费帮助民警收养这只小熊。回到家后，陈永光专门给它修建了一间小保温房，每天按时给它喂奶。在他的悉心照料下，一只仅有500克重的小熊，长到了100多千克。最终，交由林业部门管理。

3年时间里，陈永光先后救活3只亚洲黑熊、2只猕猴，收养20多只流浪狗，为动物保护做出了较大贡献。

仁青拉姆　藏族，1990年生，八一镇巴果绕村人，1990年出生于八一镇巴果绕村，现为西藏登山队运动员。2011年，在第19届全国攀岩锦标赛上，仁青拉姆夺得女子攀石赛冠军。2013年，在德黑兰举行的第21届亚洲攀岩锦标赛中，一举夺得女子难度赛和攀岩锦标赛的双料冠军，实现中国女子攀岩选手在国际大赛中的历史性突破。

仁青拉姆

艺文

八一镇区，工布文化源远流长，神话传说、故事歌谣口耳相传，散布民间，影响深广。关于八一，自古至今，政客文人，或撰文为记，或抒情为诗，亦有所作。或录或摘，杂为一篇，是为艺文。

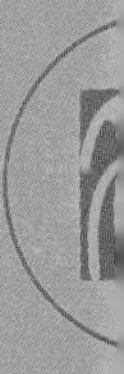

民间文学

神话传说

达大河水的来源

从前在达大地方，因缺水，人畜要到离此地很远的地方去饮水，田里的庄稼只能靠天，当夏季干旱时庄稼全都干枯，无收获可言。

这里有一位正在修行的活佛，对众人一视同仁，满怀爱心和同情心。当活佛看到上述情景时心想："居住在这里的人们很勤奋，但是由于此地无水源，所以人畜不断地遭受着干旱的威胁，实在太可怜了，必须要在此地掘出一处水源来，但是我又没有这个方面的力量，真正有力量的人在印度。那里有许多修行大师，我要派自己的佣人，带上信和礼物，前往印度祈求水源，若能如愿以偿，就可以把印度的八功德水之一引到这里来。"于是，活佛叫来佣人，交给佣人一升金沙、宝石饰物和信，并说："由于这个地方没有水源，这里的人畜正在遭受极大的痛苦，你要前往印度到八十位修行大师跟前祈求一水源，这一升金沙就作为你路上的盘缠，这些宝石饰物作为见面礼献给修行大师们，同时把这封信交给他们，就能实现夙愿。"

这位佣人按照活佛的嘱托前往印度，经受无数艰辛到达印度后，见到了修行大师。佣人把宝石饰物和信交给修行大师，并按照根本师（活佛）的嘱托，说明自己从雪域前来这里的原因。修行大师十分高兴地说："太好了！"同时给了佣人一只铁制的蓝色箱子，并说："你再返回到你的根本师处，在到达那里之前千万不能打开这个箱子，这事要牢牢记在心中，只有这样才能够如愿以偿。"

这位佣人将那件铁制的蓝色箱子放在行李中，跋山涉水返回自己的家园。一路上，从放在行李中的那只铁制蓝色箱子内不断传出"西西、学学"的声音，但是佣人牢记修行大师的嘱咐，没有打开过箱子。就这样日夜兼程，终于就要到达根本师的住处，这是一座只要一上午路程就能到达目的地的叫作木谷的村庄。佣人从这里往上一望，便清楚地看到了根本师居住的那座山寺，感到十分高兴。就在这个时候佣人心想自己已经差不多到达活佛面前了，便放心地前往木谷村里的一户人家中休息。佣人在这户人家院落的一角坐下来吃东西、喝酒，这时又从放在行李中的铁制箱中不断地传出“西西、学学”的声音，佣人因醉酒，大胆的想在上交活佛之前弄明白铁制箱中的究竟，便从行李中将那只铁制蓝色箱子拿了出来，稍稍打开来看了一眼。这时，突然从中钻出一条长长的蓝蛇，佣人惊慌地赶紧把铁箱盖子关上，但是因蛇的身体大部分已经在箱外，仅剩一截蛇尾被箱子盖压断保留在箱中。蛇身钻进了木谷村这家人的院墙中，从蛇钻进去的地方即刻流出了清澈的水。佣人又着急、又后悔，心想：“我经历了这么多的辛苦已经没有用了，在这么个地方干了一件正如谚语所说‘烧开的酥油中加进了肉，在大块的酥油中添上了清油’的蠢事。”佣人便作个反发愿说：“这水除能饮外不能用来浇灌农田。”所以现在木谷地方的水虽然流经村子中间，但是水位很低，而农田地势高，因此这水除了能饮水外，无法用来浇地。

接着佣人来到了活佛跟前，将那件铁制箱子呈给活佛，并讲述了自己犯错误的事。活佛对佣人说：“可惜呀！假若你听了修行大师的话，在路上没有打开那箱子的盖子，那咱俩便是为这个地方办成了一件大好事，可是现在无法办到了。现今再后悔也没有用，说后悔的话也没有效果，所以你就不要后悔了。为不至于你空跑一趟，你就让那蛇尾去达大的森林中，会出现一处能用来饮水的泉水。”说罢便将那铁箱交给了佣人，佣人从铁箱中拿出蛇尾让其钻进林中，结果真的出现了一处泉水，这就是达大河水的源头。

民间故事

谎言毁了自己

古时候，某地一位老大爷，爱好箭术。老大爷有一个美若天仙的女儿，有很多人向其求婚，不论是富人或穷人，老大爷都回复说：“我的女儿不嫁给有权人的儿子，也不嫁给富翁的儿子，而要嫁给一个射箭能手。”附近的一个骗子知道后，很想娶老大爷的女儿为妻，就想出了一个办法，他穿上盛装，在林子里提了一只野鸡，把野鸡塞在腰包里，骑上骏马，往爱好箭术的老大爷家奔去。

快到老大爷家时，骗子从箭筒里取出一支箭穿在野鸡颈上，扔在老大爷家的房顶上，然后右手持弓，左手牵马去敲门。大爷打开门，骗子便有礼貌地对老大爷说：“大爷，打扰你了，刚才我骑马路过，正好飞来了一只野鸡，我就在马背上对着野鸡射了一箭，野鸡掉到了大爷你家的房顶上，现在请允许我把箭和野鸡取走，好吗？”老大爷在自家的房顶上果真找到了颈部有一支箭的野鸡，他把野鸡和箭交给了年轻人，同时仔细打量了那年轻人一番，见年轻人身材高大、俊美，就热情地把他请进屋款待，并跟那年轻人谈起箭术。年轻人便吹嘘自己的箭术如何高超，由于老大爷喜爱箭术，顿时心下暗想这个年轻人做自己的女婿不错。但也只是想想而已，还是要先试一下年轻人是否真的是射箭能手，于是老大爷提出让那年轻人留下来住上几天。

一天早晨，老大爷在房顶上观望的时候，发现附近的小湖里有许多天鹅，想到这是试探那年轻人箭术的好时机，就对年轻人说：“那边湖里有许多天鹅，你去打一只回来。”这下年轻人非常紧张，害怕谎话露馅，只好硬着头皮朝湖的方向走去。由于年轻人没有什么箭术，他心想：“如果这些天鹅马上飞走，那该多好啊！”正在想的时候，做了准备射箭的动作。老大爷看到那年轻人在那里又是藏、又是露、又在准备的样子，却迟迟见不到年轻人真的射箭，非常生气，大声喊道：“喂！还不射箭干什么？”年轻人一听赶忙胡乱射了一下，碰巧射中了两只天鹅，高兴地把两只天鹅拿给老大爷，并说：“大爷你如果不着急喊我，我正准备一箭射死九只天鹅，这下只射死了两只。”老大爷不知道这是年轻人碰巧射中的，还以为那年轻人是真正的射手，高兴地说：“我在这一带也算是有名的射箭高手，但从未一次射中过两只天鹅，也从未射中过在天空中飞翔的野鸡的颈部。”这个年轻人装着很诚恳、很谦虚地对老大爷说：“老大爷，说实话，这些事是小事，算不了什么，我在我们那里还打死过两只母老虎。”他开始吹起打虎的过程：“当一只母老虎凶猛地朝我扑过来时，我的拳头正好打在它的鼻子上，又从背后射了几箭，母老虎就死了，剖开它的腹部，里面有我射的五对箭，这些箭在母老虎的肚子里整齐地排成了一条直线。”老大爷又相信了这年轻人的谎言，说：“你不仅是这个地方，而且是整个藏区无人能比的射箭能手，我决定把女儿嫁给你。”第二天，老大爷去了国王住的城里，见到王宫大门右侧贴了一张醒目的布告，内容是：“最近，在我国的某个地方出现了一只吃人的母老虎，伤害了不少人，国王有令，谁能打死这只母老虎，就可以得到国土的三分之一，以及令人满意的奖赏。”老大爷看罢，一把撕下了布告，卫兵一见是个老人，就把老人带到国王那里，国王大声地问道：“你这把年纪，能把吃人的母老虎打死吗？”老大爷答道：“我老头已经是六十多岁的人，没有能力打死母老虎，不过我的女婿是无人能比的射箭能手，已经打死过两只母老虎。我想他打死这只吃人的母老虎应该没有问题。”国王立即派卫兵把老大爷的女婿找来，对

那年轻人说："你打虎需要什么武器尽管说，我们可以提供给你。"这个年轻人一听要他打虎，顿时全身打战，头上流汗，心想若去打虎肯定会死的，俗话说得好，"抓手关节，放破碎缸——毫无办法"。国王看到年轻人的情形，顿生疑惑，就问："你为什么打战？怕吗？"年轻人答道："不是怕，只是由于母老虎伤人太多，气得打战。"国王又问："那你脸上为什么出汗？是否心里紧张？"那年轻人还在打肿脸充胖子道："不是紧张，而是由于现在开始使劲而出了汗。"随后那年轻人请求国王，给他一个敲得最响的锣和十名士兵就行了。他想："敲锣会惊动母老虎吓跑它，倘若需要跟母老虎搏斗，这十名士兵肯定会害怕得逃跑，到时候他们也不能证明我不能打虎。"

年轻人带着十名士兵和锣朝着有虎的山谷里走去，到山谷交叉路口时，建议分路走，十名士兵走右边那条路，年轻人自己走左边那条路，并对士兵说："敲锣声叮叮慢响的时候，是我没找到母老虎的信号，你们就继续寻虎。如果锣声叮叮叮叮敲快的时候，是我找到母老虎正在搏斗的信号，你们就在原地休息。"

事情就这么说定了，士兵们按年轻人的布置往山谷右边道上走了。那年轻人朝山谷左边道上一边敲着锣一边走，正好吃人的母老虎听到锣声，没有被吓跑，反而朝有锣声的方向跑过来。年轻人看到母老虎时，非常紧张，敲锣的节奏更快了，而吃人的母老虎却凶猛地扑过来，十名士兵听到敲快的锣声，就按年轻人的意思在原地休息。年轻人敲得越响，母老虎越猛扑过来咬人，霎时说谎的年轻人成了母老虎的一顿美餐，那年轻人在快断气时说道："谎言终究毁了我啊！"但后悔已经晚了。

卓娃桑姆

相传很久以前，门隅地方由嘎隆旺布土王统治，王宫叫"满扎康"。"满扎"是状似宝塔的宗教供品，"康"是房屋。嘎隆旺布土王有一位王妃，名卓娃桑姆，门隅人，今天在西藏流行的传统藏戏《卓娃桑姆》，就是根据下面这个故事改编的。

卓娃桑姆是一位空行女（仙女名）般美貌的仙女，住在门隅下方和印度交界处，一幢云雾环绕着的白色小屋，那就是卓娃桑姆的仙居。有一次，土王嘎隆旺布率领臣民带上弓箭到森林中狩猎，发现了仙女卓娃桑姆，于是把她娶回家做了王妃。卓娃桑姆虔信佛法，并影响土王也成为一个崇佛者。卓娃桑姆生了一儿一女，深受嘎隆旺布的宠爱，但却遭到土王另一位妃子哈香对姆（女妖）的怨恨。女妖与王室的奸臣勾结，给卓娃桑姆母子三人带来无穷的灾难。幸遇屠夫、渔人和猎人的保护，女妖企图害死卓娃桑姆所生儿女的阴谋未能得逞。男孩成年后被白马金国的人民迎去当了国王，并亲自杀死了女妖，为母亲报仇雪恨。传说在今打陇宗木新村南面拉加拉地方的拉加拉寺，即是卓娃桑姆宫，至今仍留七藏克香火地。通过戏剧和古迹表明，这不仅是门巴族对卓娃桑姆的怀念，而且有力地证明了门隅地区自古就是中国的领土。

放牛娃

从前，在德根部落的比西地方，有一个给农奴主放牛的少年，为人憨厚，富有同情心。一天，放牛娃看见别人在河里钓到一条鱼，便乞求说："把这条鱼给我吧。"渔人听了便把鱼给了放牛娃。放牛娃把鱼拿在手里，见鱼活蹦乱跳，眼里还流着泪，十分可怜，不忍拿回家煮来吃，便又把鱼放回河里。渔人看到自己钓到的鱼又被放回河里，认为是在捉弄自己，十分生气，就把放牛娃打了一顿。

原来，这条放回河里的鱼是水精灵布鲁最小的儿子达娃，见到自己的救命恩人被打，十分同情他，决心要好好报答，就派青蛙请放牛娃到家里来。但放牛娃怕河里有危险，不敢前往。达娃又派水獭去请，放牛娃还是不到河里去。第三次派水鸭去请，水鸭告诉放牛娃藏在自己的翅膀下，水就进不来了。于是放牛娃就这样来到了布鲁家，正巧在那里碰到自己被水淹死的姐姐告诉放牛娃："达娃送你东西时，什么也不要，只要那只鸡就成了。"

放牛娃受到达娃家的热情接待，达娃送给放牛娃许多宝贵的东西，放牛娃都不要，唯独要那只鸡，达娃答应了，随后放牛娃带着鸡从河里走出来，回到了家。

放牛娃外出放牛回来，发现家里的饭菜都煮好了。放牛娃想："我没有父母，也没有兄弟姐妹，谁把饭给煮好的呢？"觉得奇怪，便假装外出放牛，藏在屋顶上看个究竟，大约到该做饭的时候了，放牛娃发现从达娃那里带回的那只鸡从家里飞出来，把身上的羽毛一下子揭掉，霎时就变成一位美丽的姑娘，接着就去舂米做饭，忙个不停。放牛娃见了，立即从屋顶上跳下来，把她抱住。姑娘急忙推开说："不要这样，让外人看见了多不好！"放牛娃见姑娘拒绝，灵机一动，就把她揭掉的羽毛抛到火塘里烧掉了，这样姑娘就再也变不成鸡了。

放牛娃家里有个美丽的姑娘这件事，很快就传到主人的耳朵里。主人对放牛娃说："你是我的奴隶，这个姑娘不能归你所有，应该归我，如果你不同意，我们比赛一下，先倒两筐大米在地上，每人捡一筐，一粒一粒地捡，看谁先捡完，这个姑娘就归谁。"

放牛娃无奈，不知如何是好，踌躇地回到家里，把和主人比赛的话告诉那位姑娘。姑娘指点放牛娃说：“你可以到我们出来的那个河边，拍一下手掌，叫一声‘鸽子’，一只鸽子就会飞出来，你把它带回来，跟主人比赛。”放牛娃按照姑娘的吩咐去做，河里果然飞出来一只鸽子，他带着鸽子去和主人比赛，主人把大米一倒，就放出一群鸡来吃。暗想：“他连个鸡都没有，怎能赢得比赛？”放牛娃见主人放鸡，他也放鸽子出来吃米，不一会儿，就把那筐大米吃完了，主人的鸡还没有吃完一半。主人见了，不得不认输。主人沉思：“他家只有一只鸽子，什么东西也没有。”又对放牛娃说：“我们比赛看谁的鸡多，谁赢了，那姑娘就归谁。”

放牛娃听了主人的话，便回家同姑娘商量，姑娘再次告诉他：“你到前次去的地方拍一下手掌，叫一声‘水鸭子’，就有一只水鸭子出来，你把它带回来，去和主人比赛。”放牛娃不敢怠慢，按姑娘的吩咐去做，果然从河里出来一只水鸭子。放牛娃就带着水鸭子去和主人比赛。主人见放牛娃只有一只鸭子，煞有介事地自喜着：“这一回我一定赢了。”便把家里所有的鸡放出来。放牛娃见主人放鸡，也把水鸭子放出来，谁知水鸭子翅膀下竟飞出无数的鸡来，把主人的鸡全压倒在底下，连半个影子都看不见，主人只好认输。主人虽然认输，但不服气，便又想到自己随从、奴隶多，放牛娃只有一个人，谁会帮助他？又想了一个方法对放牛娃说：“我们这次比赛打仗，谁打赢了，谁就得到这位姑娘。”放牛娃想到自己只有一个人，怎能打赢，回到家里又同姑娘商量，姑娘告诉他说：“还是到以前去的地方拍一下手掌，叫一声‘木箱’，一个木箱就出来了，你把那个木箱背回来，同主人去比赛。”

牛娃又按照姑娘的话去做，果然从水里浮起一只箱子，放牛娃就背着箱子到了主人那里去。主人见放牛娃来了，便问：“你准备跟我比赛吗？”放牛娃说：“是啊！”主人见放牛娃只有一个箱子，没有一个帮助打仗的人，正是动手的好机会，便立即下令带着刀枪弓箭的随从、奴隶冲出来，想一下子把放牛娃杀掉。放牛娃见对方冲出很多人，就急忙打开箱子，只见箱子里冲出无数带刀枪弓箭的人来，把主人的随从和奴隶都杀了。主人眼看又输了，还是不服气，死了随从和奴隶不要紧，还有许多猪、羊，可以请巫师祈祷。便对放牛娃说：“我们比赛跳滚烫的油锅，谁能平安地爬出来，谁就可得到姑娘。”

放牛娃听了，十分忧虑，家里没有猪羊，没法请巫师祈祷，求乌佑保护自己，跳进油锅，一定白白烫死，但又没有别的办法，只得闷闷不乐地回家。姑娘见到放牛娃愁容满脸，问放牛娃："为什么这样？" 放牛娃把前后经过的情况述说了一遍，姑娘劝放牛娃："不必发愁，只要到河边再拍一下手掌，叫一声'药'，一包东西便浮出水面来，你把它带回家就成。" 放牛娃按照姑娘的指点，在河边拍了一下手掌，叫一声"药"，一包东西果然浮出水面。放牛娃便把药带回家，那姑娘就在放牛娃的浑身上下涂满了这种药，然后叫放牛娃放心去比赛。放牛娃独自来到主人家，但见油锅早已烧得上下翻滚，两边排列着巫师正在喃喃祈祷，杀鸡宰牛，并请乌佑保护。主人见放牛娃来了，心里揣度着："他这样单独跟我比赛跳油锅，一个巫师也不请，也没有乌佑保护，非烫死不可。我这次必定能得到这位姑娘了。" 主人越想越高兴，连过去多次失败的教训也都忘了，相反还想看看放牛娃怎样在油锅里烫死，便笑着对放牛娃说："过去几次比赛总是我先行动，如今要轮流，这次该你先下去了。" 放牛娃暗想，前几次得到姑娘的帮助取胜了，怕什么，先下去也没关系，于是纵身一跳，扑通一声潜入油锅底，由于姑娘在放牛娃身上全涂了药，虽在滚烫的油锅里竟有点凉意。主人看到放牛娃跳下去后，久不浮起，大声叫道："他死了，他死了，姑娘归我了！" 话刚说完，只见放牛娃从容地从油锅里钻出来，主人又想："放牛娃没有请乌佑保护，身上没有烧伤的痕迹，深感惊奇。他都没有被烫伤，我杀了那么多鸡、猪和牛，该请的乌佑都请来了，还怕什么？" 也学着放牛娃的样子跳进油锅里，不经片刻，皮肉便被炸焦了，连骨头也被炸成了金黄色，就这样死掉了。

从此以后，没有人敢同放牛娃争夺那漂亮的姑娘，主人的全部财产也归放牛娃所有，他和那位姑娘过上了平安幸福的生活。

民间歌谣[①] 在漫长的历史长河中，民间歌谣在林芝县藏、门巴、珞巴各族人民的长期生产生活中出现，在与各种复杂恶劣的自然现象和不合理的社会制度斗争中，所经历的一切无不在歌谣中有所反映。这些丰富的歌谣，在内容和表达形式上千姿百态，与祖国各族人民的歌谣相比，既有某些共性，更有其鲜明的民族个性。在这里介绍的只是在巴宜区及周边地方广泛流行的比较有特点的几首。

祝歌舞者门面三层高（果谐）

胸部是锅庄的仓库，今日我要打开仓库门；

① 下列所选民歌选自普布多吉主编的《林芝民歌精选》，人民出版社，2016 年版。

胳膊是锅庄的翅膀，今日我要炫耀翼力；
胸部是歌舞摇摆处，今日我要放松放松；
膝盖是锅庄的风轮，今日我要转动转动；
双脚是锅庄的滚球，今日我要滚一滚它。
胸部像吉祥的羊圈，羊圈装满一百只羊；
喉咙就像碧绿松石，上百匹骡拥挤而来；
若黎明时鸡不报晓，我绝不松舞伴的手。

四洲大海的来历

若没有交杵金刚风，焉能形成白色沙土；
若不形成白色沙土，焉能形成四洲大海；
若不形成四洲大海，焉能有八瓣莲花地；
若没有八瓣莲花地，焉能上盖八辐轮天；
若不上盖八辐轮天，怎么能下毛毛细雨；
若不能下毛毛细雨，稻子焉能生绿叶；
稻子若不能生绿叶，焉能有世间的兴盛。

水田像牛皮绳

好吧，调头吧犏牛，这水田像牛皮绳；
坡田里黑肥滚滚，财神定会保佑你。
孜米——耕牛你呀，你向我射支箭吧！
批米——耕牛你呀，我像鹰旋般射箭。
孜米——耕牛你呀，我是灵巧的麦架。
批米——耕牛你呀，我是承受力强的麦架。
孜米——耕牛你呀，我像打墙一样打。

里外好的白奶桶

杰杰鲁奶汁湖边，里外好的白奶桶。
外好它有九个箍，里好它是白牛奶。

今天见面不比寻常

白雪山未被太阳溶化前，
狮子盘绕雪山恩情大，
今天见面不比寻常。
红岩山未被霹雳击碎前，
鹫鸟盘旋岩石恩情大，
岩山和鹫鸟很久未见面了，
今天见面不比寻常。

绿草原未被严霜打枯前，
麋鹿未到草原恩情大，
草原和麋鹿很久未见面了，
今天见面不比寻常。

柳林叶子没有凋落前，
小鸟飞来柳林恩情大，
柳林和小鸟很久未见面了，
今天见面不比寻常。

工布下部

工布下部早拉森塘，
像丝线穿珍珠；
那朗加巴瓦山，
好比空中挥舞宝刀；
廷占玻口山洞，
好比岩石上桩子；
松瓦雷孔山坡，
好比太阳和月亮对称：

德姆阿里寺庙，
好比供奉着神圣曼扎；
苯教拉日穹多山，
好比雄鹰空中飞翔；
羌那日乌贡钦寺庙，
好比麋鹿舒服睡觉；
普曲黄金寺庙，
好比金凤盘旋在天空。

欢乐的人相聚

欢乐的人相聚，酿造的酒更香。
陈年酿成的酒，其香还是如旧。
冰雪融化溪水，流进深蓝龙潭。
潭中新栽柳树，请你快快生长。

没有山装不可能

万物美丽靠着装，巍峨高山也一样。
高山不是没有帽，皑皑白雪就是帽。
高山不是没有装，各种森林就是装。
高山不是无腰带，彩虹云朵是腰带。
高山不是没有鞋，小溪大河就是鞋。
高山不是没有舞，金眼小鱼就是舞。

水草取样

高高雪山巍，后山草丰美。
贵客白雄狮，前山来取水。
取了草水样，欢喜雪顶回。

高高岩洞隧，后山草丰美。

贵客白大雕，前山来取水。
取了草水样，欢喜岩洞回。

高高草坝嵬，后山草丰美。
贵客野鹿牛，前山来取水。
取了草水样，欢喜草坝回。

柳园具四位，后山草丰美。
贵客绿杜鹃，前山来取水。
取了草水样，欢喜门隅回。

工布服饰

工布阿达头上，别说没有帽子，迦夏亚罗帽子，工布阿达之帽。
工布阿达耳朵，别说没用耳坠，珍品碧玉耳坠，工布阿达耳坠。
工布阿达脖上，别说没有项链，九眼宝珠玛瑙，工布阿达项链。
工布阿达身上，别说没有藏袍，柔软氆氇藏袍，工布阿达藏袍。
工布阿达脚上，别说没有藏靴，藏靴彩虹长靴，工布阿达藏靴。
工布阿达我们，别说没有舞蹈，舞蹈长寿龙跃，工布阿达舞蹈。

愉悦暖阳

雅当列！
照来愉悦暖阳，升在晴空之中。
升出幸福暖阳，照在柳林之中。
幸福愉悦太阳，转着四方回来。

雅当列！
流出幸福之水，就是雪山甘露。
愉悦幸福之泉，山泉清澈流下。
相聚幸福之水，娘曲河中流下。

雅当列！
欢喜封绶庆贺，长有丰收禾苗。
舒畅幸福丰收，回到自家粮仓。
幸福欢聚丰收，变成青稞美酒。
脚下马头船儿，马头船儿之内，
酒香茶水堆起。

唱支欢乐的歌

山谷上游长着，神树檀香之木；
神树檀香之上，落着两只鹦鹉；
两只鸟儿商量，一同回到门城；
到了门城之时，两鸟欢歌起舞。

山谷中游长着，神树松柏之木；
神树松柏之上，落着两只杜鹃；
两只鸟儿商量，同回雅隆柳木；
到了雅隆柳木，两鸟欢歌起舞。

山谷下游长着，柳树玉叶之木；
柳树玉叶之上，落着两只画眉；
两只画眉商量，同回绿坝农田；
回到绿坝农田，两鸟欢歌起舞。

吉祥弓箭

上部阿里尼婆河，水源不一各是各。
有缘福地来相聚，聚于永恒雅江河。
吉祥如意雅江河，既送祝福又献歌。
源源不断吉祥播，畅流无阻唱欢歌。

杂日竹和宗嘎竹，产地不同各是各。
有缘福地来相聚，聚于箭场青草坡。
吉祥如意箭无损，既送祝福又献歌。
箭遗万年吉祥在，百步穿杨唱欢歌。

俊公子和美公主，出身不同各是各。
有缘福地来相聚，聚于白色神舍中。
吉祥如意结伉俪，既送祝福又献歌。
祝愿去病纳福禄，白头偕老吉祥多。

诗文选录

诗歌

工布，燃烧的生活[①]

从黄灿灿的光焰里
工布人把燃烧的日子寻找
七月，季节多雨
出垅间的油菜花
撑起一朵朵的燃烧的太阳
把每一个日子焚烧
哦，拉索哦，拉索，拉索

---

① 选自林芝地区地方志编纂委员会编:《林芝地区志》，中国藏学出版社，2006 年版。

善良的工布人架起太阳的形状
喝罢新鲜的牛奶，醇香的青稞酒拉索
西洛，跳起你的锅庄望而却步、弹响你的弦子
那个男子汉
对，就是那个泽巴公布哦
在你仔细端视的刹那
那橙黄黄的火哟
被你的眼睛烧爆
被你的眼睛烧得更旺

哦，燃烧吧，烧吧
把苦难烧成灰烬
把任日的贫寒熏得黄金般的通体温热
让猎猎的风幡
号召起吉祥的细雨轻风
濡湿工布人干旱的心坎
哦，我们在烈火中永生
我们是华胥氏优秀的儿女
繁殖的子孙
我们练就工布人
特有的智慧和力量
不惧怕贫困，我们要改变贫困
焰火旁举着火焰宣誓
展开来的掌心
响起阵阵工布的豪言和壮语
用眼睛举起生存的火焰
如果身边有火
我们就不惧怕寒冷
哦，可爱的工布人

跳起了欢快的锅庄
成为锃亮的男人
成为天底下
最美最美的母亲

关于林芝和一个男人对一个女人的爱情[①]

凭借对林芝的爱情爱你，肯吗
那么，再以尼洋河的清澈澄碧
那么，再以南迦巴瓦的纯情和高洁
以才旦卓玛的歌呢
如果依然不能爱你个够
那么，让善射的旺青
从羌塘牧场赶一匹强悍的黑马
迎接我的嫁娘
或者，让工布炽热的缕线
掠你而走
凭借对最亲爱的女子的爱情
爱你，林芝
否则，我只有念动六字真言
朝拜神山，让圣鸟
从你雪的坦白的襟怀飞过
从你水的清凉的唇边飞过
决不打扰属于你的阳光和宁静
然后，转动无数的法轮
还原你的美梦
在路旁，风化为石为草为歌
在你的怀中呢喃欢唱

① 选自林芝地区地方志编纂委员会编:《林芝地区志》，中国藏学出版社，2006 年版。

林芝，一首故乡的歌哟

尼洋河听潮 [1]

尼洋河，
你用一种远古的语言，
滔滔不绝，
透过阳光，
今日方感受你粗重的呼吸。
冬，涓涓无歇，
夏，咆哮不息。
蜿蜒荡漾着工布，
多少美丽的故事，
朴素悠扬的歌谣，
原是响亮的哲鸣，
和着终于涨潮的爱情。

阿塔工布抗英歌 [2]

阿塔的工布民军英勇非凡，
英国侵略军胆战心寒。
他和战友们的鲜血啊！
染红了庄严的乃宁寺的石板。
英雄业绩传百世，
壮士丰碑竖万年。

① 选自林芝地区地方志编纂委员会编:《林芝地区志》，中国藏学出版社，2006年版。

② 选自西藏自治区政协文史资料研究委员会编:《西藏文史资料选辑》第7辑《西藏人民抗英斗争史料专辑》，1985年版。

全被鲜血染红了[①]

阿达工布军来了，
洋人人头落地了。
乃宁寺的石板地，
全被鲜血染红了。

散文

觉木宗往事[②]

李初初

雪山桃花不一般。林芝的桃花早已声名在外。每年3月，西藏的冬天还未退去银妆，远方林立的高峰还覆盖着皑皑白雪，桃花就已如藏族姑娘脸上美丽的高原红，如醉霞绯云般，在争相斗艳，开遍林芝山野。

2013年3月23日，第十一届林芝桃花文化旅游节在享有“雪域桃源”美称的林芝县嘎拉村开幕。开幕式上，由著名雕塑家李春华先生根据《艽野尘梦》的故事设计和创作的陈渠珍、西原雕像，由广州落成经西安展览，历经4200多千米，耗时20天后，最终沿着当年他们离开西藏时的道路，回到了西原的故乡——林芝，并在桃花节上揭幕。之后，西原和陈渠珍的塑像，将并肩携手矗立在尼洋河观景台上，眺望他们曾熟悉的远山和近水。

林芝，不仅是西原的故土，也是陈渠珍和她相识、相爱，一起生活、战斗，并最终被迫离开的地方。从此，他们开掘了自己在青藏高原上那段历时二百二十三天，一百一十五人仅十一人生还，充满种种艰难险阻的风雪和生死之途。而塑像的回归，距离1911年初冬他们离开的时间，已有百余年的时间。

作为入藏军的军官，陈渠珍先生来到西藏，终其一生也没到过拉萨。部队到江达（今天太昭古城）后，便受命东进，入驻工布地区。而现在林芝桃花节开幕式和雕像揭幕仪式所在地的嘎拉村，正是陈渠珍先生在《艽野尘梦》中所写的“脚木宗”的辖地一带。

① 选自中国民间文学集成全国编辑委员会编:《中国歌谣集成·西藏卷》，中国ISBN中心，1995年版。

② 原载《桃花深处的私家情愫——寻访西原故里》,《西藏人文地理》2013年5月第3期。

“脚木宗，居工布之中心，田野肥沃，气候温煦。山上有大喇嘛寺一所，极壮阔，喇嘛三四百人。其呼图克图，亦一年高德劭之喇嘛，和蔼可亲，与余往还甚密。尝就其考问西藏风土，亦言之娓娓可听。一日，设宴邀余游柳林。果饼酒肴，罗列满桌。中一火锅，以鱼翅、海参、鱿鱼、瑶柱、金钩、口蘑、粉条之属，杂拌肉圆鸡汤，又以腌酸青菜及酸汤调和之，味鲜美绝伦，内地所未尝有也。”

“余一日设宴请呼图克图游柳林，约全营官佐作陪。支帐幕四，每帐设一席，呼图克图欣然至。酒酣，众饮甚欢，猜拳，狂呼不已。其随从喇嘛闻喧呼声甚惊，窃往观之，则见奋拳狂呼，如斗殴状。亟奔回告其众曰：‘呼图克图危矣，急往救之。’于是众不及问，随之往。至则猜拳喝呼声方浓。有曾至拉萨，知为猜拳者，为众言之，始一笑而散。余与呼图克图亦皆笑不可抑。”

陈渠珍从江达（现工布江达县太昭古城）到了牙丕（又叫牙披，现工布江达县阿沛村）以后，即以“厦札远遁，番人无反抗意，请示招抚，以安人心”呈报驻藏大臣联豫。他巡视村寨，抚问疾苦，申明纪律，严禁官兵擅入、惊扰民房及寺庙。因此抚驭有方，颇得人心。他与脚木宗当地喇嘛寺的活佛也有一番交往，吃饭、饮酒、请教风土人情等等。

如今，八一镇和嘎拉村沿尼洋河谷一带，杨柳依依，柳林依旧。只是不知道当时，年轻而意气风发的陈渠珍，有没有欣赏过这漫山遍野的雪域桃花。按时间推算，当时陈渠珍所在的部队于宣统元年（1910）春节期间抵达太昭，到牙丕后驻扎了两三月，正应是初春季，桃花开放的好时节。

而根据另书记载，以及《石鼎昌勘查工布原函》可见，陈渠珍入驻工布不久，还上表了治理工布的《六事条陈》，颇得联豫的赞赏，这六条重心包括：改治、练兵、筑路、屯垦、兴学、开矿。而当时文官、建县委员石鼎昌，原系四川候补知县，初来乍到边疆，办事尽心尽力，尽职尽责，他将陈渠珍所呈六事一一落实，于 1910 年正月 12 日开堂开办了觉木宗学堂，16 日入学，共 36 名男女学员，此为工布地区建学堂，有史以来第一宗。书记官范玉昆，因在曾巴娶妻安家，便留在这里任教。

兴学、开矿、屯垦、筑路、练兵、改治，因《艽野尘梦》原书未有过多记载，这些都成了外人少知的陈渠珍在这一带治军所衍生的故事情节。

即使对于“脚木宗”（实为觉木宗），其位置，现在也鲜有人知道，正是八一镇所在地的前身。当时这里为觉木宗宗府所在地，处于现八一镇西边尼洋河另一岸的自治区农牧学院附近，现今只保留着“觉木路”这一街道名。从林芝地区以及林芝的历史沿革来看，1960 年，以德木宗西部、觉木宗东部、则拉岗宗东北部合并，设林芝县（驻尼池村）；以雪喀宗和觉木宗西部设雪巴县（驻雪巴村），至此，觉木宗这一地理名称，和西藏许多地名一样，历经种种流变，逐渐荒废，不复存在。

特意前来参加西原和陈渠珍塑像揭幕仪式的陈渠珍的后人——女儿陈元吉以及外甥女田汀，代表陈家人，百年后来到西原的故土，怀有浓烈的感恩、访祖、拜谒之心、之情。

当她们和我讨论到“脚木宗”的所在地时，最感兴趣的，一是当时书里所记载的“山上有大喇嘛寺一座，极壮阔，喇嘛三四百人”，这座寺庙今何地，以及其“呼图克图”是何人等。

可惜，因为手头资料的缺乏，以及查阅《林芝县志》等史料最终未能如愿的缘故，我也未能考证出其寺庙名称、具体地理位置，以及寺庙为什么现在已不复存在，或是究竟因何种原因而消失殆尽。从记载来看，那座寺庙的规模之大，而且其活佛是“呼图克图”，这是要经过大清皇帝才能册封的大活佛、喇嘛高僧的专有称谓，理应可以有线索可追寻。也或，他在原著中所指的喇嘛寺乃是指当时宗木宗所辖的“德木宗扎西曲林寺”，即今日工布江达县扎西曲林寺，该寺东嘎（意为白海螺）活佛，是受到清康熙皇帝册封的呼图克图之一。又或，他所自称的“呼图克图”，仅仅只是一般的活佛或者喇嘛高僧而已。

陈渠珍与西原塑像

二是当时书上当时所说的柳林，现在林芝八一镇沿尼洋河河谷一带，皆是大柳树，柳林遍地。相传柳树最初是由文成公主从内地传来西藏的，所以也被冠之为“公主柳”。

没有了入藏途中一路攀爬的雪岭冰峰、严寒困苦；河鱼肥美，温饱不再成为问题；有查抄边觉多吉欣赏到致美大藏经，以及深入白马岗今日之墨脱体验民风民俗的野趣。更重要的是，他在德木山下、尼洋河畔的柳林里，认识了藏女西原。从温煦春天到炎炎夏日，再到金色秋天，柳林或陪伴了陈渠珍入藏后最好的一段时光。

陈渠珍《艽野尘梦》(节录) [①]

第四章 收复工布

余开驻牙披时，沿途僧俗，遮道欢迎，进哈达、酒食。番入呼酒曰“呛”，以长筒盛之，中系皮带，背负而行。番人行呛时，先倾掌上自饮，后而敬客，以示无毒也。

余驻牙披后，即以“厦札远遁，番人无反抗意，请示招抚，以安人心”呈报入藏。旋报可。余乃从事安抚，逐渐向曲巴、增巴、脚木宗推进。每至一处，则召集僧俗，以晓汉藏一家，达赖受英人嗾使，出兵反抗。今达赖远遁，朝廷轸念藏民，不咎既往，各宜安业勿惊。又不时巡视附近村寨，抚问疾苦。其贫无力存活者，又周恤之。且将旧例供应柴草夫役，皆分别给钱。更申明纪律，严禁官兵擅入民房及喇嘛寺。于是番人大悦。远近向化，相率输诚。钦帅亦嘉余深识治体，抚驭有方。历时两月，工布全部遂完全肃清矣。

工布在江达之西南，纵横八百余里。东接波密，西南接野番。其极西之阿冗噶伽，则为藏王边觉夺吉之衣胞地。民情朴厚，气候温和，物产亦尚丰富。历年在达赖压迫之下，痛苦不堪，此次出兵，亦迫于达赖威力。自余部开入，人民翕翕向化，咸庆来苏矣。

《艽野尘梦》书影 杨志宏 摄

脚木宗，居工布之中心，田野肥沃，气候温煦。山上有大喇嘛寺一所，极壮阔，喇嘛三四百人。其呼图克图，亦一年高德劭之喇嘛，和蔼可亲，与余往还甚密。尝就其考问西藏风土，亦言之娓娓可听。一日，设宴邀余游柳林。果饼酒肴，罗列满

① 节选自陈渠珍著，陈继光校注:《艽野尘梦》，中国画报出版社，2016 年版。

桌。中一火锅，以鱼翅、海参、鱿鱼、瑶柱、金钩、口蘑、粉条之属，杂拌肉圆鸡汤，又以腌酸青菜及酸汤调和之，味鲜美绝伦，内地所未尝有也。不知喇嘛何以办此。余自西藏回，已二十五年矣，亦尝仿此为之，食者莫不称善。可见口之于味，有同嗜焉。

余一日设宴请呼图克图游柳林，约全营官佐作陪。支帐幕四，每帐设一席，呼图克图欣然至。酒酣，众饮甚欢，猜拳，狂呼不已。其随从喇嘛闻喧呼声甚惊，窃往观之，则见奋拳狂呼，如斗殴状。亟奔回告其众曰："呼图克图危矣，急往救之。"于是众不及问，随之往。至则猜拳喝呼声方浓。有曾至拉萨，知为猜拳者，为众言之，始一笑而散。余与呼图克图亦皆笑不可抑。

亡姬西原墓志铭（节录）

姬西原，西藏人也。藏俗无姓氏，称以其名。姬生凯浪，来归于德摩，殡于陕西西安，埋骨于湖南凤凰。其卒在归后三年，其葬于卒后十四年，其病以积瘁不治。藏俗尚骑射，西原能驰怒马，俯拔卓地竿之球。又尝去百步射，不失鹄。清宣统二年，予从军入藏，西原来侍，闺去有礼意。越年，予以编师战八浪登，战纳衣当噶。两赖西原之力，脱予于险。其后，武昌革命军起，予谋以兵遥应之，卒不利。遂于十一月十一日，率从士一百一十五人，携二月粮，入青海，失道戈壁中，弥望黄沙猎猎，盛风雪豺虎，士皆气惨摄，谓必死。西原独持壮语相慰藉。其后粮尽，杀马粹装，寻火亦绝。乃猎野牛野羊生啖之，士占寒，死亡日众。西原独肩袂被温予。一日间行失从，夜卧沙碛中，饥惫濒殆。西原搜囊中余脯以进，予擘啖之，则泣曰："妾忍死万里从君，君而殍，妾孑孑安所归。且世固不可无君。"卒不食。予亦为之呜咽哽噎，泣数行下。明年六月二十四日到达兰州，从士死亡殆尽，生还者仅七人而已。九月行次长安，西原以积痨病发，卒年十九。临命犹执予手，泣曰："君获济，妾死无憾矣。"呜呼！西原茹万苦百艰，敢犯壮夫健男窘步撤肘之奇险，从容以护予者，而予曾不获携归家园，同享一日之安宁，予述至此，予肝肠碎断矣。复何言哉！复何言哉！穷途无力扶归，权厝于长安城外雁塔寺。其后十年，执友董禹麓为归其骨于保靖军次。又四年，葬于凤皇城西陈氏之阡。今吾西原閟然娱宁于幽宫。虽可悲亦可喜。

唐地叶达山山沟　　杨志宏　摄

大事纪略

八一镇发生过许多大事件，对当地社会、政治、经济、文化等发展产生重大影响。本篇选取历史上有标志性意义的部分大事，以纪略的形式加以载录。前述有关篇章已作记载的不再赘录。

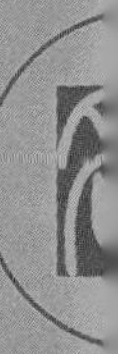

1910 年赵尔丰改土归流

清光绪三十四年（1908），赵尔丰任驻藏大臣兼任川滇边务大臣，清宣统元年（1909），他挫败进攻巴塘的藏军，并攻入西藏，进占江卡、贡觉等四个部落地区，一直到达江达宗。宣统二年（1910），赵尔丰率川军进入拉萨，宣布剥夺十三世达赖喇嘛的名号，达赖喇嘛逃往英属印度。赵尔丰请求乘胜平定西藏全土，并建议在藏区推行革教易俗政策，由于担心其举措过激，清政府没有允许。赵尔丰改土归流，移内地民众充实边疆，推动垦务，废除土司制度和寺庙特权，发展藏区农牧业、手工业、文化教育事业等，有效地减少了叛乱因素，加强了政府对边疆的统治，对藏区经济、文化等方面发展起到推动作用。钟颖军与赵尔丰军会师于查木多（昌都），后迅速推进到工布（今八一镇附近），对整个工布和波密地区（昌都、林芝地区）进行改土归流，消灭了长期威胁丹达岭以西的后藏安全的波密王白马青翁独立政权。

1910 年陈渠珍率清军剿匪

清光绪三十四年（1908）十月，驻藏大臣联豫请奏朝廷派清军入藏。清宣统元年（1909）年初，朝廷遂决定在四川挑选精兵 1700 人组建新军，以钟颖为统领率军入藏，归驻藏大臣节制。边务大臣赵尔丰从边军中组织 3 个营兵力掩护新军入藏。新军下设 3

个步兵营，1 个骑兵营，工程兵、炮兵、军乐队各1队，共 1700 人。配有法国造大炮 16 门、机枪 24 挺，并有长途电话、渡江铁驳船等装备。是年冬，钟颖部抵藏。宣统二年（1910）春，驻藏大臣联豫令钟颖派管带陈渠珍率清军 600 余人驻防于觉木、德木、鲁朗（今巴宜区境内八一镇、米瑞乡、鲁朗镇一带），并对骚扰工布地界的波密盗匪予以清剿。

1959 年“丁指”部队营建八一新村

八一镇历史上原属西藏政府工布地区五宗之一的觉木宗。现在八一镇的主要部分源自原来尼洋河东岸一个很小的村庄，名叫拉当嘎。

1959 年 3 月，奉中央军委命令，组成由丁盛军长、谢家祥政委组成的指挥所（以下简称“丁指”），率 134 师和 56019 部队经青藏公路入藏参加平叛作战。134 师下辖三个团，先头部队于 3 月 28 日到达拉萨地区后，其中一个团立即投入 3 月 30 日至 4 月 5 日的澎波战役。另两个团则参加了 4 月 7 日发起的山南战役，历经进剿和驻剿两个阶段，于 5 月结束该战役。然后“丁指”率 134 师北进，于 8 月 17 日至 9 月 15 日发起麦地卡（嘉黎西北、那曲东南）战役。1959 年 10 月 25 日，134 师除炮兵某团、高炮营外，师机关及直属分队全部移防至气候比较温和、烧柴易于解决的林芝地区过冬、整训。1959 年冬季，在林芝拉当嘎村附近修建营房，取名“八一新村”。

1961 年结束平叛任务后，134 师调回内地，八一新村成为西藏军区 56021 部队的营房。之后八一新村逐年扩大，发展成为今天林芝地区最大的市镇——八一镇。

1959 年觉木宗剿匪

1959 年 5 月上旬，“丁指”部队某团和地方驻军某团进驻索卡和则拉、足木、觉木（今八一镇巴果绕一带）、太昭 4 个宗（含阿沛地区）进剿叛匪。5 月 24 日，在今八一镇巴果绕山沟与 60 余名叛匪遭遇并发生激战，战斗进行约 4 小时，共打死打伤叛匪 40 人，俘虏 23 人，缴获长短枪 50 余支，子弹 600 余发，以及长矛、大刀等武器。

1966 年建立西藏第一个现代化纺织厂——林芝毛纺厂

1966 年，为弥补西藏纺织工业的空白，纺织工业部决定将上海毛麻公司维纶粗疏毛纺织厂连同其全部人员和设备迁入林芝八一镇，建立西藏第一个现代化纺织厂——林芝毛纺厂。1966 年 9 月 18 日宣告建厂，10 月正式投产。建厂时有纱锭 1120 锭，固定资产总值约 351.58 万元。1978 年为产量最高的一年，共生产毛线 41.12 万千克、毛毯 4.47 万条、地毯纱 5.3 万千克。1980 年，林芝毛纺厂的固定资产从原先的 3000 多万元增加到 1.5 亿余元。全厂职工从 648 名增加到全盛时期的 1800 名。1989 年，实现年利润 695.62 万元。80 年代，极盛时期的林芝毛纺厂产品共有五大类一百多个品种，远销国内十几个省市和海外，一床毛毯可卖到 50 多元，是当时很多工薪家庭近两个月的工资。林芝毛纺厂把西藏展现给全国各地，被誉为“高原一支红”。90年代后期，林芝毛纺厂受全国纺织业大规模重复建设的影响，逐渐衰落。2004年，经西藏自治区政府同意，由西藏公路工程总公司对其兼并，林芝毛纺厂的牌子和部分建筑、设备遗址尚存。曾经的林芝毛纺产经过整体改造建成为物流中心，向整个林芝地区配送来自成都的大型物流。2013年12月2日，由西藏自治区人民政府公布为第六批自治区级文物保护单位。

林芝毛纺厂旧址　　林芝市巴宜区文广局　提供

1969年建立西藏林芝地区第一小学

原坐落在林芝县八一镇，东接地区地委、西接解放军驻地，位于川藏路沿线。林芝地区第一小学建校40多年来，为林芝地区的经济发展输送了大批的合格人才。

1969年9月，林芝县革委会成立，中国人民解放军驻西藏9811部队为解决部队子女及附近单位（主要是建筑公司和养护段）的子女上学问题，腾出一间近50平方米的仓库作为教室，建筑公司解决课桌椅及基本教学设备问题，由部队派一名部队干部家属和2名女军人任教，9月开学时共有13名学生入学。1972年，9811部队子弟学校移交到林芝县文教局管辖，更名为林芝县八一小学。县文教局安排2名正式教师，并招聘十多名援藏知青和七八名部队干部家属任教。学生人数也发展到200多人，校舍也增加了2间。1987年，学校移交给林芝地区教体委直接管辖，校址于1988年9月由双拥路19号迁至双拥北路133号。

1970年建立西藏新华印刷厂

西藏新华印刷厂建于1970年7月，1984年搬迁至拉萨娘热路，与西藏人民印刷厂合并。现旧址位于八一镇多布村南130米处，318国道沿线，是西藏民主改革以来，最早修建的一所藏汉文出版物印刷厂。新华印刷厂现存3座车间和1座印刷间。1号车间位于2号和3号车间之间，坐东北朝西南，单檐悬山式屋顶，仅存模板支架。内部分前、中、后3间，前、后2间结构相同。2号车间位于1号车间左侧，单檐悬山式屋顶。内部分前、中、后3部分。3号车间位于1号车间右侧，墙体保存完整，屋顶部分仅剩木板支架，单檐悬山式屋顶。内部分前后2个部分，前部车间有机器固定槽1个，后部车间有机器固定槽4个，每个间距5米。4号车间位于3号车间后部，墙体保存完成，屋顶部分仅存木板支架，单檐悬山式屋顶。内部分为4个部分：第一部分由4个房间组成；第二部分为一个长14.2米、宽12.6米的房间；第三部分左侧设1个房间，右侧设2个房间，中央走廊宽1.8米；第四部分为一个长24.9米、宽12.6米的房间。西藏新华印刷厂旧址是西藏民族优秀的历史文化遗产，对研究西藏民

新华印刷厂旧址　　林芝市巴宜区文广局　提供

主改革的历程和进行爱国主义及革命传统教育具有教育意义与保护价值。2010 年，被公布为第四批自治区级文物保护单位。

1986 年林芝地区行署始设八一镇

1980 年和 1984 年，中共中央书记处先后召开第一次和第二次西藏工作座谈会，对西藏实行休养生息的特殊政策，提出西藏工作要解放思想，逐步从封闭式供给型经济转变为开放式经营型经济，逐步实现西藏城乡经济的良性循环，使西藏经济得到迅速恢复和发展。为适应新的历史条件下的经济建设和改革开放，1983 年，西藏自治区党委、西藏自治区政府报经中共中央国务院批准，恢复成立林芝地区。1984 年 11 月 4 日，根据国函字〔1983〕212 号文件精神，中共西藏自治区委员会召开办公会议，决定成立恢复林芝地区筹备组。1985 年 6 月，林芝地区筹备组党组成立，中共拉萨市委副书记尹汉章、

林芝市党政大楼　　杨志宏　摄

唐仲明和昌都地区行署副专员向巴平措、西藏自治区水电厅水利局局长聂功清、拉萨市政府秘书长张立聪 5 人为党组成员，尹汉章、唐仲明任党组副书记。林芝地区筹备组下设办公室、农牧林水电办公室、计划财政办公室、组织人事办公室、政法办公室等 7 个县级机构。1986 年 2 月 1 日，国务院正式批复，恢复成立林芝地区，将原属拉萨市的林芝、工布江达、米林、墨脱，原属山南地区的朗县，原属昌都地区的波密、察隅 7 县划归林芝地区。原林芝地区筹备组正式履行中共林芝地委职能，唐仲明任地委副书记并主持工作；行署方面，索朗丹增任林芝地区第一任行署专员。林芝地委、行署办公地点设在八一镇双拥路。2015 年，林芝地委改地设为林芝市委。

1988 年多布石器遗址考古发掘

1988 年 12 月 28 日，中国考古工作者在八一镇多布村南 150 米处、原林芝新华印刷厂果园内，海拔约 3150 米，发现一处古代石棺墓葬群。1988 年，试发掘 25 平方米，清理墓葬 7 座。从刨面来看，自上而下依次为耕土层、灰土层、砂土层。其中，灰土层含有陶片和炭星等，沙土层为黄褐色。出土有石锛和陶片，其中，陶片 22 片，为泥质黑陶、夹砂红陶。多布遗址出土的陶片与 1974—1975 年在云星、居木等地的同类遗物较相似，属同一文化类型，其年代早于曲贡村文化，晚于卡若文化。多布石棺葬的考古发掘，在林芝地区当属首次。从石棺葬所出土的器物看，具有显明的地方特色和时代特征，因而对于西藏石棺葬的分期、族属、年代、葬俗及文化内涵等方面研究，提供了珍贵的实物资料。

1998 年公众村成为西藏自治区第一个电话村

公众村位于西藏自治区林芝地区林芝县八一镇尼洋河畔北，距八一镇 1.5 千米。“公众”藏语意为山坡上的村庄，公众村也就是坐落在山脚下在树林中的村庄。1998 年 3 月 23 日，林芝地区在八一镇公众村建立电话试点村。4 月 8 日，八一镇公众二村 16 户村民中有 12 户开通国内长途电话，从此高原电话第一村诞生。

1998 年中国雅鲁藏布大峡谷科学探险考察队首站设在八一镇

1998 年 10 月 23 日，由科学家、新闻工作者和登山队员组成的 1998 年中国雅鲁藏布大峡谷科学探险考察队从拉萨出发，10 月 24 日到达首站八一镇。25 日，考察队与地委、行署就此次徒步穿越雅鲁藏布大峡谷的具体事宜进行座谈，交换意见。12 月 6 日，1998 年中国雅鲁藏布大峡谷科学探险考察队历时 40 多天，穿行近 600 千米，在深山密林、悬崖陡峭的雅鲁藏布大峡谷区域开展艰辛的科学探险考察活动，获取大量科学资料，领略和探索世界第一大峡谷的奇观，实现除当地人以外的“外来者”首次徒步穿越雅鲁藏布大峡谷的历史壮举。

1999 年建立林芝地区烈士陵园

林芝地区烈士陵园位于八一镇巴吉村南约 200 米，地处尼洋河北岸坡地，修建于 1999 年，由国家投资 130 万元，把分散在达则、大柏树和甲当嘎的烈士墓全部迁葬至此。陵园安葬烈士 99 名，其中包括和平解放西藏、中印自卫反击战中英勇捐躯的英雄，在西藏社会主义建设时期，为保卫国家和人民财产英勇牺牲的先驱，以及在 2000 年易贡抢险救灾中牺牲的 7 名武警战士等。地区烈士陵园现由墓葬、纪念碑、张国华题词的碑刻等部分组成。纪念碑位于烈士陵园的中央，石碑上阴刻有藏汉双语的“革命烈士永垂不朽”八个大字。墓葬位于烈士陵园的南面，墓葬东西横列 4 排，南北纵列 36 排，横列第一排和第四排各有 18 座墓葬，横列第二排和第三排各有 36 座墓葬。张国华题词

林芝地区烈士陵园　　杨志宏　摄

的碑刻位于陵园的东面，有简易的保护建筑物，距纪念碑以东约 40 米，碑刻为长方形，张国华题词阴刻在石碑的西面，内容为繁体书写的“为了巩固祖国统一，为了西藏人民的解放事业而牺牲的同志永垂不朽。公历一九六一年三月二十日”。石碑高 1.08 米，宽 0.62 米，厚度 0.1 米。2009 年 10 月 16 日，由西藏自治区人民政府公布为第五批自治区级文物保护单位。

2005 年林芝县政府迁至八一镇

1959 年 9 月，则拉宗、德林宗和贡穆宗 3 宗合并成立林芝县，驻地达则乡（后更名为林芝镇），直属林芝专署。2005 年 10 月 9 日，经民政部批准，林芝县人民政府驻地由林芝镇迁至八一镇。2015 年 3 月 16 日，国务院批复同意撤销林芝地区和林芝县，设立地级林芝市和林芝市巴宜区，巴宜区人民政府驻双拥路街道尼池路 4 号。

巴宜区委、区政府办公楼　　杨志宏　摄

2006年八一镇获“中国人居环境范例奖”

2004年以来，林芝地区坚持把发展作为第一要务，狠抓城市基础设施建设、小城镇建设，推进城镇化进程，进一步改善城乡发展环境。两年内，重点建设八一镇东三路、南二路、垃圾处理场、污水处理厂、林芝花园、工布特色商住区、新区体育场、青年公寓等一大批重点项目，大部分项目已发挥出良好的经济和社会效益。在加大市政建设和基础设施建设力度的同时，林芝地区还初步完成八一镇地形图测量，为修编八一镇总体规划和建立八一镇地理信息系统奠定基础。完成总用地26.15万平方米，可安排527户住户的同心自建小区以及总用地面积89680平方米的林芝文化广场总体规划。

为维护良好的城市秩序和环境卫生，2004年，林芝地区有关部门切实加强城市管理监察和环卫工作。加大执法力度，坚决取缔推板车和三轮车沿街叫卖，收缴板车130辆、处罚180人次，纠正违章1150起，批评教育和限期整改900余起；强化城市卫生管理，清理、清运、填埋城市垃圾500多吨，修复市政公共设施20余处、路灯上千盏、道路10余千米，疏通城市下水道900多处，较好地保证广大市民的正常生产生活，维护良好的城市形象。2006年12月12日，根据《关于修订〈中国人居环境奖申报和评选办法〉的通知》，经建设部常务会议研究，林芝地区八一镇生态与绿化建设项目入选“中国人居环境范例奖”。

2012 年唐地村成为西藏“网络第一村”

唐地，藏语意为空旷荒芜的土地，位于八一镇 318 国道沿线，距离八一镇城区 10 千米。历史上，唐地地处深山中，草木杂陈、杂物乱堆，村民缺乏致富门路。在镇党委、镇政府及相关部门的大力扶持和帮助下，按照“因地制宜、分类指导、重点扶持”的发展思路，全村各项事业蓬勃发展。2011 年，迈入人均收入万元村行列。2012 年，在驻村工作队的协助下，唐地村深入开展创先争优与“强基础、惠民生”活动，和中国电信股份有限公司林芝分公司共同实施了唐地村“宽带进村试点工程”，为村民配备电脑 33 台，进一步改善唐地村的生产生活条件，满足农牧民群众不断增长的物质文化需求，打造成西藏“网络第一村”，通过品牌效应进一步推进唐地村的旅游开发，增加农牧民群众的收入。

唐地村　　陈中祥　摄

2013 年公众村打造西藏民俗第一村

2013 年 7 月，广东旅游控股集团有限公司提出“引入村民参股，共同发展致富”的旅游创新模式，与公众村村委会、林芝县旅游服务中心等签订《西藏林芝“西藏民俗第一村项目合作协议”》，把握“一村一特色，村村有风情”的原则，结合发展乡村旅游的实际，采用“公司 + 基地 + 农户”的方式，将公众村打造成为林芝地区藏域文化旅游的西藏民俗第一村。2014 年，广东援藏队将该村列为小康示范村建设项目，投资 400 多万元，对全村基础设施及人居环境进行重新改造，小康示范村于 2014 年 4 月开工建设，2015 年竣工，全村 65 户、287 人受益。至 2015 年年底，景区内有 22 个景点，其中具有代表性的景点有千年核桃王、古杨鼎立、糌粑喷香、鹦鹉叼桑、朗玛奇柳、杰江柳王、核桃绝唱等。

2015 年八一镇入选国家新型城镇化综合试点地区名单

2015 年，林芝市深入实施城镇化建设工程，着力提升城市化水平。尊重城市发展规律，突出浓郁民族特色、独有地域特色、鲜明时代特色，注重高起点规划、高质量建设、高标准管理，着力打造水在城中、城在林中、楼在绿中、人在景中的城市新景象，城镇化率达到38.5%。同年11月27日，国家发改委等11部委联合发布《关于公布第二批国家新型城镇化综合试点地区名单的通知》，八一镇被纳入国家新型城镇化试点镇。抓住此次重要契机，八一镇开展加快永久片区、觉木片区基础设施建设，开工实施八一镇集中供暖、宇拓公园、永清河整治等项目，积极推进八一镇绿化、美化、亮化、市政道路“白改黑”、城市风貌改造和周边10个村庄“美丽乡村、幸福家园”建设，打造“森林之城、宜居八一”。

附录

文件选录

通 知

各县（区），各局、委，四大组、社改办公室：

现将自治区党委常委十一月二十六日会议研究同意“关于成立八一镇的批复”转发给你们。

拉莎（萨）革委会市政工组

一九七二年四月十七日

关于成立八一镇的批复

拉莎（萨）市革委会政工组：

经自治区党委常委十一月二十六日会议研究，同意成立八一镇，建立镇革委、党委。建制属区级，归林芝县领导，人员编制十名干部，任务主要是管理八一地区行政事项，管理各机关干部学习。因此在配备干部上请市革委会考虑适当加强。

自治区革委会政工组

一九七一年十一月二十九日

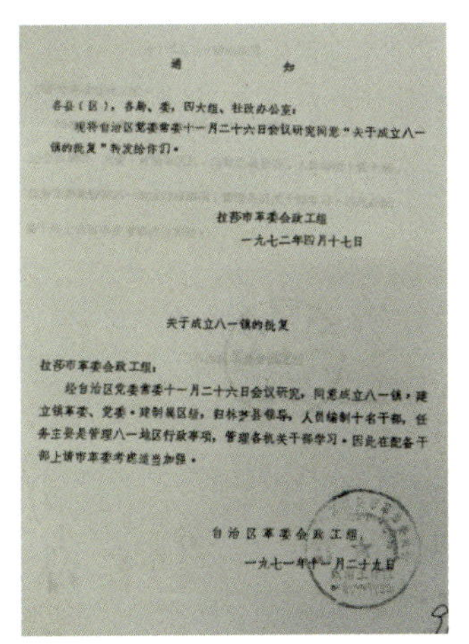

通 知

各县（区），各局、委，四大组、社改办公室：

现将自治区党委常委十一月二十六日会议研究同意“关于成立八一镇的批复”转发给你们。

拉莎市革委会政工组

一九七二年四月十七日

关于成立八一镇的批复

拉莎市革委会政工组：

经自治区党委常委十一月二十六日会议研究，同意成立八一镇，建立镇革委、党委。建制属区级，归林芝县领导，人员编制十名干部，任务主要是管理八一地区行政事项，管理各机关干部学习。因此在配备干部上请市革委会考虑适当加强。

自治区革委会政工组

一九七一年十一月二十九日

9

关于林芝县机构更名的通知

各乡镇党委、城区街道党工委，县委各部委，县各委、办、局党组（党委），各人民团体党组：

根据《林芝地区机构编制委员会〈关于林芝县机构调整的批复〉》（林地机编〔2015〕4号）精神，现将我县机构更名情况通知如下（详见附表），请各单位切实做好更名的相关工作。

附：1.《林芝县撤县设区行政机构更名表》；

2.《林芝县撤县设区事业单位更名表》。

林芝县机构编制委员会

2015年7月15日

关于成立林芝县街道办事处筹备组的通知

各乡（镇），县直各部、委，县直各机关、企事业单位，各人民团体：

为切实做好林芝县社会管理创新工作，根据《林芝地区所在地八一镇建立“1+4”式网格化管理和推行社区“一站四化”服务模式的实施方案》要求，为下一步成立街道办事处做好铺垫，经县委、县人民政府研究，决定成立林芝县城区街道办事处筹备组。林芝县城区街道办事处筹备组是受县委、县政府领导的临时性机构，依据法律、法规的规定，在八一市区内行使相应的城市管理服务职能。林芝县城区街道办事处筹备组工作以社区管理、社区建设和社会服务为重点，开展社会主义物质文明、精神文明建设，创建安定团结、环境整洁、秩序优良、方便生活的文明社区。林芝县城区街道办事处筹备组职能配置和人员编制如下：

一、主要职责

1. 在县委、县政府的统一领导下，行使县人民政府赋予的权力，负责本八一城区的城市管理服务工作。

2. 宣传和执行党的路线、方针、政策和国家的法律、法规，开展多种形式的社会主义精神文明建设活动。

3. 依法参与城区建设和管理，协助搞好城市规划管理、市政公用设施管理、市容环境卫生管理、绿化美化、环境保护、城市防灾等工作。

4. 加强社会治安综合治理，做好外来人口管理、青少年教育和武装工作，维护社会安定团结。

5. 积极发展社区服务业，发展多元性的街道经济，不断壮大街道经济实力。

6. 落实人口计划指标，加强流动人口的计生管理工作，搞好计划生育工作。

7. 做好社区教育、文化、体育活动的组织指导、协调工作。

8. 做好拥军优属和社会救济等基层社会保障工作，维护老人、妇女、儿童和残疾人的合法权益。

9. 协助做好离退休人员管理等工作。

10. 指导居委会工作，帮助居委会解决实际困难，及时向政府反映居民的意见和要求。

11. 负责对林芝县社区服务中心的管理工作。

12. 承办县委、县政府交办的其他工作。

二、人员编制

林芝县城区街道办事处筹备组共核定行政编制 6 名（编制从八一镇调剂）。

三、管理范围

林芝县城区街道办事处筹备组为林芝县人民政府的派出机构，直接隶属县人民政府管理，下辖白玛岗社区居民委员会和双拥路社区居民委员会，林芝县八一镇党委不再行使白玛岗社区居民委员会和双拥路社区居民委员会管理权限，林芝县城区街道办事处筹备组将接手对八一城区行政管理相关职能，八一镇政府工作重点将放在农村。

四、下设机构

林芝县街道办事处筹备组下设一个社区服务管理中心，事业性质。林芝县社区服务管理中心主要职责和人员编制如下：

（一）主要职责

1. 负责对便民服务大厅窗口工作人员的管理和相关单位的协调。

2. 不断加强服务窗口以外的其他服务管理工作，采取网格化、信息化、人性化管理等多种形式，构建横向到边、纵向到底高效运转、市民满意的社区服务管理模式。

3. 建立健全社区服务网络，充分发挥各网格的功能作用，形成设施服务与人性服务、设点服务与上门服务相结合的工作局面，开创老有所养、幼有所抚、残有所助、贫有所济、难有所帮的社区服务格局。

4. 会同发改、工商、水利、药监、住建、文化、商务、人社、国税、民政、林业、农牧、安监、卫生、环保、交通、国土市政、公安、消防、信访等部门，做好行政许可事项进入便民服务大厅开展服务工作。

5. 负责八一城区人口和计划生育政策宣传，办理计划生育证、独生子女证、结婚离婚证等相关证件；开展流动人口排查登记、服务工作；负责做好劳动和社会保障的统筹、协调和服务；负责调查登记民政优抚、救灾救济、残疾人、老龄人等工作。

6. 协助做好八一城区信访、法律援助等工作，维护八一城区社会稳定。支持和配合政法、综治、公安等部门处理民间纠纷和治安案件，协助司法等部门开展法律宣传、刑释解教及安置帮教工作。

7. 在学校、企事业单位、小区居民中组建社区需要的服务志愿者队伍，提高八一镇居民对社区的认同感、归属感，增强社区凝聚力。

8. 承办上级机关交办的其他事项。

（二）人员编制

林芝县社区服务管理中心核定事业编制 12 名（编制正由地区编办审批中）。

（三）其他

林芝县社区服务管理中心将接替八一镇对八一城区履行的相应服务职能，其中社区服务管理中心设立的便民服务大厅将代表林芝县政府集中对外办理行政服务事项，按照“依法、公开便民、高效”的原则和集中办理行政许可服务的运行管理模式为县域内公民、法人和其他组织提供服务。

林芝县机构编制委员会办公室

2013 年 3 月 20 日

调研报告

公众村精准扶贫精准脱贫调研报告

安山

一、引言

（一）调研的背景

中共十八大以来，中国脱贫攻坚取得了决定性进展和显著的成绩。贫困人口减少 6800 多万人，易地扶贫搬迁 830 万人，贫困发生率由 10.2% 下降到 3.1%。中共十九大报告指出，坚决打赢脱贫攻坚战。确保到 2020 年我国现行标准下农村贫困人口实现脱贫，贫困县全部摘帽，解决区域性整体贫困，做到脱真贫、真脱贫[①]。实施好精准脱贫攻坚战，确保2020年实现现行标准下农村贫困人口全部脱贫是精准扶贫精准脱贫的奋斗目标。

为了解全国贫困村的贫困状况、脱贫动态和社会经济发展趋势，总结精准扶贫和精准脱贫的经验教训，为下一步精准脱贫攻坚战提供经验和政策借鉴，中国社会科学院与国务院扶贫办合作实施国情调研特大项目“精准扶贫精准脱贫百村调研”项目。中国地方志指导小组办公室承担西藏自治区林芝市巴宜区八一镇巴吉村、章麦村、公众村[②]三个村的调研任务。

笔者参与了公众村精准扶贫精准脱贫调研活动，通过了解公众村原贫困户家庭目前家庭收入、住房、医疗等情况，了解驻村工作队情况，考察村集体经济收入、特色产业发展和社会主义新农村建设情况，对于分析精准扶贫措施的有效性、提升精准扶贫措施的针对性、总结精准扶贫的经验做法等均具有重要的实践意义。

（二）调研的基本情况

2018 年 3 月 31 日—4 月 5 日，利用在林芝开会[③]的间隙，对公众村村两委进行问卷调查，对公众村 9 户精准扶贫户进行入户座谈走访。4 月 6 日—5 月 4 日，进行数据录入。5 月 5—22 日，开展

① 参见《中国共产党第十九次全国代表大会文件汇编》，人民出版社 2017 年版，第 38 页。

② 这三个村均属于已实现精准脱贫的村庄。

③ 2018 年 3 月 31 日—4 月 5 日，中国名镇志丛书、中国名村志丛书编纂业务培训班，《中国名镇志丛书・八一镇志》编纂座谈会在西藏林芝召开。

数据分析。5 月 23—29 日，撰写调研报告。

（三）调研方式

此次调研采用入户座谈走访与填写调研问卷相结合等方法，对公众村贫困户的基本情况、贫困的成因、帮扶措施、脱贫成效等进行实地调查，分析公众村实施精准扶贫精准脱贫的措施、成效，探索具有一定借鉴意义的扶贫举措和脱贫路径。

二、基本情况

（一）公众村基本情况

西藏自治区林芝市巴宜区八一镇公众村由公众、色定、加定三个自然村组成，“公众”藏语是“山坡上的村庄”的意思。该村位于 318 国道旁，尼洋河畔北，依山傍水，环境优美，交通便利，距林芝市政府所在地 5 千米。公众村是少数民族聚居村，现有 66 户、275 人，全部为藏族，劳动力 110 人。分 6 个村民小组，党员 31 人，预备党员 1 人。全村耕地 670 亩，林地 91242 亩，牲畜 2943 头（只、匹）。2016 年，全村经济总收入为 1331.6 万元，村民人均纯收入达 19998 元。公众村是林芝市第一个“电话村”、市级小康示范村，全村实现“六通一改变”（通电、通路、通广播、通电视、通电话、改变村容村貌），基本实现脱盲，适龄儿童入学率、在校生巩固率和普及九年义务制教育升学率均达 100%，农村合作医疗参保率达 100%。

（二）贫困户的基本情况

根据上级有关政策要求，公众村于 2016 年精准识别并录入贫困人口，建档立卡精准扶贫户共 9 户、24 人。调研组通过入户走访，掌握了全村 9 户精准扶贫户的基本情况。

公众村 9 户贫困户中，共有五保户 4 户 6 人，低保户 2 户 6 人，一般贫困户 3 户 12 人。

公众村 9 户贫困户的致贫原因主要有，因病或身体残疾原因致贫、缺劳动力致贫等。其中，缺少劳动力的 7 户，缺技能、缺资金的 1 户，因病致贫的 1 户。

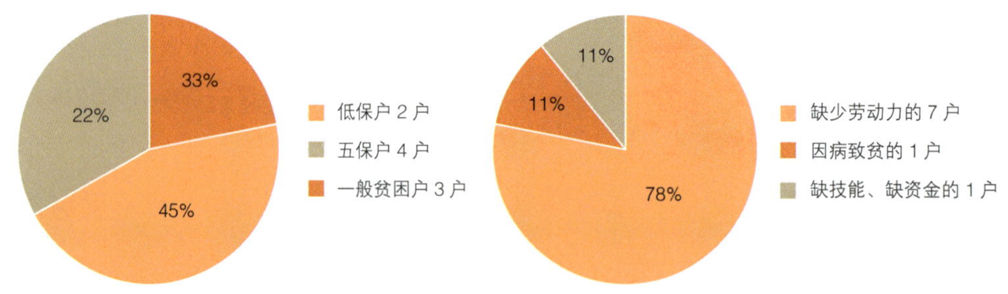

图 1 公众村精准扶贫户贫困类型示意图

图 2 公众村精准扶贫户致贫原因示意图

（三）因户制宜，精准扶贫

调研发现，公众村精准扶贫户的减贫措施包括生活帮扶、企业帮扶、转移就业、产业入股、藏香猪养殖、异地搬迁、助学扶持、社保兜底等。而且，驻公众村工作队在公众村精准扶贫精准脱贫中发挥了积极作用。驻村工作队通过走访贫困群众，深入了解和分析贫困原因，帮助他们想办法，出主意，找门路，全面有效配合推进脱贫工作，取得了明显实效。

1. 健全机制，落实组织保障。为强化对脱贫攻坚的组织领导，公众村建立了以驻村第一书记为组长，村党支部书记、驻村工作队队长为副组长，村两委班子成员、“双联户”户长和驻村工作队队员为成员的村级脱贫攻坚领导小组，明确了脱贫攻坚的职责、任务、目标、措施和责任，为公众村脱贫攻坚工作提供了组织保障。

2. 精准识别，确定帮扶对象。为全面摸清扶贫对象底数，公众村采取“七看法”（看房、看粮、看劳动力强不强、看家中有没有读书郎、看家中有没有灾和难、看基础设施完善不完善、看自然环境差不差），深入全村进行走访调研，对贫困人口进行排查，做到符合标准的一户不漏，不符合标准的一户不进。驻村工作队深入开展进村入户认真调查和甄别，全面掌握每个贫困户的致贫原因，贫困程度和脱贫措施，积极配合巴宜区、八一镇开展扶贫摸底调查，并严格按照群众申请、驻村工作队登记、村民代表会表决、村两委研究后在村委会公示，全面接受社会监督，并为每户贫困群众制定了贫困档案，为开展脱贫攻坚奠定了坚实基础。通过精准统计，八一镇、巴宜区扶贫办审核，公众村共识别建档立卡贫困群众 9 户 24 人，其中一般贫困户 3 户 12 人，低保户 2 户 6 人，五保户 4 户 6 人。

3. 强化群众观念引导。为有效引导贫困群众转变思想观念，积极组织和密切配合八一镇开展走访、调研、宣讲活动，引导群众树立自立自强意识。通过座谈、交流、培训等方式，积极宣传国家脱贫政策，教育群众利用国家推进脱贫工作的有利契机，通过参与产业建设、劳务输出等有效途径，积极自我发展经济，实现了群众的思想观念从“要我富”向“我要富”转变，充分发挥了群众在脱贫攻坚中的主体性作用。

4. 完善措施，全面推进。驻村工作队在 2015 年贫困户建档立卡数据的基础上，2016 年再次对全村贫困户情况进行核实，积极配合巴宜区扶贫办和八一镇扶贫办对贫困户基本信息进行核定完善。针对 3 户一般贫困户的实际情况，在征求其发展意愿的基础上，相应制定脱贫思路和措施。针对某户因缺少劳动力，子女就学困难，且住房条件极差的实际情况，制定三项帮扶措施。一是报请由区政府投资 20 余万元实施易地搬迁建房项目，彻底解决了其住房问题。二是为其申报藏猪养殖项目，购置幼猪 30 头，帮助其通过自身努力发展经济。三是争取环境监管员岗位 2 个，实现年增收 6000 元，争取助学扶持资金 6500 元；针对格桑家中无劳动力、子女就学困难的实际情况，争取环境监管员岗位 1 个，实现年增收 3000 元，争取助学扶持资金 5000 元；针对扎西旺姆家中无劳动力，子女就学困难的实际，争取环境监管员岗位 1 个，实现年增收 3000 元，争取助学扶持资金 4000 元。同时，为拓宽贫困户增收途径，驻村工作队依托工布藏香厂这一平台，将央吉、格桑、扎西旺姆 3 户贫困户纳入合作社帮扶带动范围，只要每月劳动满 7 天，由藏香厂支付工资 1000 收入，超过 7 天按市场务工标准增加业绩工资。根据 2 户低保户和 4 户五保户的无劳动能力的实际情况，实行政策兜底脱贫。积极与八一镇对接，全面落实国家兜底政策，及时兑现拨付的国家兜底政策保障资金，确保贫困群众能够及时享受国家政策。

5. 强化审核，有序退出。通过一系列帮扶措施的落实，3 户一般贫困户收入均顺利达到国家脱贫标准，按照脱贫退出机制的相关要求，3 户贫困户均向村委会提出脱贫申请，逐级上报审核，并于 2016 年 10 月 20 日退出脱贫帮扶范围，实现精准脱贫。

（四）建立长效机制，巩固扶贫成效

2017 年以后，公众村严格按照各级党委、政府关于推进扶贫工作攻坚的相关要求，继续推进扶贫开发工作，深化脱贫攻坚成果，使贫困户群众思想观念得到彻底转变，帮助群众增收致富，确保脱贫后不再返贫。

1. 巩固扶贫攻坚成果。一是加大对发展产业贫困户的指导，加强产业项目的后续管理，确保发挥项目长期效益，强化对脱贫群众的帮扶支撑，巩固脱贫成效。二是继续加大各类扶贫政策宣传力度。通过多次走村入户和召开村民大会的形式，深入田间地头，向村民宣传讲解国家、自治区、市、区各级各类扶贫惠民和帮扶政策；加强对群众的引导，特别是未纳入精准脱贫范围的困难群众的教育引导，帮助他们树立劳动致富光荣的意识，鼓励他们利用金融贷款发展产业，外出务工增加收入。三是配合八一镇、区扶贫办做好新增贫困人口的审查登记工作，确保困难群众均享受国家扶持，早日实现脱贫致富。2018 年 4 月 24 日，驻村工作队前往 3 户一般扶贫户家中就扶贫、脱贫工作进行再次的调研与巩固。工作队每到一户家中，都详细询问他们脱贫以后的生产生活情况，安排的环保、林业生态岗位资金是否落实到位，对当前的帮扶措施是否满意、对帮扶责任人是否满意等相关问题，并填写了精准扶贫的问卷调查。针对他们反映的关于产业入股的扶贫措施问题，驻村工作队也进行了详细的了解和记录，并将第一时间反馈到八一镇相关部门。

2. 壮大村集体经济。一是以学习周边经济发展较好，群众致富较快的村为标杆，结合自身发展实际，努力发展当地经济，提高群众生活水平和质量。二是积极落实产业帮扶措施，采取“合作社 + 农户”的模式，加定自然村通过工布圣香农牧民产业合作社带动扶贫，公众村通过鼓励村民参与旅游业增收，色定自然村通过阿吉林合作社、圣和玫瑰园带动贫困户转产分红；鼓励和号召村民参加各类技能培训。2017 年上半年，组织村民参加培训与就业转移，不断扩宽就业渠道。开办民族手工艺培训班 1 次，累计参加培训 40 名，组织参加人社局举办的烹饪培训 1 名，酒店管理和服务培训 4 名，电子商务培训 1 名，挖掘机技术培训 7 名；督促各类帮扶资金落实到位。2017 年，完成教育扶持对象的信息入户核查工作，兑现教育帮扶资金 86340 元，给予贫困家庭 1000 ~ 7000 元不等的扶学资金补助，兑现生态岗位工资 30000 元。对 2016 年纳入社会保障兜底对象的 6 户 7 人继续给予帮扶，累计发放低保金和定向补贴资金共计 4.2 万元，政府集中供养五保户 1 人，现居住在巴宜区敬老院，实现应保尽保。

3. 加强基层组织建设。公众村党支部共有成员 3 人，分别由支部书记、副书记和委员组成。全村共有正式党员 26 人，预备党员 3 人。近年来，该村党支部严格按照“六个好”党组织建设标准，切实抓好班子队伍、民主管理、服务群众、社会治安、环境美化、文明风尚建设。一是完善党建工作制度。建立“三会一课”制度。村党支部通过建立“三会一课”制度，加强对基层党员的教育，努力建设一支政治过硬，思想超前，观念常新，知识丰富的高素质党员干部队伍。建立党员联系群众制度。为充分发挥党员的先锋模范作用，村党支部组织党员开展了一系列党员联系帮扶困难群众活动，以实际行动充分践行党员的先锋模范作用。建立“四议两公开”工作制度。按照八一镇党委《四议两公开工作法实施方案》的要求，村党支部结合实际，推广实施“四议两公开”工作法，确保村级重大事务都按照“四议两公开”工作法进行决策，并组织实施，维护农牧民群众的民主决策、民主管理权利。二是丰富党建活动载体。指导非公经济组织党建工作。为积极响应上级党组织关于深入开展非公经济组织党建工作的精神要求，公众村党支部针对辖区阿吉林特色经济发展农牧民专业合作社的实际情况，开展了党组织建设工作，成立了党支部，组建了党支部班子，并制定了一系列非公经济组织党支部制度，提高了非公经济组织的党建发展水平。开展“无职党员设岗定责”活动。村党支部对全村无职党员的基本特点进行了分类，根据个人特点进行设岗定责，确保每位无职党员都能够发挥一技之长，为公众村发展做出应有贡献。三是强化党员队伍建设。严格按照区委组织部关于党员发展工作的相关要求，根据申请入党群众的政治思想觉悟、为民办事服务和带头增收致富等日常表现，经过召开党支部专题会议研究，将1名预备党员转为中共正式党员，1名入党积极分子被列为预备党员，新吸收入党积极分子10名，进一步为公众村基层组织队伍输入新鲜血液。

三、对策建议

（一）公众村脱贫成效

调研走访发现，公众村精准扶贫精准脱贫做到了“六个精准”，即扶持对象精准、项目安排精准、资金使用精准、措施到户精准、因村派人精准、脱贫成效精准，在精准施策上出实招、在精准推进上下实劲、在精准落地上见实效，坚持扶贫开发与经济社会发展相互促进，建立起扶贫开发长效机制，确保脱贫攻坚有力有序推进。到2016年12月底，9户精准扶贫户全部脱贫，至今无一户一人返贫。调查问卷显示，9户精准脱贫户对脱贫措施、脱贫结果、脱贫程度均非常满意。在与村两委班子座谈过程中发现，村两委干部对中央精准扶贫精准脱贫的政策非常满意。

（二）公众村精准扶贫思路

1. 产业扶贫。公众村大力发展特色产业，增加农民收入。精准贫困户通过产业入股实现发展生产脱贫。一是养蜂产业。2011年，色定自然村10户联营筹措资金50万元，其中，政府投资20万元，10户入股投资30万元，修建养蜂场，油菜花蜜年产6吨、年收入120万元，桑花蜜年产2吨、年收入58万元。蜂场还对蜂蜜产品的包装进行精心设计，取得良好的经济效益。二是菌类养殖。加定自然村10户联营筹措资金90万元，其中，政府投资50万元，10户入股投资40万元，修建占地9亩的蘑菇基地，建成7个砖混结构温室，养殖香菇、平菇和灵芝，年收入7万元。三是专业合作社。29户农牧民联户成立阿吉林特色经济发展农牧民专业合作社，占地1.6万平方米，集特色餐饮、住宿、娱乐、民族手工艺为一体，是巴宜区首批成立基层党组织的农牧民专业合作社。2012年，成立加定村工布圣香农牧民专业合作社，注册资金为180万元，拥有员工12人。2015年，新建藏香加工厂，占地面积2000平方米，其中建筑面积达1000平方米。带动入社群众户均增收18000元，人均增收3600元，经济效益十分明显。

2. 兜底扶贫。积极与上级有关部门对接，全面落实国家兜底政策，定期兑现拨付2户低保户和4户五保户的国家兜底政策保障资金，保障低保户和五保户的基本生活、就医、就学。

（三）借鉴意义

总结公众村精准扶贫精准脱贫的经验做法，不难发现，精准扶贫精准脱贫是一个全局性系统性工程。从资金来源看，应积极构建政府、市场、社会等多元化资金投入机制；从帮扶方式看，自主创业、产业扶持、企业帮扶、对口帮扶、政府兜底等帮扶举措需要齐头并进；从帮扶主体来看，需要建立自上而下的扶贫体系，发挥基层党组织、驻村工作队、村集体产业、贫困群众的作用，形成扶贫开发的合力。

1. 配强班子是基础，发挥基层党组织的核心作用。“火车跑得快，全靠车头带”。基层党支部是党在基层全部战斗力的基础。坚强有力的村党支部是开展精准扶贫精准脱贫工作的基础。从上级政策传达宣传、贯彻落实，到与党员群众的沟通协调、教育说服，都需要基层党组织充分发挥作用。从公众村的情况来看，村党支部班子健全、战斗力强，在精准扶贫精准脱贫工作中发挥了核心作用。村党支部成员定期对精准扶贫户开展走访慰问、卫生清扫等活动，发挥了模范带头作用。

2. 驻村帮扶是抓手，发挥驻村工作队的带动作用。第一书记和驻村工作队队长是脱贫攻坚的重要力量。他们工作热情高、情况熟，对带领群众脱贫致富很有想法。驻村工作队的主要工作是宣传惠农强农政策，强化基层组织建设，解决群众实际问题，增加群众收入。按照西藏自治区、林芝市、巴宜区深入开展创先争优强基础惠民生活动的部署安排，由巴宜区检察院、八一镇政府的选派干部组成的第一批驻公众村工作队于 2011 年 10 月 20 日正式入驻公众村。驻村人员一年一轮换，目前已经是第七批。

一批批驻公众村工作队和村两委精诚团结，通力合作，积极开展精准扶贫精准脱贫工作，大力发展旅游业和民族手工艺品制造业，大力发展特色种植养殖业，打造“民俗第一村”品牌，努力把公众村打造成社会主义新农村建设示范村。

3. 产业扶贫是关键，发挥村集体产业的支撑作用。发展是硬道理。从公众村的脱贫实践来看，对于非因重病、残疾致贫，且具有劳动能力的一般贫困户而言，他们一般具有发展意愿，只是缺资金、缺技术。发展村集体产业，增强村集体造血能力，实施产业扶贫是脱贫攻坚的关键。公众村以“合作社 + 农户”的方式，发展藏香加工、乡村旅游，壮大村集体产业，为贫困户提供帮扶岗位，为贫困户脱贫、持续增收发挥了关键的支撑作用。

4. 调动积极性是前提，发挥贫困户脱贫的主观能动性。脱贫攻坚首先要让贫困户从思想上脱贫。要引导建档立卡精准扶贫户脱贫树立不等不靠不要的思想，通过“政策扶持 + 自身努力”，努力实现精准脱贫的目标。而对于未达到贫困标准、未纳入精准扶贫帮扶的相对困难户而言，要做好深入细致的思想工作，防止他们出现思想波动和不满情绪，同时要给予适当的关心支持，帮助他们增加致富门路，防止他们成为新的贫困户。

四、结论

从某种意义上说，公众村是西藏自治区林芝市精准扶贫精准脱贫工作的一个范本和缩影。从公众村精准扶贫精准脱贫的实践看，对于具有一定自然资源和交通便利条件的村庄，至少有两条可行的精准脱贫路径：一是对于有劳动能力贫困户采取输血与造血相结合的方式，发展壮大村集体产业，实行产业脱贫。二是对于五保户、缺少劳动力低保户采取政策兜底的方式进行脱贫。问题的关键是如何因村制宜、因户制宜，培育发展壮大村集体产业，增强贫困户的自主脱贫致富能力，建立“脱真贫、真脱贫、不返贫”的长效机制。

首先，要探索符合本地实际的精准脱贫的就业增收途径。发展特色产业，必须立足于自身的农业资源优势，遵循自然规律，坚持“一户一策”“一村一品”“一乡一业”，在发展特色产业扶贫方面精准发力。

其次，要形成精准扶贫精准脱贫的工作合力。通过村党组织积极发动、专业合作组织示范带动、驻村工作队帮扶推动、贫困户发挥主动能动，做到对症下药、靶向治疗、量身定制、精准投放，让有限的人力、物力、财力发挥最大效用。

最后，要探索巩固精准扶贫精准脱贫成果的长效机制。要经常“回头看”，了解掌握已脱贫贫困户的思想新动态和生产生活新情况，及时发现苗头性、趋势性问题，并提出有针对性的应对措施，避免“刚脱贫又返贫”现象的发生，帮助贫困群众彻底摆脱贫困。

章麦村精准扶贫精准脱贫调研报告

张鹏

根据中国社会科学院"精准扶贫精准脱贫百村调研"项目要求，结合中国名镇志文化工程项目《中国名镇志丛书·八一镇志》编纂工作安排，中国地方志指导小组方志处围绕章麦村的贫困和脱贫，尤其是精准扶贫和精准脱贫情况进行了实地调查，对其扶贫与脱贫的过程、机制、效果、障碍等进行了分析，形成以下调研报告。

一、调研的基本情况

"精准扶贫精准脱贫百村调研"是中国社科院国情调研的重大项目，目的是服务中央精准扶贫精准脱贫大局，深入实际，广泛调研，为进一步精准脱贫事业发挥哲学社会科学服务社会、服务决策的重要作用。本次调研以《中国名镇志丛书·八一镇志》为依托，以章麦村为样本。

（一）调研方案与方法

对章麦村的调研采取问卷调查、案例访谈、半结构式座谈、资料收集等多种方法。

问卷调查包括户问卷调查和村问卷调查。户问卷调研：样本量在60户以上，其中贫困户和非贫困户各30户。由于客观原因，其中一类样本数达不到要求时，用另一类样本补足。

村调查：包括村问卷填写，村"两委"访谈、村民代表访谈（小规模座谈会）、各种专题性调查等。在完成村调查后还需要进行进一步的补充调查，对比两次调查结果中贫困情况的变化和扶贫成效。

实地考察：项目组联合西藏自治区地方志办公室、林芝市地方志办公室、八一镇政府到章麦村进行实地考察，全面深入了解章麦村在脱贫建设方面的情况。

案例访谈：项目组围绕章麦村精准扶贫工作，访谈主持村扶贫工作的主要负责人，车辆运输、种植养殖、农家乐等当地支柱行业相关负责人及部分脱贫群众代表。

座谈：召开小型座谈会，交流总结脱贫扶贫工作经验。

资料收集：由西藏自治区地方志办公室、林芝市地方志办公室、八一镇人民政府和章麦村两委、驻村工作队负责资料收集。

（二）调研活动安排

主要调研活动有三次。第一次，对章麦村进行摸底调查，填写村问卷，收集住户资料信息，并就相关问题开展初步调查（收集村民花名册、建档立卡贫困户数据）。第二次，主要开展住户抽样问卷调查，并辅以其他调查。第三次，重点是了解2017年上半年的村庄发展最新变化，并就相关问题开展补充性和扩展性调查。

二、章麦村的基本情况

章麦村位于八一镇城区西郊，离镇政府7千米，海拔高度约为3000米；下辖杰布才、东如、章麦3个自然村。全村共99户417人，劳动力146人。章麦村属于高原温润气候，全村共有耕地407.77亩，主要农作物有土豆、小麦、青稞等；草场面积为62939.4亩；林地面积为130142亩。牲畜总头数为2290头（匹、只）。移动电话数量达到100%通户，广播人口覆盖率100%，电视人口覆盖率100%。2016年，章麦村经济总收入达1114.5万元，现金纯收入436万元，人均纯收入10455元。2016年，章麦村有建档立卡贫困户 9 户 15 人，其中，一般贫困户 6 户 12 人，五保户 3 户 3 人，现已全部脱贫。

三、章麦村扶贫脱贫的主要做法

（一）认真做好建档立卡工作，全面掌握贫困户生产生活信息。制定了《八一镇章麦村建档立卡贫困人口动态调整办法》，提高精准扶贫精准度，实行贫困人口动态调整，及时掌握贫困人口新增和贫困人口退出信息。在贫困户的确定方面，严格按照“一申请、一评议、两审核、三公示、县审定”的程序执行，即根据国家、自治区制定的贫困标准，采取贫困户申请，入户调查，村民代表大会评议，村两委和镇党委、镇政府审核的方式确定贫困户范围，并经过村、镇、区三级公示后，由区扶贫开发领导小组审定，确保扶贫对象公开、公平、公正。章麦村驻村工作队与村两委紧密配合，开展深入调查，挨家挨户了解情况，摸底调查核实贫困户家庭基本情况，宣传扶贫有关政策，保证贫困村、贫困户的情况准确真实。在贫困人口退出方面，以每年年初提出的减贫计划为依据，以户为单位，以农户家庭人均纯收入稳定超过国家扶贫标准且达到“三不愁、三保障、三有、五享有”为依据，根据贫困户申请脱贫，村民代表大会评议，村两委、镇党委、镇政府和脱贫攻坚指挥部审核，村、镇、区三级公示，区扶贫开发领导小组审定的程序要求，对当年已脱贫的贫困人口进行建档立卡系统脱贫操作。为防止出现贫困人口信息造假，确保扶贫政策和扶贫资金使用能够扶真贫，巴宜区对贫困人口信息开展疑点审计工作，对贫困人口缴纳养老保险、身份证编码与实际不符、贫困人口为财政供养人员、贫困人口为有限责任公司出资人、拥有车辆、有个税缴纳记录、有住房公积金缴纳等疑点进行逐个排查，确保贫困人口信息真实可靠。

（二）建立健全扶贫体制机制，为精准扶贫工作提供制度保障。一是成立机构，加强领导。成立由村党支部书记任组长，驻村工作队、班子成员为副组长的脱贫攻坚领导小组。负责脱贫攻坚工作的规划、组织、指导、协调、督察、落实等工作，保证脱贫攻坚工作顺利快速推进。二是提高认识，落实责任。组织驻村工作队和村两委认真学习党的扶贫工作精神，及时了解掌握林芝市、巴宜区各项扶贫政策和工作要求，进一步明确工作目标，围绕目标任务，做好统筹安排，开展调查研究，加强协调沟通，搞好建档立卡，确保脱贫攻坚工作顺畅、有序开展。三是加强引导，营造氛围。采取多种形式，激发贫困农户脱贫致富的主动性和创造性。及时总结宣传帮扶工作的好经验、好做法，不断弘扬科学精神，宣传科学思想，为加快实现脱贫攻坚目标做出应有贡献。四是分析贫困原因，制定扶贫规划。章麦村驻村工作队员配合村两委人员深入贫困户家中摸底调查，了解贫困户家庭经济情况以及贫困户生产、生活情况，找出贫困原因，交流了解贫困户脱贫意愿，根据其脱贫意愿，为其制定脱贫工作计划，确保脱贫工作按计划有序进行，做到有的放矢。

（三）抓党建促脱贫，加强基层党组织建设。一是以“两学一做”“四讲四爱”学习教育活动为契机，以建强基层党组织和发挥党员模范作用为着力点，落实党建引领精准脱贫“六个一”活动，完善扶贫攻坚制度，建强村两委班子，开展党员固定活动日活动，充分发挥后盾单位党支部作用及群众积极性。章麦村党支部开展“访贫问苦结穷亲”主题党日活动，到巴宜区慰问孤寡老人，捐赠现金 6700 元。章麦村党支部组织慰问贫困户活动，为贫困户带去生产生活用品。章麦村两委为贫困户患重病群众次仁捐款。二是加强扶贫战线上党组织的建设，章麦村将贫困户和双联户工作联系起来，确保贫困户平均分配到每个双联户，以双联户为单位，组建党小组，党小组在村党支部的领导下开展工作。三是创新工作机制，形成村党支部领导下的党小组负责制的工作模式，发挥党小组在扶贫工作中的桥头堡作用，大大提高了村党支部的工作效率。四是加强村党支部党员的教育和管理工作，多次召开专题学习，学习精准扶贫相关知识，除加强精准扶贫业务培训外，还着重培训扶贫领域中的政治纪律、工作纪律、群众纪律，用纪律约束管理扶贫工作队伍，充分发挥党员在脱贫攻坚的示范带头作用。

（四）开展结对帮扶行动，引导贫困户脱贫致富。结对帮扶是精准扶贫的有效形式。巴宜区制定了帮扶活动实施方案，组织了以“四对一结对帮扶”“千干扶千人、一帮一交朋友”活动为载体的“结对帮扶到村到户”活动。“四对一”结对帮扶措施，把村两委，驻村工作队，区、乡科级干部纳入帮扶人中，动员党员干部对贫困户进行包户到人帮扶，解决贫困群众的生活困难。“千干扶千人、一帮一交朋友”帮扶活动，按照不脱贫不脱钩的原则，确保每名困难群众有一名干部进行帮扶。章麦村按照巴宜区制定的结对帮扶方案要求，积极开展结对帮扶行动，组织村两委、驻村工作队、巴宜区政协及相关干部与贫困户结成帮扶对子。各帮扶人定期入户，了解结对帮扶对象基本情况、存在的困难，与贫困户共同制定帮扶措施，帮助贫困户实现脱贫致富。巴宜区政协干部职工入户走访帮扶对象每月不少于 1 次，向贫困户宣传党和国家的方针政策、法律法规和各项扶贫政策，提供物质资助，帮助贫困户分析致贫原因，精选发展路子，制定脱贫帮扶规划。驻村工作队员、第一书记、结对帮扶干部、村级干部是脱贫攻坚的中坚力量，章麦村举办了 3 次集中培训，加强扶贫业务培训和管理，确保村级帮扶人员富有战斗力和凝聚力；各村级帮扶人员不定期深入各贫困户开展调查研究，因地制宜、因户施策，帮助每个贫困户研究制定脱贫计划，按照要求做好入户帮扶工作，建立管理好扶贫工作档案。

（五）实施产业到户、因户施策，推动产业扶贫工作。产业扶贫有利于促进扶贫造血功能，对于稳固脱贫基础，全面促进农户增收具有十分重大的意义。章麦村结合本村实际，启动产业扶贫到户项目，加快发展特色农牧业吸纳贫困群众就业创业。一是在现有产业发展基础上通过产业项目扶持，不断扩大城郊藏香猪、犏奶牛种养殖，使之成为贫困群众脱贫致富的有效载体。扶持贫困户发展藏香猪、犏奶牛养殖 5 户，涉及 11 人，章麦村为每户免费修建牛棚、猪圈，并免费提供第一年启动的种苗，为藏香猪养殖户每户提供幼崽 30 头，为犏奶牛养殖户每户提供犏奶牛 2 头。二是认真落实强农惠农补贴政策，降低农牧业生产成本，积极引导贫困群众参加市场保险，增加承灾能力。三是加强产业扶持，提高造血功能。充分发挥合作社的带动作用，每个合作社联系一到两户贫困户，带动脱贫致富；与粤藏联合牧业公司签订合同，建立 4000 多平方米种猪繁殖基地，优先雇佣本村贫困户务工。这一措施使得全村贫困户除部分五保户外家家有产业、户户有增收，为脱贫攻坚打下了坚实的物质基础。

（六）加快基础设施建设，确保公共服务产品覆盖面。一是依托美丽乡村建设，着力资源整合，加强基础设施建设。在上级部门的大力支持下，章麦村加大对村级道路、巷道硬化、人畜饮水和公共活动场所建设的投入，全村建成了较为完善的水、电、路、通信等基础设施，群众能够享受良好的基本公共文化服务。二是加强组织阵地建设。积极争取资金，整修村部，完善村组织阵地设施，落实规范化办公管理制度，强化“一平台两中心”为民服务功能。通过驻村工作经费投入，完成了章麦村新村公房标准化建设建设，进一步强化了基层党组织服务群众的功能。三是完善服务体系建设。组织扶贫工作队成员与村两委干部不定期走访贫困户，及时了解贫困户相关信息，针对性开展贫困户医疗保障、小额免息贷款、就业培训等各方面扶贫信息咨询服务工作，针对性开展贫困户医疗保障、小额免息贷款、就业培训等各方面扶贫信息咨询服务工作。四是根据贫困户需求提供生产生活设施扶持。为 5 户贫困户提供改厨、改厕、庭院改造等人居环境改造，为1户贫困户提供床、桌家具补贴，为7户贫困户提供家电下乡补贴。

（七）用足用好教育扶贫政策，做到教育扶贫不落一人。章麦村共有建档立卡在册贫困在校学生3人，其中，小学1人，高中1人，高校1人。章麦村高度重视助学扶持落实，充分发挥驻村工作队、第一书记、村两委干部、帮扶责任人的力量，形成宣传合力，大力推动教育精准扶贫资助政策宣传，提高了贫困群众对教育扶持政策的知晓率。在各学校以及教育主管部门的配合下，帮扶干部通过宣传政策、积极争取、协助办理等方式，确保全村符合条件的在校贫困学生全部享受到教育扶贫的补助政策，真正做到教育扶贫不落一人。一是落实“三包”补助政策。“三包”是指包吃、包住、包学，折换成人民币为小学以上学生每人每年2900元，学前学生每人每年2400元，其中80%用于生活，20%用于购买学习用品。二是落实学生补助政策。对大学阶段（含大专）的学生，针对大学教育除教育、农林牧等个别专业外都要交纳学杂费、生活费等的实际情况，为减轻困难户供养子女上大学的实际困难，对每名大学生在政府统一给予的资助基础上，每人每年给予学费、伙食费等补助4000元。对高中阶段（含中职）的学生，在享受“三包”政策，每人每月获得268元的伙食费外，另给予每人每月300元补助，按10个月计发；另给予路途补助每年1000元。对初中阶段的学生，学生的吃、住和学习用品等全部由国家承担，另给予每人每年1000元的学校与家庭的往返交通费。对小学阶段（含学龄前儿童）的学生，小学和幼儿阶段学生都享受高标准的“三包”政策，学生的吃、住和学习用品等全部由国家承担，另外给予每人每年500元的学校与家庭的往返交通费。

（八）逐步完善就业扶贫措施，大力开展转移就业脱贫。章麦村建档立卡贫困人口中，有劳动能力的10人，占贫困人口比例为66.67%。为促进贫困户就业，章麦村积极实施转移就业脱贫工程，不离乡不离土解决就业问题。一是积极沟通联系上级扶贫办、人社局职能作用，加大各类技能中长期培训，扩大就业渠道，提高就业率。通过发动贫困户参加巴宜区相关部门举办的各类培训班，参加挖机、厨师以及手工艺制作等技能培训，增加贫困户就业。二是结合和藤药业章麦种植基地、市政垃圾场改扩建工程，引导和协调近贫困群众到建设工地务工，每人年收入近3万元。三是安排公益性岗位吸收贫困户就业。巴宜区给每名具有劳动能力贫困群众均安排了生态岗位，年收入达3000元。四是积极引导有劳动力的贫困群众参与森林防护、村内卫生等生态环境保护与建设。通过劳务转移就业增加贫困人口现金收入，使其如期脱贫致富。

（九）落实医疗救助政策，做好特殊群体贫困户脱贫兜底工作。章麦村部分困难户致贫原因为残疾、疾病、年老、孤儿等，这部分群体没有劳动能力，必须依靠政策救助进行脱贫。一是落实最低生活保障政策。2016年1月1日起，年家庭人均纯收入在2580元以下的列入农村最低生活保障范围内，分为重点保障对象、特殊保障对象、一般保障对象三类。重点保障对象是低保家庭中因长期患病丧失劳动能力的农村居民以及丧失劳动能力的老年人和残疾人，保障标准为每人每年2200元；特殊保障对象是指低保家庭中丧失部分劳动能力的残疾人，保障标准为每人每年1660元；一般保障对象是指低保家庭中的其他成员，保障标准为每人每年1053元。二是落实五保供养政策。对供养的五保户，每人每年发放供养金4740元。集中供养对象实行衣、食、住、行、医全保障政策，每人每月发放零用钱150元。三是落实五种人合作医疗保险补助政策。确保章麦村五种人（城乡低保、五保、孤儿、残疾人、优抚对象）都能享受合作医疗保险补助，每人每年补助30元，五种人参加基本医疗保险的费用全部由政府负担。

四是落实临时救助政策。对因火灾、交通事故等意外事件，家庭成员突发重大疾病等原因，导致基本生活暂时出现严重困难的家庭，或者因生活必须支出突然增加超出家庭承受能力，导致基本生活暂时出现严重困难的最低生活保障家庭，以及遭遇其他特殊困难的家庭，给予临时救助。五是落实困难残疾人生活补贴和重度残疾人护理补贴政策。为困难残疾人发放生活补贴每人每月55元，为重度残疾人发放护理补贴每人每月110元。

四、贫困户基本情况及扶贫成效

在各级党委政府、社会各界和贫困户的共同努力下，到2016年年底，章麦村实现建档立卡贫困户9户15人（其中，一般贫困户6户12人，五保户3户3人。），贫困人口脱贫和贫困村如期摘帽。贫困人口实现了“三不愁”“三有”“三保障”，享有稳定的吃、穿、住、行、学、医、养保障，享有和谐的安居乐业环境，享有均衡的基本公共服务，享有较为完善的社会保障体系，享有较高的获得感和幸福指数的脱贫目标。

五、存在问题

通过对章麦村的走访调研，我们发现，尽管章麦村精准扶贫工作取得了很大成绩，圆满完成了集体脱贫任务，但在新阶段扶贫攻坚中，仍存在许多亟待解决的问题和困难，导致农户增收困难，制约农户生活水平提高，贫困户新增和脱贫户返贫的风险依然存在。主要体现在：

一是水电卫等基础设施条件相对薄弱，制约章麦村经济和民生的发展。供水方面，目前章麦村虽然实现了自来水管道入户，但是水源地主要为山川融水和高山湖泊，距离较远，缺乏管理保护，经常发生因树枝杂物堵塞管道影响自来水供应的情况，遇到干旱季节，水源不稳定也会导致自来水供应不畅的问题。部分农户不得不自备水井或者收集雨水至水窖。水电方面，章麦村水利资源丰富，但开发利用还不够，通过建设水电站支持发展的力度还不够，2016年章麦村共发生5次停电，随着老百姓生活水平逐步提高，电冰箱、洗衣机、空调等中高档家用电器已普遍进入普通家庭，在未来章麦村加大开发的前提下，需要更多的电力资源进行补充。卫生设施方面，章麦村附近建有一座生活垃圾卫生填埋场，距离生活区较近，一方面影响了村庄整体形象，不利于章麦村旅游开发等工作的开展，另一方面是在炎热的季节，填埋场容易产生异味，滋生病菌，污染水源，不利于村民的身体健康。

二是大项目、主导产业、龙头产业偏少，已有的产业开发项目拉动作用不大，增收效应不明显。章麦村村民收入中相当一部分为公益林补贴和草原生态保护补助奖励，这类收入为补贴性质，不具备增长潜力。其他收入中，林地耕地外包收入多为分散外包，未能发挥出集合效应。外出务工人员多为就近打零工，收入来源并不稳定。开挖机、跑运输是章麦村村民在外收入的一项重要来源，主要服务对象为周边镇村项目建设，但这些项目建成后，如何实现稳定收入也成为一个问题。藏香猪、犏奶牛养殖和水果，尤其是核桃种植是章麦村的一大特色产业，但是目前产业开发程度不高，农村合作社数量少，引领示范作用有限，联产联收、统购统销等农民合作渠道不太畅通。章麦村周边山水资源丰富，有觉木山等高山，适宜发展旅游产业，但由于上山距离较远，需要大量资金投入，目前产业发展只局限于几处农家乐，不能形成带动效应。章麦村村级集体经济薄弱，没有大型集体企业，集体土地分散外包，土地集中流转困难，大面积集中连片效应发挥不足。

三是抗风险能力低，因学因灾因病因残导致脱贫难。因残因病是章麦村村民致贫的主要原因，从实际情况看，由此导致新增贫困人口的隐患仍然存在。其一，章麦村残疾人口数量较多，113 户村民中有残疾人 11 人，占比较高。其二，因病致贫的因素仍然存在。章麦村地处高原山区，属于高原疾病及包虫病等地区疾病发病区。章麦村村民普遍加入了新型合作医疗，全村建设了卫生室1个，医生人数2人，医疗条件有了较大改善。但目前实施的医疗救助政策，政策指向性强，只针对特定的贫困户家庭成员提供医疗救助，一旦非救助成员患病时，不能享受相关政策，也容易导致贫困户因病致贫的情况发生。其三，养老保险覆盖率低。章麦村有 431 人，参加社会养老保险人数只有 98 人，比例相对较低，保险养老意识在村民尤其是年轻人中没有得到普遍树立。

四是村民文化水平低，信息渠道狭隘，缺乏技术技能，接受新知识、新技术的能力差，脱贫主动性差。章麦村总人口数 441 人，文盲、半文盲人口数达到了 79 人，受教育程度偏低，脱贫意识低，思想观念滞后，整体素质不高。如部分贫困户在接收村里提供的养殖扶持政策后，由于不掌握养殖技术，出现了将牲畜转卖以及将牲畜喂死的情况。总体上看，脱贫致富的自主性较低，部分贫困户只能按照制定的脱贫计划开展脱贫致富工作，存在依赖救济现象，一旦没有相关的计划，就有返贫的可能性。

五是党组织建设有待加强，党员带头致富的作用发挥不够。驻村工作队由于语言障碍，使得许多工作开展得不够通畅，在一定程度上影响了扶贫工作的效率。村两委由于文化水平相对不高，在工作中存在依赖驻村工作队的思想，在扶贫工作中主动承担工作任务的积极性还不够高。党员文化素质相对较差，对脱贫致富的相关知识了解少或不了解，不能带领贫困村民一同开展脱贫致富工作。章麦村农民合作社多数为村干部以外的农户领办，党员干部带头致富的先锋模范作用发挥不够。

六、对策建议

总的来看，章麦村精准扶贫工作基础良好，措施有力，效果显著。如何稳固既有成果，扩大全体村民收入来源，确保脱贫户不返贫，贫困户不新增，是章麦村下一步扶贫工作的重中之重。

一是加强对脱贫户的跟踪服务，巩固脱贫成果，防止脱贫户重新返贫。根据脱贫不脱政策的要求，村两委、驻村工作队、帮扶结对单位要继续履行扶贫责任，经常到脱贫户家里走访座谈，掌握脱贫户的发展近况，了解脱贫户在生产生活中的新需求，掌握他们在生产生活中遇到的新困难，及时提供医疗、教育、培训、养老等基本生产生活服务，确保他们在脱贫之后，能够学会稳定的脱贫门路，获得稳定的生产生活收益，在基本生活条件上不断改善，在家庭产业上不断发展，确保脱贫户筑牢坚实的脱贫基础，不再出现迅速返贫后的情况。

二是发挥驻村工作队的带动作用，加强村两委班子建设，夯实精准脱贫的组织基础。要加强对党的最新扶贫思想、政策的学习，确保村级党组织在思想上同党中央保持高度一致。要积极加强党建扶贫工作研究，学习借鉴其他地区的党建扶贫工作做法，将其融会贯通，形成符合本地实际的新的经验做法。继续落实党建促脱贫攻坚工作责任制，制定完善任务清单、责任清单，落实村两委领导责任和驻村工作队人员责任，形成分工负责，共抓共管工作局面。驻村工作队要加强对当地语言的学习，逐步克服语言不通的困难，更好地开展入户调查工作，为更好地服务群众脱贫需求提供便利。村两委要做好与驻村工作队的分工，担负应当承担的工作任务，努力提高自身水平，促使村两委工作能力的迅速提高。抓好专业合作社党建工作，形成“产业扶贫”新动力。坚持产业发展到哪里，党组织就组建到哪里，加大农民专业合作社党组织的组建力度，把党在农村的政治优势和专业合作社的经济优势有机结合起来，重点支持和培育党员发展产业、党员帮扶贫困户发展产业，增强农民自力更生能力。

三是继续加强基础设施建设，打牢扶贫工作的硬件基础。积极争取项目支持，加强基础设施建设，尤其是解决水电卫等重点难点问题。逐步改善饮用水条件。加强饮用水源地的管理，确保水源清洁、水渠畅通，保障用水安全。建设自来水蓄水设施和净化设施，在丰水期储备水源，在枯水期释放水源，发挥调节供水的作用。利用西藏农牧学院在章麦村修建水电站的契机，加强校地用电合作，为章麦村提供充足的电力保障和一定的电价优惠，为章麦村产业发展、居民生活提供必要的能源支持。做好生活垃圾填埋场的迁移工作。在现有生活垃圾填埋场占地合同到期后，不再续租土地，积极配合有关部门做好生活垃圾填埋场新场建设工作，确保生活垃圾填埋场远离居民区和风景区，为旅游开发顺利进行创造良好条件。持续为生活困难家庭改善居住生活环境。继续利用危房改造、家电下乡、家具补贴等惠民政策，为困难居民改善居住生活条件提供有力支持。

四是充分利用本地资源优势，大力发展生态产业。大力振兴集体经济。充分利用章麦村土地资源丰富的优势，将属于集体的土地集中收回，开展土地资源综合利用，发挥土地资源的最大效益，确保集体收入有较大的增长，在做大集体产业的基础上，实行全体村民入股分红，确保村民都能够获得稳定的收入来源。重点发展旅游产业。加大招商引资力度，吸引有能力的旅游开发公司前来投资，充分利用觉木山等旅游资源，做好旅游规划和生态保护规划，合理开发山水旅游产业，同时依托旅游产业带动相关产业的发展，实现村民集体问题增收。发展好林果畜牧产业。充分发挥章麦村林果畜牧种养殖优势，大力发展核桃种植和犏牛、藏香猪等特色畜牧种养殖产业，通过与西藏农牧学院合作、培养农民合作社等途径，加大产品开发力度，引导种养殖产业逐步做大做强。利用好现有土地和项目。利用好新区幼儿园旁后备用地，积极寻找投资商，通过发展商业为村集体增收。发展粤藏联合牧业养殖项目，依托村集体养殖场及周边土地，采取对外出租模式增收。

五是扶志与扶智相结合，激发群众内生脱贫动力。扶贫先扶志，扶贫必扶智。首先，帮助贫困群众树立脱贫的志气。贫困群众是脱贫攻坚的主体力量，只有贫困群众内心转变“等、靠、要”观念，才能掌握扶贫攻坚战的主动权。要改进宣传方式，大力塑造和宣传脱贫先进典型，营造学习标杆、看齐标杆的良好舆论氛围。加强文化扶贫力度，以喜闻乐见的形式，树立起“勤劳光荣、懒惰可耻”的思想观念，调动贫困群众人心思进、主动脱贫的积极性。开展村志、村史编纂，通过延续优秀历史文化促进乡风文明，潜移默化改变贫困群众一些不良习俗和落后观念。其次，帮助贫困群众掌握脱贫的技能。积极为困难群众搭台清障，提高贫困群众脱贫致富的能力，坚定贫困群众脱贫致富的信心，鼓舞斗志，增强“自我造血”功能。通过技能培训提高贫困群众素质。技能培训是帮助贫困群众脱贫最直接最有效的途径。要积极与农委、畜牧局等单位沟通联系，帮助村民提升种养殖技能，提高生产效率，同时组织贫困群众“走出去”开阔眼界，实地了解生产经验做法。加强宣传扶贫优惠政策，为贫困户办理“以奖代补”、小额贷款等创业政策，确保贫困户应享受的政策均可以享受，为贫困户创业提供坚实的起步基础。

巴吉村精准扶贫精准脱贫调研报告

刘思鸣

为贯彻落实党中央全面建成小康社会以及精准扶贫精准脱贫的重大决策，发挥中国社会科学院思想库智囊团重要作用，根据 2016 年中国社会科学院组织实施国情调研特大项目“精准扶贫精准脱贫百村调研”① 的要求，结合中国名镇志文化工程 ② 项目《八一镇志》编纂工作安排，中国地方志指导小组办公室方志处成立调研组，对巴吉村精准扶贫精准脱贫工作进行了实地调查，了解村庄基本状况、贫困现状、贫困特征、致贫原因，摸清贫困户的具体脱贫进展情况，并结合精准扶贫、精准脱贫基本方略提出相应对策建议。

一、背景与意义

当前扶贫开发工作面临着新的形势：截至 2013 年年底，全国有 14 个集中连片特殊困难地区、592 个国家扶贫开发重点县、2900 多万贫困户、8900 多万建档立卡贫困人口。我国现有的贫困人口，集中分布在中西部的深石山区、高寒区、民族地区和边境地区，农村贫困人口多、贫困程度深、脱贫难度大。由于自然和历史诸多因素，在全国 14 个集中连片特殊困难地区中，西藏和四省藏区是贫困面最大、贫困程度最深的地区。西藏现在还有 46 万建档立卡贫困人口，占全区总人口的 14.7%，还有 33 个县是深度贫困县，加快脱贫任务异常繁重。

习近平总书记指出：“扶贫开发推进到今天这个程度，贵在精准，重在精准，成败之举在于精准。”新阶段，要加大力度把精准扶贫精准脱贫工作重心向深度贫困地区和贫困村、特困群体倾斜，集中力量，坚决打好深度贫困地区脱贫攻坚这场硬仗。

习近平总书记一直非常重视西藏地区的扶贫开发工作。他曾先后两次调研过巴吉村。早在 1998 年，时任福建省委副书记的习近平第一次到西藏，就是送援藏干部到林芝。当时，习近平亲自把援藏干部送到岗位上，并一一嘱托让他们学习特别能吃苦、特别能奉献的“老西藏精神”。2011 年 7 月 21 日，时任中共中央政治局常委、国家副主席、中央军委副主席的习近平再次来到巴吉村，了解新农村建设和基层党建工作情况，嘱咐大家“坚持因地制宜，广开致富门路，千方百计帮助群众增加收入，让老百姓的日子越过越甜”。

近年来，巴吉村牢记习近平总书记的嘱托，充分利用城乡接合部的地理优势，因地制宜，积极参与

① 精准扶贫精准脱贫百村调研是中国社会科学院与国务院扶贫办公室开展战略合作的国情调研特大项目，由中国社会科学院副院长、党组成员李培林和国家扶贫办主任刘永富担任总课题组组长。项目选取全国范围内最具代表性的 100 个贫困村作为调研对象，借此了解这 100 个村庄的贫困状况、贫困成因、减贫历程和成效，并提出对策和建议。同时通过透视贫困村庄的脱贫举措，进一步为我国的扶贫脱贫事业提供现实和理论政策借鉴。

② 中国名镇志文化工程是由中国社会科学院副院长、中国地方志指导小组常务副组长李培林倡导并在全国地方志系统全面开展的重大文化工程，2015 年 1 月正式启动，8 月纳入国务院办公厅《全国地方志事业发展规划纲要（2015—2020 年）》。经过两年多的推进，已经成为全国地方志系统重要的文化品牌，在方志文化的普及、名镇的宣传、传统文化的传承发展等方面发挥了重要作用，取得重要阶段性成果。

城市建设与发展，村民收入持续增长。如今，巴吉村的村集体固定资产达到3亿元，2016年全村经济总收入达1925.6万元，年人均纯收入达2万多元，是2016年西藏自治区农村居民人均可支配收入的两倍多。

选取巴吉村作为调研对象，极具代表性和参考性。巴吉村既是民族地区的典型样本，又是脱贫建设的典型样本，如能开展全面细致的调查研究，将会成为反映西藏地区城镇化进程，特别是扶贫、脱贫历程的最佳载体，对进一步把握民族地区、边疆地区扶贫脱贫的现状、特点和问题，探索新阶段扶贫攻坚的对策建议有着重要意义。

二、调研的基本情况

（一）调研方法与调研活动

对巴吉村的调研采取问卷调查、案例访谈、半结构式座谈、资料收集等多种方法。

问卷调查：科学抽样和严格执行抽样调查是成功的重要条件，既可以避免对样本户的选择性偏差，又可以保障代表性。问卷调查包括户问卷调查和村问卷调查。户问卷调研样本量在60户以上，其中贫困户和非贫困户各30户。由于客观原因，其中一类样本数达不到要求时，需向项目协调办公室请示后，用另一类样本补足。村调查包括村问卷填写，村两委访谈、村民代表访谈（小规模座谈会）、各种专题性调查等。在完成村调查后还需要开展进一步的补充调查，对比两次调查结果中贫困情况的变化和扶贫成效。

实地考察：项目组联合西藏自治区地方志办公室、林芝市地方志办公室到巴吉村进行实地考察，全面深入了解巴吉村在脱贫建设方面的情况。

案例访谈：项目组将重点围绕巴吉村精准扶贫工作，访谈主持村扶贫工作的主要负责人，车辆运输、种植养殖、旅游等当地支柱行业相关负责人及部分脱贫群众代表。同时，调研组还先后深入当地企业进行采访。

座谈：召开小型座谈会，交流、总结脱贫扶贫工作经验。

资料收集：由西藏自治区地方志办公室、林芝市地方志办公室、八一镇人民政府和巴吉村两委、驻村工作队负责资料收集。

主要调研活动共有三次。第一次，对行政村进行摸底调查，填写村问卷，收集住户资料信息，并就相关问题开展初步调查（要求收集村民花名册、建档立卡贫困户数据）；第二次，主要开展住户抽样问卷调查，并辅以其他调查；第三次，重点是了解2017年上半年的村庄发展最新变化，并就相关问题开展补充性和扩展性调查。

（二）巴吉村的基本情况

巴吉村隶属于西藏自治区林芝市巴宜区八一镇，地处林芝市城郊1千米处，整村分布于318国道沿线，耕地面积863亩，是八一镇最大的行政村。全村现有农牧民98户、480人，劳动力189人，五保户2户2人，党员43人（其中，预备党员2人，妇女党员12人，老党员4人），团员18名。全村适龄儿童入学率、在校生巩固率100%。2017年，巴吉村经济总收入达2553.6万元，村集体经济收入930余万元，人均纯收入23700元，人均现金收入17775元。

近年来，该村相继荣获西藏自治区小康示范村、林芝地区先进基层党组织、精神文明示范村、小康文明示范村、林芝县党建示范村、汽车小康示范村、中国农业银行钻石卡村和第五届全国文明村等荣誉称号。

（三）调研结果分析

2016年年初，巴吉村精准识别并录入贫困人口，建档立卡精准扶贫户共6户、16人。经过不懈努力和开展系列针对性扶贫举措，所有扶贫户于2016年底成功脱贫。调研组通过开展入户走访问卷调查，查看、了解包括家庭成员、住房条件、生活状况、健康与医疗、安全与保障、劳动与就业、政治参与、社会联系、时间利用、子女教育、扶贫脱贫11个方面的基本情况。

在住户规模上，调查样本中住户多为一户3～4人，脱贫户规模为1～4人，家庭劳动力相对较少。具体数据见图1。

在年龄构成上，剔除调研户中在家时间小于6个月的家庭成员，可以发现巴吉村调研户的年龄构成上呈现成年型（中间型）人口的特征，同时伴有老龄化发展趋势，有效调查样本中19岁以下人口32人，20~40岁之间的青壮年人口为54人，40~49岁人口36人，50岁以上人口63人。基本数据见图2。

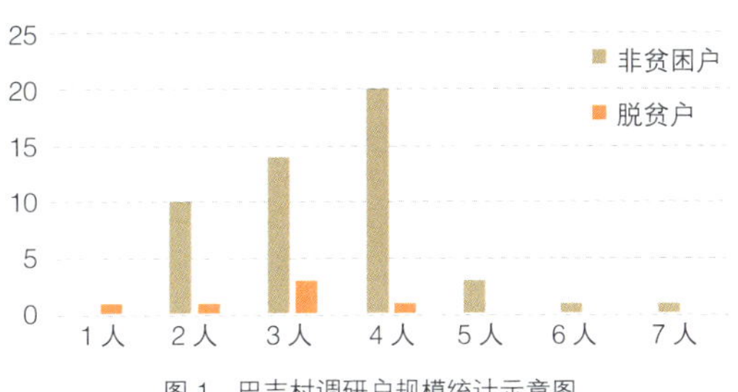

图1 巴吉村调研户规模统计示意图

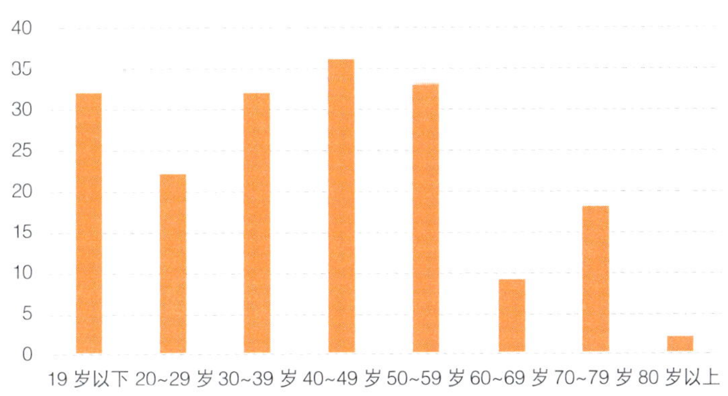

图2 巴吉村调研户年龄分布示意图

从调研户的户主年龄来看，老龄化的特征更加明显，低于50岁的户主有20人，50~59岁户主15人，60~69岁户主6人，70~79岁户主15人。具体数据见图3。

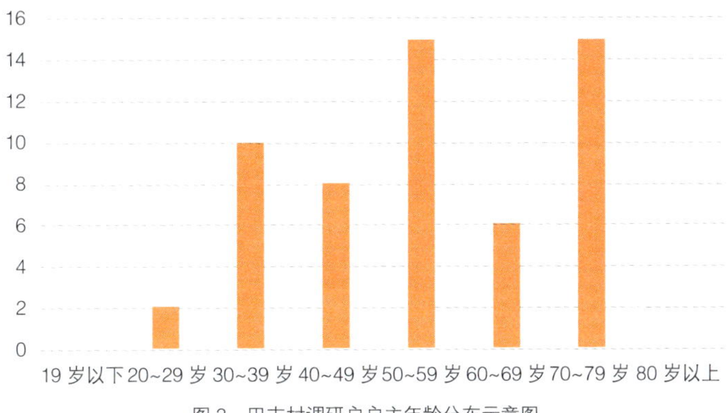

图3 巴吉村调研户户主年龄分布示意图

在住房情况上，所有的调研户都拥有至少一套自有住房。且巴吉村房屋配套设施较为齐全，户户通电、通自来水，供暖设备多为炉子、电暖气，全部安装有电热水器或太阳能热水器。根据调研问卷，脱贫户对住房情况的满意度较高，有 20% 的调查对象对当前的住房状况非常满意，80% 的调查对象比较满意。具体数据见图 4、图 5。

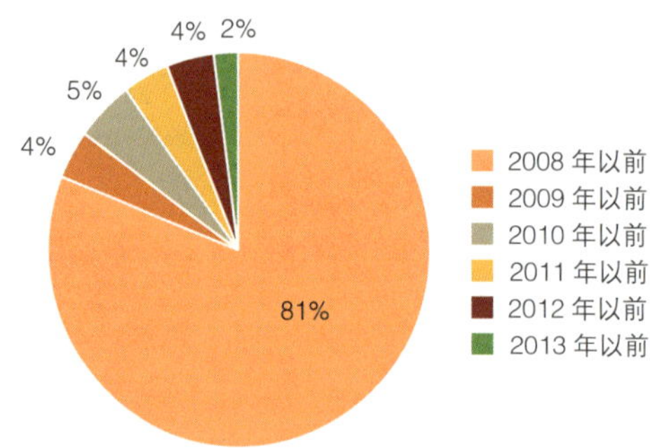

图 4　巴吉村调研户住房建造或购买年份情况示意图

图 5　巴吉村脱贫户住房情况满意度示意图

从收入支出情况来看，巴吉村总体人均年收入 23700 元，人均现金收入 17775 元，人均年支出 8000 元。脱贫户人均年收入 4600 元，支出 2700 元。具体数据见图 6。

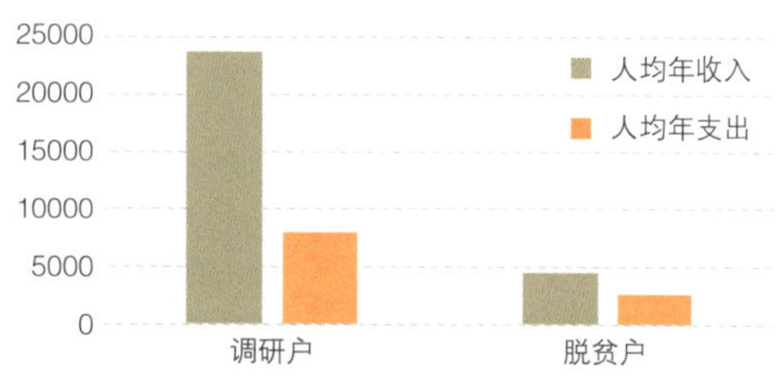

图 6　巴吉村调研户和脱贫户收入支出情况示意图

巴吉村调研户收入满意度较高，在“你觉得你们家 2016 年收入怎么样”问题上，8% 调研户认为非常高，16% 调研户认为比较高，81% 调研户认为一般，没有认为较低和非常低的。具体数据见图 7。

巴吉村调研户的支出构成主要有农业经营支出、非农业经营支出、教育支出和其他支出（包括报销后医疗总支出、养老保险费用、合作医疗保险费用等），分别占比 23%、39%、23%、15%。其中，除一般经营支出外，家长在子女教育的经济投入上表现出更大的热情。具体数据见图 8。

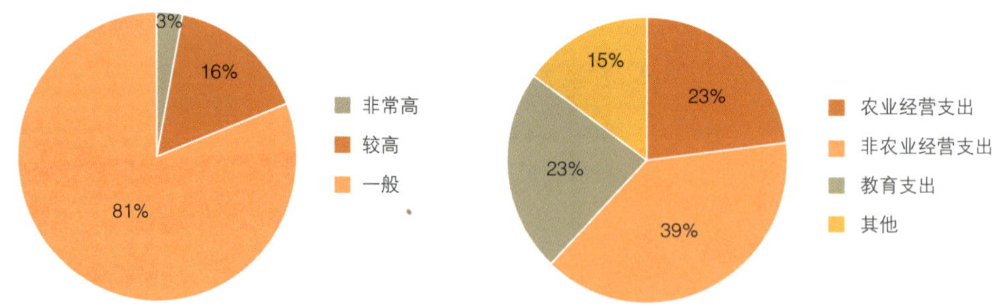

图 7　2016 年巴吉村调研户收入满意度示意图

图 8　巴吉村调研户支出构成情况示意图

在生活满意度上，巴吉村村民对现在的生活状况满意度较好，认为目前生活状况一般的占比仅 4%。调研户总体和脱贫户对当前生活非常满意的，占到了 17% 和 25%；比较满意的，占到了 79% 和 75%。从生活的主观感受来看，脱贫户的幸福感高于总体水平，有 25% 的脱贫户，感到当前生活非常幸福，高于总体被调查对象 8 个百分点。具体数据见图 9、图 10。

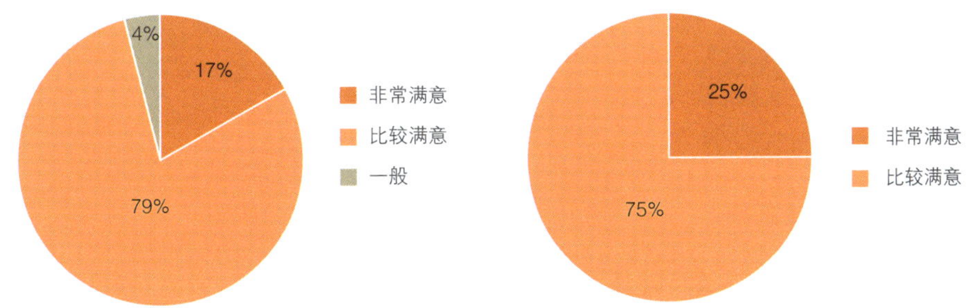

图 9 巴吉村调研户生活满意度调查示意图 图 10 巴吉村脱贫户生活满意度调查示意图

在居住环境上，近年来通过硬化村道路、新建排污管道、改造饮用水管道、修建蓄水池并铺设村内草地、树木等举措，巴吉村村容村貌显著改观，居住环境全面改善。在居住环境的调查上，调研户对家庭周围居住环境，整体满意度很高，其中，认为非常满意的为 31%，比较满意的为 67%。具体数据见图 11。

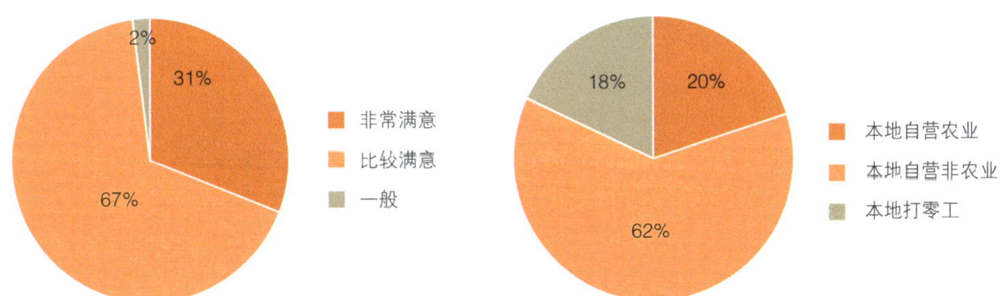

图 11 巴吉村调研户居住环境满意度示意图 图 12 巴吉村劳动力投入生产天数比重示意图

在就业情况上，巴吉村从事本地自营非农业的比例远高于从事农业的比例，从事非农业的占比高达 62%，还有 18% 的调研户在本地打零工。具体数据见图 12。

通过对就业的劳动力进行进一步调查，绝大部分固定性工资收入的劳动力是在县内本乡镇外打工或自营，说明巴宜区对自身劳动力有很强的吸引力，基本满足了农村劳动力自身的发展成长预期。

在“政府为本村安排的各种扶贫项目是否合理”问题上，所有居民认为各类扶贫项目很合理，解决了村民的实际问题。在“认定脱贫时，乡村干部有没有来家调查”“认定脱贫后，脱贫名单有没有公示”“调整时，乡村干部有没有来你家调查”“调整时，你家有没有签字盖章”等扶贫脱贫程序问题上，所有调查户均选择“是”或“有”的肯定答案。

在“2015 年以来得到的帮扶措施”问题上，主要为生产发展和技能培训，分别占比 32% 和 40%，其他措施如小额信贷、带动就业、异地搬迁等占比 28%。具体数据见图 13。

在基础设施建设项目方面，巴吉村已全面实现了自来水入户、电入户、基本农田建设改造，对“基础设施建设评价”问题上，认为非常满意的有 12%，认为比较满意的有 88%。具体数据见图 14。

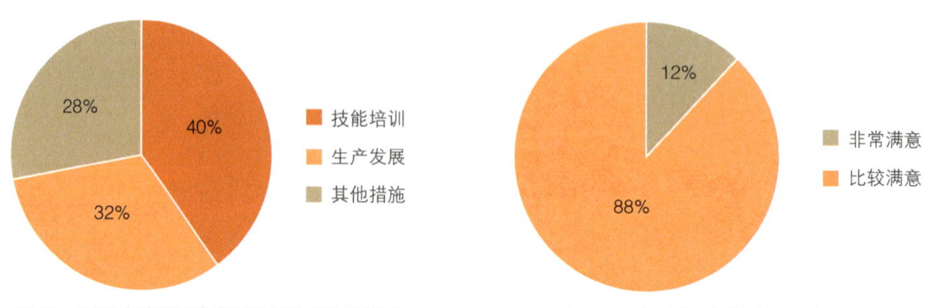

图 13　2015 年来调研户获得的帮扶措施示意图

图 14　巴吉村基础设施建设评价示意图

总体来看，精准扶贫户在收入、住房、生活环境、子女教育、就业等多方面满意度较高，说明巴吉村在落实精准扶贫、精准脱贫决策部署方面取得显著成效，严格按照以“两不愁、三保障”① 为核心的标准程序进行脱贫退出工作，实现了脱真贫、真脱贫的目标。

三、巴吉村扶贫脱贫的主要做法

巴吉村村两委及驻村工作队认真贯彻落实党中央和自治区党委、政府在精准扶贫精准脱贫工作上的重大决策部署，创造性地开展扶贫工作，有效地解决多种贫困问题，带领巴吉村全村脱贫奔小康。

（一）加强基层组织建设

近年来，巴吉村党支部以“兴村富民”为目标，以壮大村集体经济和增加农民收入为总抓手，带领全村广大党员干部群众，充分发挥党组织的战斗堡垒作用和党员的先锋模范带头作用，不断加强基层组织建设。一是健全组织，拓展服务功能。巴吉村在各级党委的正确领导下，不断建立健全基层组织，已经成立了村党支部、村委会、村妇代会、村公共卫生委员会、村调解委员会、村团支部委员会、村治保委员会以及村务监督委员会八大村级组织机构，2017 年 9 月，已完成新任村班子组织换届选举工作。同时，采取在“双联户”② 的基础上建立 8 个党小组，各个组织体现不同的工作职能，职责清晰，相关人员全部由党员担任，村级组织的健全为巴吉村社会稳定、经济发展提供了坚实的组织保障。二是建强班子，提升履职能力。农村要致富，关键看支部。巴吉村党支部把村两委班子自身建设作为重头戏来抓，全面实施“万名村干部文化素质提升工程”，建立完善村干部年度目标任务清单，并通过组织村两委干部进行能力素质提升培训，赴成都、重庆等发达地区观摩学习，全面加强村两委干部履职能力。同时，坚持每个月对村干部进行考核，每半年对村两委班子进行综合分析研判，对存在不同问题的班子成员进行批评教育，使村级组织战斗力、凝聚力和号召力不断提升，基层政权更加巩固。三是带好队伍，树立模范榜样。巴吉村党支部高度重视党员党性教育和能力培育，结合“两学一做”学习教育，扎实开展学习中共十九大精神、党章党规、习近平总书记系列重要讲话精神的学习。同时，在日常生活中

① 2016 年 12 月 2 日，国务院印发《“十三五”脱贫攻坚规划》明确指出，到 2020 年，稳定实现现行标准下农村贫困人口不愁吃、不愁穿，义务教育、基本医疗和住房安全有保障，简称“两不愁、三保障”。

② “双联户”，即“联户平安、联户增收”。开展“双联户”服务管理工作，是西藏自治区党委、政府坚持走群众路线，把社会管理服务与群众工作紧密结合起来，把发展稳定任务落实到城乡基层、落实到千家万户的积极探索。

组织由党员、“双联户”户长为主的维稳巡逻组、卫生巡逻组、森防巡逻组等，发挥党员模范带头作用。2018年至今，驻村工作队积极参加巴宜区组织的精准扶贫培训工作，并将培训内容及时传达至驻村工作队及村两委，邀请新区派出所民警进行法律宣传，结合党员管理实际需求，完善党员设岗定责、依岗承诺和帮扶结对等制度，特别是在脱贫攻坚工作中，全村党员与贫困户结成16个帮扶对子，主动投身精准扶贫工作，以身作则、率先垂范，彰显了党性，赢得了民心。四是参政议事，保障村民权利。农村基层民主政治建设是民主政治建设的基石，伴随着经济快速发展的同时，巴吉村的村民议事原则由简单的村规民约逐渐转变为共同协商、民主决策。在决定村级各项重大事务和与农牧民群众切身利益相关的事项时，始终坚持“四议两公开”[①]的原则，增强了议事决策的科学性和透明度。让农牧民群众真正享有知情权、参与权、管理权和监督权。

（二）培育本地优势特色产业

要迅速发展和壮大村集体经济，村两委班子的市场意识和洞察力至关重要。近年来，巴吉村党支部充分利用区位优势，先后成立汽车运输队、种养殖专业合作社、砂石专业合作社等经济实体，为村集体经济的发展壮大做出了应有贡献，但随着社会经济的发展，环保意识的提升，村党支部审时度势，及时转变观念，利用城乡接合部的地理优势，介入城市发展，采取“招商引资＋公司入驻＋土地入股＋集体分红＋群众受益”的经济发展模式，与群众共享发展成果。在村“两委”多方考察和认真研究之后，为了紧抓林芝市城市建设的发展机遇，巴吉村果断行动，先后成立润鑫商砼有限公司、雪域江南宏鑫建材市场、物流园仓储基地等经济实体，为村集体经济的发展注入强劲动力。公司入驻后，村两委将分散的资金、劳动力、土地和市场组织起来，通过联合生产、规模经营，解决“小农户”和“大市场”的对接及适应问题，采用集体分红的方式覆盖贫困人口，提升其参与度，最终促进农牧民增收。这种产业模式有效地提高了扶贫开发的针对性，也强化了驻村扶贫管理，使帮扶措施与群众所需所盼更加紧密，既能把握特色优势资源，提升市场竞争力，以骨干企业为龙头，培养自己的生产经营实体，促进区域内经济整体发展，又能让精准扶贫成为长效机制，变“输血”为“造血”，从根本上帮助农牧民脱贫致富和稳定增收。

（三）建立健全扶贫体制机制

一是成立扶贫领导小组，全力推进精准扶贫。为有组织、有计划地做好扶贫工作，成立巴吉村扶贫领导小组，由村委会书记任组长，驻村工作队队长任副组长，村两委与驻村工作队员为成员。通过进村入户，调查村情，听取民意，摸清家底，掌握第一手资料，并与镇、村干部、党员代表共商帮扶发展大计，经过调研和广泛征求意见后，制定巴吉村扶贫工作计划。通过了解贫困状况，分析致贫原因，摸清帮扶需求后，确定巴吉村需要帮扶的贫困户有6户16人，对这6户进行认真调查核实建档，并及时将扶贫信息进行公示，确保扶贫信息的真实性和透明度。二是开展走访活动，经常到贫困户家里去看看。与贫困户结对子，像亲戚一样与他们谈心拉家常，使得驻村干部融入村民当中去，和村民打成一片，集

① “四议两公开”：是指村党组织领导下对村级事务进行民主决策的一套基本工作程序，是基层在实践中探索创造的一个行之有效的工作方法。“四议”是指村党支部会提议、村两委会商议、党员大会审议、村民代表会议或村民会议决议；“两公开”是指决议公开、实施结果公开。

中全力打赢脱贫致富攻坚战。三是做好宣传工作，发挥群众主动参与的积极性。各项扶贫措施始终突出村民的主体地位，保障群众的知情权、参与权、监督权和决策权，强化群众参与扶贫项目的全过程。在宣传方法上，充分运用新闻媒体、网络等多种载体，重点宣传国家扶贫政策和模范人物事迹，引导干部群众树立正确的扶贫观念。

（四）加快基础设施建设

一是扎实推进“美丽乡村、幸福家园”工程。本着村民“自己组织、自己建设、自己使用、自己受益”的原则，工程全权交由村委会自行建设施工，由八一镇人民政府担任法人代表负责项目的协调和监督管理工作。项目共计投资2300万元，硬化村道12967平方米，新建排污管道3100米，改造饮用水管道1450米，修建150立方米蓄水池，将75户家庭旱厕改造为水冲厕所，铺设村内草地、树木1530米，建成了设施齐全、厕所干净卫生、庭院内外整洁的新巴吉。二是加强环境卫生综合整治。设立面前三包制度，由村委会筹集专项资金，确定卫生清洁人员，专门负责村内卫生打扫清理；对严重影响生活环境的砂石厂进行拆除整治，确保318国道两侧的环境卫生；每周一组织各小组成员及“双联户”户长对318国道两侧及污水处理厂和尼洋阁附近的白色垃圾进行清理；制定村规民约以约束各家各户以及全体村民的行为，并开展卫生评比活动。三是强基础、惠民生。巴吉村以完善农村居住条件和生产生活设施为抓手，打造农村设施完善、服务功能齐全、村容整洁、管理有效的基础设施建设体系。不断深化便民服务，搭建村级“服务民生”平台，先后建立便民超市、便民服务大厅等，实现数据多跑路、群众少跑腿，不断提高服务制度的科学化水平。

（五）完善服务体系建设

一是教育事业不断发展。近年来，巴吉村党支部始终把教育工作放在优先发展的位置来抓，扎实做好“控辍保学”工作，积极稳妥推进“普九”工作。目前全村小学适龄儿童入学率为100%，巩固率为100%，小学六年级升学率达到100%。在抓好基础教育的同时，加大农村实用技术培训力度，巩固扫盲成果。二是医疗卫生服务体系不断健全。设置村卫生室，2名专职医师定期开展体检就诊，配齐64种常用药物，体检设备、输液设备齐全，让村民日常体检、小病治疗不出村。扎实有序开展新型农村合作医疗宣传，村民卫生意识进一步增强，全村参保率达到100%，艾滋病防治知识宣传面达100%，产前检查覆盖率达100%，孕产妇住院分娩率达到100%，无孕产妇和新生儿死亡，全村卫生水平明显提高。三是就业扶贫措施不断完善。依托贫困户的信息网络系统，逐村逐户对全村建档立卡有劳动能力贫困人员的培训意愿开展调查摸底，收集劳动力就业、创业意向及培训愿望等信息。利用巴宜区给每名具有劳动能力贫困群众提供生态岗位的政策，积极引导有劳力的贫困群众参与森林防护、村内卫生等生态环境保护与建设。

（六）加强农村文化建设

一是加大基础文化设施建设。巴吉村文化室设备完善，配备有多功能活动厅（教育培训、文艺排练、综合展示、召开会议）、书报刊阅览室（乡村书屋）、信息资源共享服务室及室外活动场地、宣传栏、黑板报等配套设施，使基层群众的文化活动有场地、有设备、有器材。二是促进文旅融合发展。巴吉村有着丰富的文化资源和自然资源，村两委借助景区地理优势建立旅游商圈，鼓励村民参与到旅游服务业当中，办起了土特产一条街。该街总投资200万元，目前设有摊位60个，全村参与率达到90%以上，参与户人均年收入有显著提高。三是保护藏族传统文化。巴吉村不定时组织开展藏族文化活动，如锅庄、拔河、抱沙袋、男子掰手腕和工布响箭等，这些活动不仅丰富了村民的业余文体生活，还继承和发扬了藏族文化传统。巴吉村还举办丰富多彩的藏族节庆活动，以节致富，拉动旅游、商贸等相关产业，增加村民收入。

四、对策建议

从扶贫效果来看，巴吉村立足自身优势，充分发挥党支部在扶贫攻坚中的领导作用，精准识别，精准施策，精准帮扶，同时注重发挥产业扶贫功效，创新思路，多措并举，主动作为，有效帮扶困难群众，到 2016 年 12 月底，6 户精准扶贫户全部脱贫，取得了显著成绩。巴吉村也发展成为远近闻名的富裕村。

巴吉村脱贫攻坚已经取得阶段性成果，下一步的扶贫工作重心是减缓相对贫困，提高生活质量和促进持续增收。

（一）转变扶贫理念

一要从“输血式”向“造血式”转变。输血还要造血，扶智更要扶志。群众是扶贫工作的主体，必须动员广大贫困群众积极投身扶贫开发的实践活动，拔除“志气的贫困”“动力的贫困”，杜绝“等、靠、要”依赖思想。扶志要走到贫困群众中间去，坚持实事求是的基本原则，实施教育扶贫结对帮扶行动计划，下功夫抓好贫困人口劳务技能培训工作，用贫困群众身边的典型教育人、说服人，弘扬勤劳勇敢、诚实守信的优良传统，改变贫困地区群众的精神面貌和思想观念，激发了贫困地区自我发展的动力。同时，扎实推进人才队伍建设、积极推进人才交流，打造一支自有高素质人才团队，为产业扶贫、科技扶贫输入源源不断地人才，稳固扶贫成果。

二要凝聚力量构建大扶贫格局。全面调动全社会参与脱贫攻坚的积极性，加大东西部扶贫协作工作力度，推进企业定点帮扶和党政机关定点扶贫，实现政府、市场、社会互动和行业扶贫、专项扶贫、社会扶贫联动，凝聚社会各方面力量合力攻坚。未来，扶贫工作应加大力度调动政府外的社会力量进行帮助，实施对接一批社会扶贫项目、改善贫困地区基础设施建设，促成企业与贫困户结对等“五个一批”[①] 工程。注意发挥民主党派、工商联等社会团体的作用，深入推进“扶贫志愿者行动”“春蕾行动”“贫困儿童营养改善项目”等公益活动，将更多的资金和技术引进来。

三要拓展“互联网 + 旅游电商”新思路。巴吉村有着丰富的旅游资源，具备旅游扶贫的资源基础和条件。下一步要立足生态环境、自然资源和历史文化资源优势，充分挖掘餐饮、休闲、生态、文化的特色价值，发挥旅游业在扩内需、稳增长、增就业、减贫困、惠民生上的重要作用。以大柏树景区为重点旅游业，带动全村旅游发展，增加广大群众的收入，力争在 2020 年人均收入达到 3 万元以上。此外，应积极发挥电子商务的特殊作用，与巴吉村现有产业实现对接，大力发展电商扶贫，不断创新电商新模

---

① 2015 年 10 月 16 日，国家主席习近平在减贫与发展高层论坛上首次提出“五个一批”的脱贫措施，为打通脱贫“最后一千米”开出破题药方。随后，“五个一批”的脱贫措施被写入《中共中央国务院关于打赢脱贫攻坚战的决定》，经中共中央政治局会议审议通过。“五个一批”，是指发展生产脱贫一批、易地扶贫搬迁脱贫一批、生态补偿脱贫一批、发展教育脱贫一批、社会保障兜底一批。

式，结合当地特色创建品牌，实现扶贫工作的“弯道超车”。

（二）突出扶贫重点

一要紧盯扶贫弱势群体。要把贫困户、老年人、残疾人作为群体攻坚重点，对扶贫对象开展精确化的动态管理。老弱病残等特困群体，大多无业可扶、无力脱贫，脱贫难度大，也非常容易返贫，要瞄准对象，及时对困难群众进行调查摸底，建立台账，重点把低保家庭、困难留守儿童、鳏寡孤独老人、残疾人等列为关心关爱对象，制定工作方案，确保出现问题及时发现、及时帮扶、及时救助，有效防止脱贫返贫和新增贫困发生。

二要紧抓产业扶贫主线。产业兴则经济兴，产业是经济发展和促进贫困群众的增收的根本举措和有力支撑。下一步要从实际出发，大力推进以特色种养业、民族和生态旅游、劳务经济等为主的产业扶贫，并根据特殊的地理环境、自然气候和民族文化等因素以及市场变化特点，积极探索创建多种产业扶贫新模式，发展一批以藏医药业、民族手工业、高原特色食品业、矿产业、建材业等为主的特色优势产业，为经济发展注入持久的强劲活力。在资金问题上，要注意整合涉农项目资金用于特色产业项目，做好行业和乡村、专业合作社、龙头企业、家庭农场、贫困户和相关部门的精准对接，切实发挥涉农资金的作用。

三要紧抓基础设施建设。基础设施建设是贫困地区民生保障和产业发展的基础，是脱贫攻坚首先要解决的问题。下一步，要利用示范点建设的契机，积极整合资金，全力推进基础设施建设，进一步核实各类基础设施项目情况，要摸清底子，进一步完善方案，切合实际实施交通、水利、电力、卫生、通信等一系列民生工程，并发挥出改善贫困农村基础条件和提高群众生产生活水平的明显效果。

（三）创新扶贫体制机制

一要探索金融扶贫保障机制。要进一步加大金融精准扶贫力度，认真贯彻中央扶贫工作、金融工作会议精神，探索建立扶贫贷款风险补偿机制，通过贴息、风险补偿、缓释、税收优惠和减免等措施，激励和引导金融机构信贷资金向贫困地区、贫困户倾斜。要进一步规范工作程序，充分发挥县、乡、村三级服务体系的指导、服务、管理、协调、监督等作用。还要加大金融扶贫服务政策宣传力度，积极引导贫困户主动学习掌握政策知识，确保所有贫困人口的金融需求得到满足。

二要健全扶贫考核激励机制。要切实发挥考核激励的约束作用，时刻提醒扶贫干部严肃纪律作风，对扶贫工作中出现的问题做到早发现、早整改。将扶贫考核作为在扶贫攻坚主战场考察识别干部、选拔使用干部、问责处理干部的重要依据。要重视考核检查中发现的问题，全面梳理问题清单，对照清单制定整改责任目标台账，逐项进行研究、逐条进行解决、逐个进行落实，确保扶贫工作落到实处、取得实效。

三要完善部门合力攻坚机制。扶贫工作不是一家单打独斗，而是需要各部门上下联动形成合力。要强化部门沟通，在扶贫政策落实、产业项目审批、扶贫资金管理等多环节密切配合，深入实际进行摸底、调查、走访，按照脱贫致富计划实施帮扶措施。建立利益联结，做到层层传导、压实责任，切实建立起齐抓共管的合力攻坚机制，确保脱贫攻坚工作如期完成目标，取得最大成效。

口述回忆

林芝八一毛纺厂的创业岁月[1]

沈留根[2]

西藏林芝毛纺厂曾经有过一段辉煌的时光。我们生产出来的各种毛纺织品，相当程度上满足了西藏部队和西藏各族人民的需要，并远销国内各省市和国际市场。那时，进出西藏的人们，不论是哪个民族的人，带给亲朋好友的首选礼物，往往都是物美价廉的林芝毛纺厂的毛线、呢绒、氆氇，当然，最受人欢迎的还有林芝毛毯。作为一名林芝毛纺厂的老职工，如今回首往事，确实是感慨百端。

一

酝酿建立林芝毛纺厂，那还是1964年的事情，当时国家提出要加强“大三线”建设，各大军区后勤部门会聚讨论，西藏军区后勤部从当时西藏实际资源和军需情况出发，提出想办一个毛纺厂。周恩来总理非常关心，指示由全国毛纺织技术和设备力量最强的上海全力支持。这个任务下达给上海轻纺局，轻纺局把任务下达给上海毛麻纺织品公司，最后决定把上海一家纬纶毛纺厂和配套的几个小厂“连锅端”——连人带设备，全搬到西藏林芝，重建一个新厂。

纬纶厂是家老厂，是公私合营过来的，厂房比较分散，但设备还不错，都是德国品牌、日本制造，技术力量也强。这个方案确定后，第一件事是招收一批学徒工，一共370名，分别安排在上海第一毛纺厂、第七毛纺厂、维通毛纺厂（在凯旋路那里），加上纬纶厂，一共4个厂定点培训。我也是这一批学徒工中的一员，当时学的是机修。我

---

① 原标题为《林芝毛纺厂的创业岁月》。

② 沈留根：男，1966年进藏，曾任西藏林芝毛纺厂车间主任。1982年返沪，曾任西藏人民政府驻沪办事处处长等职。

们那一批学徒工，年纪最小的十七岁，最大的二十二岁。

1965 年 10 月 6 日，我们就正儿八经成了西藏林芝毛纺厂的职工。实际进藏的学徒工是 365 名，加上老厂职工，进藏人员一共是 648 名。

我们学徒工接受了紧张的培训。那时候人们的觉悟、想法和现在不一样，各厂的老师傅对我们这批将来要援藏的学徒管得很严，该学的都必须真正学会。西藏不比上海，在上海，你不会了，有什么故障处理不了了，师傅就在边上，你随时都能问。到了西藏，万事都要靠你自己，不管什么机械故障，你都得自己想办法排除，否则，耽误了生产那还了得？所以，师傅掏底教，我们拚命学。那时还曾明确规定，我们的援藏期是三年，三年期满，把藏族工人教会了，我们就回来了。在当时，我们到了西藏，不但要自己会干，还要会带藏族徒弟，这个压力就更重了，大家都学得分外认真。三百多位我们师傅辈的人，全是二十八岁到三十五岁上下的，正是又有经验、又有技术、年富力强的时候，所以到我们厂迁西藏，我们厂的技术力量确实是很强、很整齐的。

老厂的领导和技术人员、老师傅们也一点没闲着。先遣人员已经进藏，新厂那边要规划设计，搞好必要的基建和其他准备工作；老厂这边要安顿家属、安置分流人员，组织进藏班子，检测配齐设备，然后拆卸打包，装箱待运。

二

进藏大队人马分两批，第一批人员以我们年轻学员为主，是 1966 年 7 月 11 日起程的。第二批主要是老厂师傅，大约比我们晚一个来月出发。设备早在 1966 年年初就陆续起运，发往柳园了，从青藏线经格尔木运进去。人走的是川藏线。我们第一批入藏人员，从上海十六铺码头坐船沿长江先到重庆，然后从重庆改乘火车到成都。沿途都住在部队系统的军用物资供应站。我们这个毛纺厂，当时是属于西藏军区后勤部军供系统。到了成都，住在离火车站不远的部队军供系统招待所。当时那里一大片都是部队单位。休整两天之后，命令下来，让坐运输某团的军用卡车进藏。一车 28 人，没有座位，一人打一个行李包，垫在屁股底下当凳子坐。这样，沿川藏线坐汽车走了 20 来天，1966 年 8 月 17 日到达林芝八一镇。

我们到达时，林芝新厂的厂房已经建造起来了，上面是钢梁结构，四面的墙还没有立，因为还没有安装设备。墙建起来后大型设备就不好安装了。宿舍连影子也没有，那就睡在这没墙的厂房呗。我们到达后，铺盖往车间一放，就抓紧安装设备。好在是“连锅端”，连伙房的大师傅也是上海来的。工厂烧水，用的是西藏喇嘛寺用的那种好大的大铜锅，炉子是用大汽油桶自己做的。柴火自己砍。吃的面粉是当地面，有点黏牙。米是籼米，煮出饭来很硬，关键是那时还没有高压锅，西藏海拔高、气压低，米面煮出来都是夹生的。上海去的小青年，开始还有些调皮，夹生的饭、夹生的馒头还不吃，可不吃你吃什么？饿急了一样还得吃。好在那时都年轻，单纯得像一张白纸，工厂又是半军事化管理，上海老师傅的吃苦认真精神，部队同志的高度组织性、纪律性，都强有力地指引着我们。工厂领导不少是军队上的，看我们年纪轻轻的，有技术也有朝气，也很喜欢我们，一天到晚“小鬼、小鬼”地喊我们。所以生活虽然苦一点，心里还是高兴的。

再说环境也好。林芝海拔3000多米，四周都是森林，氧气比西藏其他地方要多得多。端一盆水，气是要喘一点的，但还行，还受得住。我们是1966年8月17日到的林芝，军区后勤部要求当年10月1日第一条生产线投产，从洗毛、梳纺、织布到染整，“一条龙”生产出呢绒，向国庆献礼，一共只有不到40天的时间，那真叫夜以继日了，天天白天黑夜连轴转。到了国庆节前，还真就生产出了西藏历史上第一匹机制呢绒，送到自治区报喜。从军区后勤部的角度来说，这就算是见了成效。1966年11月，“西藏林芝毛纺厂”正式成立。到了1967年年初，所有设备安装到位，厂房起墙封顶建成，宿舍更好办了，架子一立，下面是石头砌起来的，墙壁是木板钉的，屋顶也是木板钉好后，用镀锌铁皮一铺，钉牢，成了，非常简单。于是就进入正规生产。

那时驻军领导指导思想上是很明确的，毛纺厂还是要以抓生产为主，保证军供，满足民需。这受到了我们全厂职工的拥护。我们那时，虽然还只有二十来岁，但都已经成为生产骨干；我们的师傅辈，也不过比我们大十来岁，正好都是想干事也能干事的年纪。又从拉萨附近的林周农场、澎波农场招收了一批藏族青年当学徒工。那时我们厂真是要劳力有劳力，要技术有技术。从那时起，一直到1980年上海职工大部分内调回沪，全厂藏汉各族职工，确实是全心全意在抓生产，全心全意为西藏各族军民服务。毛纺厂发展较快也较平顺，这是西藏林芝毛纺厂历史上比较辉煌的一段时期。

三

我们最早的产品，就是氆氇。西藏老百姓自己手工织的氆氇，是不脱脂的，羊毛泡在河水里洗洗，晒干了就拿来用羊毛刷子梳成毛条，纺纱织氆氇。而且它有个特点，不透水，下雨是可以当雨衣的。老百姓的牛毛布帐篷，抬头能看到天，可是它就是不漏雨。老百姓对我们织的氆氇，也有这个要求。那时我们深入到附近的村子里，专门调查研究，看老百姓的氆氇是怎么个织法的，有哪些技术性的东西值得我们学习。毛纺厂的羊毛是要脱脂的，要它不透水，就得织得非常密，还要适度拉毛。我们曾经做过试验，把老百姓织的氆氇剪一块，把我们织的氆氇也剪一块，系上四个角吊起来，里边舀进一瓢水，看 24 小时里透不透水。

呢绒是我们生产的大宗产品。我们开发出了许多品种，低、中、高档的都有。那时我们就已经开发出了牛绒产品，我们有分梳设备，能把收购来的牛绒里的精华部分分梳出来，80%的牛绒再掺入 20%的羊绒，织出了高级双面大衣呢，那是自治区拿去当礼品送给中央首长报喜的。

毛线也是我们的大宗产品之一。各种规格档次的毛线我们都能纺，技术上不成问题。当时用户反映我们林芝厂出的毛线粗毛多一点，打成毛衣穿在身上觉得有点扎人。其中的原因，除了西藏羊毛本身的品质问题外，主要还是从成本、售价上考虑，7 支、7.2 支的毛线，十二三元钱一斤，老百姓都买得起；精梳之后，纺 8.5 支的毛线，二十四五元一斤，普通人就不敢问津了。好在那时的毛线都是真材实料，工艺也过关，非常结实，织成毛衣穿穿不合适了，拆了洗洗重织。粗毛掉了，也就不扎人了。

林芝厂的毛毯，厚重质优，一等品 54.6 元一条，西藏的干部职工回内地，带上一条送人，那是十分受人欢迎的贵重的礼品了。毛毯也有许多品种，除了普通的民用织花毯，还有军用毯、格毯等。

西藏的羊毛，山南、日喀则的细度好一点，大宗羊毛原料来自藏北牧区。那里的羊毛粗毛多、短，但弹性强，我们就拿来织成地毯线，白坯线出口到尼泊尔，供应那里的地毯业，给国家挣了不少外汇。

最成功的一件事是，生产过程中产生的大量下脚毛，原先都是当废料处理的，不但浪费，还污染环境。后来我们搞技术革新，把这些下脚毛经过再次梳洗后，制成毡子，又隔潮又保暖，极受客户欢迎，一条卖十几块钱。制毡车间的设备都是我们自己设计制造的。青藏、川藏几条公路线上的兵站、运输站，用的全是我们厂制的毡子，可给厂子挣了一大笔钱。

到了 1980 年，我们厂的固定资产从原先的 3000 多万元增加到 1.5 亿余元，等于 1 个厂子变成了 5 个厂子。全厂职工从 648 名，增加到全盛时期的 1800 名。品种发展到了一百多种，其中 80%是民族用品。产品远销国内十几个省市和海外。那时，说起西藏轻纺工业的发展，我们林芝毛纺厂确实是第一块牌子。

四

在这个过程中，我们自己也成长起来了。就拿我个人来说，从一名机修工到当组长，当工段长，当轮班长（我们是一天 24 小时三班倒的，轮班长管当班的整个车间事务），当车间副主任，后来当车间主任。我们所有的上海职工，每人都要负责带一到两名藏族徒弟，我自己就带了两名徒弟。到我们 1980 年内调以后，这些藏族同志都成了林芝毛纺厂的生产骨干，从技术副厂长到车间技术骨干，都是他们这一批人。

毛纺厂的特点是女工多，男工少。男女的比例，大致上是 1∶2.5。应该说，女孩子们单身在西藏，比我们男的更加不容易。拿休假来说吧。那时我们是部队编制，休假也是按部队的规定办，路费只给报销从柳园或成都回上海的那段火车票，从林芝八一镇到柳园或成都，那是一分钱路费也不给。

当然，批准你休假了，你可以到兵站去登记，什么时候有了军队的便车，就让你搭乘，沿途吃住有兵站。如果嫌搭军车太慢，你还可以通过朋友、老乡的关系搭顺道的民车。女孩子一个人出远门就不方便，一般是凑成两三个人结伴走。一次，我们厂有三个女孩一起休假，找到一辆拉原木的便车，驾驶室至多只能挤上两个，余下的一个，只好坐到车顶原木堆上。西藏的路颠得厉害，在车顶本来就够遭罪的了。车上的原木是用铁丝绞紧固定的，一般的情况下也没事。那次不知是铁丝绞得过紧还是怎么的，车到松多那儿，狠劲一颠，铁丝绷断了，一车原木倒下来，把姑娘砸死在了里边，才二十来岁呀，很惨。她就是我车间的同事。

我爱人是同厂的，是同一批上海学徒工中的一员，我和我爱人是师傅们给介绍的。我师傅说我："这小伙子不错。"她师傅说她："这丫头不错。"完了商量商量，说："你们俩成个家我们看就很合适，相互也有个照应。"这就成了，就这么简单。

我们俩第一次休假，事先很早就开始找关系张罗找便车了。我们毛纺厂女多男少，一部分女工就嫁到外面去了。我爱人有个同事，嫁给了拉萨的一位司机。通过他们的关系，我们先搭便车到了拉萨，就吃住在这位同事家，休整了两天，人家又帮我们找到便车，一直搭到柳园。从那里我们搭上从乌鲁木齐到上海的那趟火车，还没有座位，挤在两节车厢中间的过道口，从柳园一直站到兰州。就那样，还算是非常顺利的了。

五

林芝毛纺厂的生活，虽然艰苦，但也很有意思。有比较浓的集体主义色彩，有点像部队又不太像部队。吃饭以食堂为主。开始是全厂一个伙房，以后工厂发展了，就以车间为单位搞食堂。我那个车间，最多时有 236 个人。菜是集体种的。自己开荒，找一个对种菜有点经验、身体又不是那么太好的同志，叫他带上一个藏族同志做助手，负责菜地管理，带有半照顾性质。他俩也算我车间的一个工种，一样开工资。菜地要打井，要淘粪尿作肥料，翻地、收菜、储藏，这些活儿我们都干过。种菜的人活儿忙不过来时，跟我说一声，车间全体人员都轮流参加劳动。我们还养了七八头猪。老母猪下崽时，我们几个人还彻夜守候在猪圈边。以后有了高压锅，成了家的人，喜欢自己用高压锅焖点饭，到食堂打点菜。没成家的人当然主要靠吃食堂。有时食堂的饭菜吃腻了，就用高压锅自己下点面条，或到别人家“打游击”蹭饭吃。西藏人际关系重人情，谁家有了好吃的，朋友、同事，特别是单身汉们，闻香而来“打游击”，是最正常不过的事了。所以伙房的事比较难办，菜不好没几个人来打饭；菜好了肯定就不够，来晚了的人要抱怨。这些事，当车间主任的都要操心。所以我在西藏，车间职工们的吃喝睡等一切的杂事我都管，脑子里根本就没个 8 小时上下班的概念。车间生产是三班倒，出点什么事，轮班长处理不了了，也不管是半夜两三点，就来敲门，就得穿衣起来处理。

六

我爱人比我早离开西藏，她是 1978 年内调回上海的。那时我已经当了车间副主任。我还记得很清楚，1976 年粉碎江青反革命集团后不久，厂领导找我谈话，说要我填表，要把我转成干部。我说不想干。领导问为什么不想干，我说我想早点内调回上海。问为什么想内调，我说家里实在太困难了。那时我们已经有了孩子，孩子寄放在上海我父母处，两个老人帮着带。在西藏，我们两口子的工资，每个月光吃饭就要花掉一半，给孩子寄点生活费，再买点别的什么，每个月工资所剩无几。三年一次休假，连路程一共五个月，我们俩能预支工资 500 元。从八一镇到成都或柳园，虽说都是托关系搭的便车，但自己吃喝住宿、招待司机、答谢帮了忙的朋友，也不能不花一些。到家给老父亲两百元，手头的钱就差不多去了一半，还有四五个月日子要过，所以不借债是不可能的。“西藏、西藏，三年一趟，走时借债，回来还账。”确实是我们当年窘迫情况的真实写照。一背上债，连给上海家里寄钱有时也顾不上了。父母年纪越来越大，还要给我们照料孩子，怎么想也是不忍心，所以我们确实是想内调回上海。穷一点、苦一点都没什么，回上海至少能自己带孩子，对年迈的父母多少也能有点照应。领导看我说的也是实情，就说：“你爱人小王可以先内调，你还得再干几年。”我和爱人商量，走一个就走一个吧，总比一个不让走要强。于是拖到 1978 年休假时，我爱人就内调了，她原是上海一毛培训出来的，还回上海第一毛纺厂。

内调回来，最难的是没住房。我父母住房窄，嫁出去的女儿回娘家挤，也不是个事。我爱人抱着个孩子，天天跑房管所，一把鼻涕一把眼泪，诉说自己援藏十年，现在内调回来没个安家之处。那时的人们也知道情况确实困难，所以尽管当时上海房源非常极紧，长宁区房管所还是给安排了，是两个亭子间，二楼一间，三楼一间，都是六平方米大小。厨房是两家合用的，三楼是一个小阁间，中间高一点，人能直起腰，两边就不行了。这个条件，现在看是很差，但当时就不错了，起码能搁下两张床，连我回来休假，都有地方住了。我是挺知足的，所以在西藏继续更加卖力地工作。到了1980年，毛纺厂实际上进入了最兴盛的阶段。洗毛、纺纱、织布、染整、成品检验、设备检修，还有一个新建的毛线车间，配套成龙，力量都很整齐。后来形势发生了变化，中央决定大批内调援藏的干部职工，毛纺厂的上海职工大部分就是那次内调回沪的。好的是，我们那些年带出来的藏族徒弟，在生产上确实是能接上茬了。我们走了之后，1983年，上面给林芝毛纺厂投资1500万元，对已经陈旧的部分设备进行了大规模的更新改造，迎来了林芝毛纺厂历史上第二个辉煌期。我们这些老林芝毛纺厂人，听到这个消息无不为之高兴万分。

我是1981年调到西藏自治区人民政府驻沪办事处的。一晃又是20多年过去了，回首在西藏的十六七年创业岁月，我们吃过苦，流过汗，也做出过一些贡献，内心是踏实的，也是充实的。回到内地后，在新的工作岗位上，我们继承了在林芝毛纺厂形成的作风，老老实实做人、踏踏实实做事，也没给林芝毛纺厂人丢脸。我成了正处级干部，生活安定小康。能有这样一个结局，我们是很知足了。

二十几年来，我们人离开了西藏，心还是牵挂着林芝，牵挂着西藏。听说林芝地区这些年来发展很快，我们生活过、调查研究过农民织氆氇情况的村子，听说现在已经率先成为电话（普及）村、富裕村了，我们更是高兴。老林芝毛纺厂人有机会相聚，聊得最多的就是这些话题。我们在那里度过了自己的青春岁月，留下了和藏族同胞一起创业的足迹。今生今世，林芝八一镇，恐怕永远不会离开我们的梦境。

福建公园　　杨志宏　摄

主要参考文献

林芝地区地方志编纂委员会编:《林芝地区志》，中国藏学出版社，2006年。

林芝县地方志编纂委员会编:《林芝县志》，中国藏学出版社，2014年。

中共林芝地委党委办公室编:《中共林芝地区党史大事记（1951—2000）》，2002年。

中共林芝地委办公室、林芝地委行署办公室、林芝地区地方志办公室编：2000年至2015年《林芝地区年鉴》。

《林芝报》，2015—2017年合订本。

林芝地区人大联络处编:《西藏自治区人大林芝地区发展史》，1994年。

普布多吉主编:《林芝山水文化》，人民出版社2017年。

林芝地区旅游局编:《林芝民间故事》，西藏人民出版社，2010年。

巴桑旺堆主编:《林芝史话》，人民出版社，2018年。

谢英、普布多吉主编:《林芝当代历史变迁》，人民出版社，2018年。

肖鹤、普布多吉主编:《林芝民俗文化》，人民出版社，2018年。

陈渠珍著、陈继光校注:《艽野尘梦》，中国画报出版社，2016年。

房灵敏、丁玲辉、周莹、王春焕、陈进编著:《新旧西藏教育概述》，西藏人民出版社，2011年。

李春生主编:《温馨家园：藏族民居》，重庆出版社，2007年。

中共西藏自治区委员会党史研究室编:《中国共产党西藏历史大事记》，中共党史出版社，2005年。

中共西藏自治区委员会宣传部、西藏自治区新旧西藏对比宣传教育工作领导小组办公室编:《西藏百万翻身农奴口述史》，西藏人民出版社，2017年。

编纂始末

2015 年 9 月，时任中国地方志指导小组（以下简称中指组）组长王伟光、常务副组长李培林到西藏自治区调研地方志工作时，专门指示在中国名镇志文化工程中要充分考虑西藏，选择林芝市八一镇作为试点，编纂出西藏第一部名镇志——《中国名镇志丛书·八一镇志》(以下简称《八一镇志》)，用志书记录八一镇历史发展变迁。随后，中国地方志指导小组办公室（以下简称中指办）根据中指组领导的指示要求作出专项部署，专门成立《八一镇志》编纂办公室，并经过统筹考虑选择地方志专家，组建专家编纂团队，筹备启动《八一镇志》编纂工作。

《八一镇志》专家编纂团队由中指办、方志出版社以及江苏省部分方志专家组成，专家组成员有中指办杨海峰、程方勇、周勇进、王丹林，方志出版社李江、罗滔、陈菁，江苏省地方志办公室吉祥，苏州市地方志办公室傅强，昆山市地方志办公室徐秋明等，专家团队的组织协调工作先后由陈旭、杨海峰等承担。2016 年 12 月，首先由吉祥、傅强、徐秋明根据相关资料拟出《八一镇志》大纲。2017 年 1 月,《八一镇志》篇目论证会在中指办召开，正式启动《八一镇志》编纂。中指组秘书长、中指办党组书记、主任冀祥德出席会议并就编纂《八一镇志》的重要意义及编纂安排等方面作出明确指示。此后，中指办《八一镇志》编纂办公室、专家编纂团队与西藏自治区地方志办公室、林芝市地方志办公室互相合作，密切配合，资料搜集由林芝市负责搜集，专家团队负责初稿撰写。经过多方共同努力，2017 年 11 月初稿编纂完成。随后中指办《八一镇志》编纂办公室对初稿进行梳理并提出存在的问题及下一步工作建议。根据中指办领导指示，一方面根据梳理的问题，与西藏方面沟通联系继续补充资料修改志稿；另一方面于 2018 年 4 月 1 日在林芝市召开《八一镇志》编纂工作座谈会。冀祥德秘书长在会上再次就编纂《八一镇志》的重大意义进行强调，重点就存在的问题以及加快推进下一步编纂工作提出明确指示。为贯彻落实此次会议精神，西藏地方志办公室，林芝市委、市政府，巴宜区委、区政府，八一镇党委、镇政府高度重视《八一镇志》编纂工作，专门成立《八一镇志》编纂工作组，并要求积极配合中指办《八一镇志》编纂办公室及专家编纂团队加快推进《八一镇志》编纂工作。随后，西藏方面的《八一镇志》编纂工作组采取集中办公的方式，利用一个多月的时间，按照专家提出的意见重新搜集资料，共搜集资料 70 多万字，照片 200 多幅。专家编纂团队根据重新提供的资料进行志稿撰写，并于 2018 年 6 月 10 日左右完成各自志稿修改工作。随后正式进入志稿统稿工作。至 7 月，总纂工作全部完成后，总纂稿反馈给西藏自治区地方志办公室、林芝市地方志办公室以及八一镇进行再次审核,《八一镇志》编纂工作组在自治区地方志办公室副主任王会世、林芝市地方志办公室主任张若愚的具体指导下，集中时间对《八一镇志》所有内容逐字逐句进行核实把关。根据西藏方面的反馈意见，7 月下旬，完成修改，正式定稿交付出版。

《八一镇志》是中指组在西部地区直接抓的中国名镇志文化工程重点示范项目。该项目采取地方提供资料与专家团队撰稿相结合的方式完成。根据分工，概述和工布印象由吉祥撰稿，基本镇情由杨志宏撰稿，山水生态由傅强撰稿，旅游胜地由罗滔撰稿，城乡建设由杨海峰撰稿，援建扶贫由徐秋明撰稿，双拥模范由周勇进撰稿，物产美食由王丹林撰稿，名人与名镇和大事纪略由陈菁撰稿，艺文由程方勇撰稿，附录由程方勇等编辑，其中公众村、章麦村、巴吉村三篇精准扶贫精准脱贫调研报告分别由安山、张鹏、刘思鸣执笔。全书由吉祥、李江总纂统稿。

该志编纂中，在以下 8 个方面作了特殊处理。

一是总体设计体现八一镇的“名”和“特”。在《中国名镇志丛书基本篇目》的基础上，该志突出八一镇的生态旅游、西藏工布藏族民族文化、边疆军事重镇以及国家对西藏对口援建帮扶的政策等方面的特色，分别设置山水生态、旅游胜地、城乡建设、援建扶贫、双拥模范、工布印象、物产美食等特色章。

二是概述改变常规志书概述的写法，以“人间净土　雪域江南”为标题，以广域的视角，文化写意的笔调，融汇理性和感性，把八一镇放在全球、放在中国、放在西藏，揭示八一镇的特殊地位和多重意义。

三是将中国名镇志文化工程与中国社会科学院和国务院扶贫办公室开展战略合作的“精准扶贫精准脱贫百村调研”国情调研项目相结合。附录中的调研报告收录了中指办安山、张鹏、刘思鸣三人分别执笔的八一镇公众村、章麦村、巴吉村 3 个村的精准扶贫精准脱贫调研报告，通过对 3 个村庄的贫困状况、贫困成因、减贫历程和成效的调研，提出对策和建议。同时，通过透视贫困村庄的脱贫举措，进一步为我国的精准扶贫精准脱贫事业提供现实和理论政策借鉴。

四是妥善处理八一镇与林芝市的关系。八一镇是林芝市的首府所在地，林芝集中了西藏旅游的精华。为了反映八一镇是西藏林芝旅游集散地的特点，旅游胜地篇在记述八一境内景区景点之外，链接八一镇周边主要景区景点。2012 年之前，八一镇包括林芝市的城区部分以及城郊的 11 个村。2012 年，城区部分单独设置城区街道办事处，八一镇直接管辖的是 11 个村。为了完整反映林芝城市的发展历史和八一镇的城乡关系变迁，本志所称的八一地域范围，包括城区街道办事处的辖区，为此在基本镇情的建置区划部分附载巴宜区城区街道办事处所辖的社区居委会，将原先大纲设计的城镇建设改为城乡建设，既反映林芝城区的城市面貌，也反映八一镇新农村建设的重点“美丽乡村、幸福家园”建设。

五是妥善处理资料来源的关系。《八一镇志》编修的资料难点在于，八一镇的基础资料主要来自《林芝地区志》和《林芝县志》，但是林芝与八一之间的资料有时很难剥离，特别是广东、福建两省对林芝的对口援建具体到八一镇范围内的，需要从整体的援建项目中进行细化、甄别、剥离，资料搜集和整理的工作量非常大。此外，驻区的部队单位与地方所开展的军地共建资料也主要由部队提供。为了弥补资料不足的问题，本志以链接的方式，收录与八一镇有直接关联的林芝市有关报道和典型资料，力图从林芝市的相关资料中窥见八一镇相关领域的发展情况。

六是强化《八一镇志》作为西藏地域文化载体的功能设计。《八一镇志》是西藏的第一部中国名镇志，在一定意义上该志承载着让读者了解西藏、了解和走进林芝的使命。因此，工布印象篇以较大的篇幅反映工布藏族的民族文化风情，提供较多藏族文化的相关知识。在艺文部分，收录与八一相关的流传在工布地区的民间文学，对工布地区开发和维护祖国统一、民族团结有关的陈渠珍及西原的历史记载等。同时在旅游胜地篇增加林芝徒步、自驾旅游注意事项，以满足读者走进林芝的特定旅游需要。全书采用较多反映地域风貌和风情的图片，力求做到图文并茂，赏心悦目。

七是人物部分的记载做了特殊处理。将名镇志丛书基本篇目中的名人与名镇，分解为“人物传略”“人物事略”与“援建干部与八一”“八一英模英才”几个部分，以体现八一镇历史发展过程中对八一做出贡献的特定群体。

八是在记述内容的时间断限方面，基本数据以 2015 年为下限，个别重要事项因关联性而延续到 2016 年。部分链接的资料采用了 2017 年的相关回溯性报道。

本志的编纂得到了中指组及其办公室，西藏自治区党委、自治区政府和自治区地方志办公室，林芝市委、市政府和市地方志办公室，巴宜区委、区政府和区地方志办公室，以及八一镇党委、镇政府的高度重视，是各级共同协作完成的成果。谨向为该志组织协调、资料搜集和编纂出版付出辛勤劳动的众多领导与工作人员表示衷心的感谢。由于时间紧，资料搜集困难，编纂专家团队远离西藏林芝，本志的编纂仍有未尽如人意之处，不足之处敬请读者批评指正。

编　者

2018 年 7 月

八一冬景

杨志宏 摄